21世纪经济与管理精编教材

工商管理系列

客户关系管理

（第三版）

Customer Relationship Management

3rd edition

李海芹 ◎ 编　著

图书在版编目(CIP)数据

客户关系管理/李海芹编著. —3 版. —北京：北京大学出版社，2023.2
21 世纪经济与管理精编教材. 工商管理系列
ISBN 978-7-301-32703-6

Ⅰ.①客…　Ⅱ.①李…　Ⅲ.①企业管理—供销管理—高等学校—教材　Ⅳ.①F274

中国国家版本馆 CIP 数据核字(2023)第 019679 号

书　　　名	客户关系管理（第三版） KEHU GUANXI GUANLI(DI-SAN BAN)
著作责任者	李海芹　编著
策划编辑	周　莹
责任编辑	刘冬寒　闫格格
标准书号	ISBN 978-7-301-32703-6
出版发行	北京大学出版社
地　　　址	北京市海淀区成府路 205 号　100871
网　　　址	http://www.pup.cn
微信公众号	北京大学经管书苑(pupembook)
电子信箱	编辑部 em@pup.cn　总编室 zpup@pup.cn
电　　　话	邮购部 010-62752015　发行部 010-62750672　编辑部 010-62752926
印　刷　者	三河市北燕印装有限公司
经　销　者	新华书店
	787 毫米×1092 毫米　16 开本　17 印张　366 千字 2013 年 8 月第 1 版　2017 年 2 月第 2 版 2023 年 2 月第 3 版　2023 年 12 月第 2 次印刷
定　　　价	45.00 元

未经许可，不得以任何方式复制或抄袭本书之部分或全部内容。
版权所有，侵权必究
举报电话：010-62752024　电子信箱：fd@pup.cn
图书如有印装质量问题，请与出版部联系，电话：010-62756370

前言
preface

自 2017 年出版《客户关系管理》(第二版)以来,市场环境、教育环境、法律环境都发生了一些变化,这些变化要求客户关系管理课程在教学内容和方法上做出相应的调整。作为一位编写主要服务于高校师生教材的编者,有责任把握趋势,适时地对教材内容进行更新,使读者既能较全面地掌握客户关系管理的知识框架,又能对客户关系管理在实践领域的发展情况有一定的了解,还能够在教材的引导下开展实训和实验活动,通过体验式教学帮助学生将理论知识与实践应用结合起来,锻炼学生运用知识解决实际问题的能力。

第三版教材主要在以下方面进行了修改和完善:

(1)强化价值引领,紧跟时代步伐。此次修订新增了客户关系管理领域最新发展方面的内容。例如,在第 1 章和第 4 章中增加了《中华人民共和国个人信息保护法》(2021 年 11 月 1 日正式施行)对客户关系管理实践活动影响的相关内容,引导学生了解社会主义市场竞争环境下应遵循的经营伦理和道德规范,帮助学生关注客户关系管理中的现实问题,培育具有法律意识、社会责任感和职业操守的人才。第 1 章新增了我国客户关系管理市场的发展现状,引导学生通过查阅研究机构发布的研究报告来了解客户关系管理应用的发展动态。第九章介绍了数据中台的相关知识,引导学生关注客户关系管理应用相关技术的发展动态。

(2)体现中国特色,讲好中国故事。本次修订新增了中国市场上客户关系管理国内品牌和国际品牌的介绍,引导学生正确看待当前我国与发达国家在客户关系管理等信息技术领域的差距,同时深切感受我国经济发展的活力,对国家和个人的未来发展充满信心。本次修订在保留第二版中京东、微信、海尔、良品铺子、海底捞等国内案例的基础上,新增了携程网、华为、春秋航空等中国优秀企业的客户关系管理案例,通过理论学习和案例分析激发学生的爱国热情,树立民族自信。

(3)强化实践教学设计,拓展教材形态。除保留前两版教材在每章章前的导入案例外,第三版教材还在每章章后设计了 1—2 个实训项目,详细介绍了这些实训项目的目的、背景材料、实训任务、实训步骤,提供了实训报告模板,为授课教师组织实践教学提供便利;有些章节中设计了课堂实训和实践观察内容,有助于授课教师适时引导学生思考问题,培养学生的发散思维及应用理论解决问题的能力。教材中提供了实训报告、实验数据、实训报告模板、实验教学视频的链接;开通了"CRM 学习与研究"的微信公众号(见下页二维码),以畅通交流渠道,更好地服务教学。

本教材的修订得益于众多读者的支持。特别感谢这些年来走进我的课堂的湖北工程学院经济与管理学院的学生们,你们和我一起探索和完善教学的内容,尤其感谢 2013 级市场营销专业的杨松同学为"客户关系管理功能模块在管理中的应用"这一实验教学做出的贡献,感谢 2016 级电子商务专业的史旺升同学为"RFM 分析法"实验教学做出的贡献;特别感谢成都师范学院的盛凡老师和南京航空航天大学的李珊老师,感谢你们对第二版教材提出了中肯的修订建议;特别感谢一直以来选用《客户关系管理》的高校师生,正是你们的信任、包容与支持让我有动力不断地精进教学内容,尝试新的教学形式,并将长期以来形成的经验与积累融入新版教材之中。最后,我还想特别感谢负责书稿初审、复审及终审的编辑们,感谢本书的初审编辑刘冬寒老师和复审编辑周莹老师,正是你们的严格把关让这本教材变得更好!2022年5月,我提交了第三版教材的初稿,本以为教材内容较第二版有了较大提升,逻辑更加严谨,语言表达和标点符号更加规范,但后来在返回的初审稿件里我却看到几乎每页都有密密麻麻的批注,当时不由感到一丝难堪、难受,但细细读过之后,又不由得被感动了,因为刘冬寒老师十分认真负责地对内容和文字进行了细致的审核,大多数修改建议都是可行的,有些建议还为我提供了很好的修改思路。在刘冬寒老师的感染下,我再次研读教材,进一步完善细节,在初审意见的基础上又对书中三百多处内容进行了修改,并重新编写了一节内容。书稿复审过程中,周莹老师又指出了一些遗漏的错误,提出了一些新问题,我再次对复审稿中六十多处内容进行了修改。在修订的整个过程中,我感受到北京大学出版社的编辑们满满的责任感和超强的业务能力。在此,我要用满满的诚意向上述所有支持我的人致敬!

本书的编写参考了国内外相关书籍和教材,并通过互联网收集了大量文献资料,在此对这些资料的作者们表示深深的谢意!其中有些资料由于传播较广,采用率高,难以查出原始出处,无法一一详细标注来源,在此深表歉意!由于编者水平有限,书中难免会有疏漏和不妥之处,恳请各位读者朋友不吝赐教!为满足授课教师的需要,本书配有电子教案等资料,欢迎联系出版社或编者本人索取。联系邮箱:lihaiqinlhq@163.com。

微信公众号:CRM学习与研究

李海芹

2022年12月

目 录

第1章 客户关系管理概述 ... 1
1.1 客户关系管理的起源 ... 2
1.2 客户关系管理的发展动力 ... 4
1.3 客户关系管理的相关概念 ... 6
1.4 中国 CRM 市场的发展现状与发展趋势 ... 13

第1篇 CRM 理念

第2章 关系营销 ... 29
2.1 关系营销理论的产生与发展 ... 30
2.2 关系营销的概念与特征 ... 32
2.3 关系营销与 4R 理论 ... 35
2.4 关系营销的三个层次 ... 36

第3章 客户价值 ... 45
3.1 客户价值的含义 ... 47
3.2 客户让渡价值——客户视角的客户价值 ... 47
3.3 客户终生价值——企业视角的客户价值 ... 50
3.4 基于客户价值的客户细分 ... 55

第4章 数据库营销 ... 70
4.1 数据库营销的含义 ... 73
4.2 数据库营销的特点和优势 ... 76
4.3 数据库营销的实施过程 ... 78
4.4 大数据与 CRM ... 84
4.5 客户隐私问题 ... 88

第5章 一对一营销 ... 102
5.1 一对一营销的含义 ... 103
5.2 一对一营销的核心思想 ... 103
5.3 一对一营销的特点 ... 104
5.4 一对一营销的战略流程 ... 107
5.5 一对一网络营销矩阵 ... 110

第 6 章　客户满意 … 119

6.1　客户满意的概念和分类 … 120
6.2　客户满意的意义 … 122
6.3　客户满意度的衡量 … 124
6.4　客户满意度的监测方法 … 126
6.5　客户抱怨管理 … 133
6.6　客户满意度的影响因素 … 137

第 7 章　客户忠诚 … 144

7.1　客户忠诚的概念和类型 … 147
7.2　客户忠诚的意义 … 149
7.3　客户忠诚的影响因素 … 150
7.4　客户忠诚管理策略 … 151
7.5　客户满意度和客户忠诚度的关系 … 154

第 2 篇　CRM 技术

第 8 章　CRM 应用系统 … 165

8.1　CRM 应用系统的概念模型 … 166
8.2　CRM 应用系统的基本构成 … 167
8.3　CRM 应用系统的基本功能模块 … 170
8.4　CRM 的分类 … 179
8.5　SaaS 模式的 CRM … 182

第 9 章　数据仓库 … 188

9.1　从数据库到数据仓库 … 190
9.2　数据仓库的定义与特点 … 193
9.3　数据仓库的系统结构 … 195
9.4　数据仓库的元数据 … 199
9.5　从数据仓库到数据中台 … 199

第 10 章　数据挖掘 … 211

10.1　数据挖掘的概念 … 212
10.2　数据挖掘的分类 … 212
10.3　数据挖掘的功能 … 213

10.4	CRM 数据挖掘的主要算法	217
10.5	CRM 中数据挖掘的主要流程	223
10.6	数据挖掘在 CRM 中的应用	224

第 3 篇　CRM 实施

第 11 章	CRM 项目实施	235
11.1	CRM 项目实施概述	236
11.2	CRM 项目实施方法	240
11.3	影响 CRM 项目实施效果的因素	248

参考文献 261

第 1 章　客户关系管理概述

■ 学习目标

（1）了解客户关系管理的起源
（2）了解客户关系管理的发展动力
（3）理解客户关系管理的相关概念
（4）了解客户关系管理软件市场的发展现状与发展趋势

案例导入

CRM 是什么？

　　Jerry 经营着一家旅游服务公司，主要为客户提供旅游服务和分时度假服务。公司的业务发展得很快，但是也有很多新的管理问题涌现出来，比如说目标客户定位、客户需求采集、客户流失分析等，让他感觉有些力不从心，于是准备在公司里加强信息系统的辅助管理。

　　作为一家服务型企业，ERP 之类的系统不适合，而 OA 系统又太简单，有朋友介绍说上个 CRM 系统吧。但是，CRM 是什么呢？

　　还记得以往的那些小杂货店吗？杂货店老板和邻居们有着深厚的私人关系，他记得王大妈的口味，晓得刘大爷的牙口不好，知道李大爷的孙子喜欢吃棒棒糖，甚至记得牛大嫂差不多每个月要买一桶醇香的花生油。他们一起其乐融融地生活着，一起快乐地交流着，杂货店老板清楚地知道那些客户的喜好和个性，也知道那些客户的价值。

　　这就是杂货店的 CRM！这种商业交易建立在一种私人关系或者说一种友谊的基础上，而不是一种纯粹的商业交易。这种以关系为中心的交易，使老板和客户都有一种满足感。

　　Jerry 开始意识到应用 CRM 的必要性了，在他的旅游服务公司的业务中，只是把各种服务推向假想中的目标客户，却没有真正地去了解：

　　我的客户是谁？
　　我为客户做了什么？
　　客户对我们的服务有哪些要求？
　　竞争者采取了哪些策略开发和留住客户？

影响客户选择的因素有哪些？

……

Jerry隐隐约约地体会到，按照这个方向走下去，他的管理会有一个崭新的提升空间。

资料来源：叶开，2005. 中国CRM最佳实务［M］. 北京：电子工业出版社．

思考：你认为CRM是什么呢？这个案例给我们带来了哪些启示？

1.1　客户关系管理的起源

客户关系管理（Customer Relationship Management，CRM）的思想由来已久，在千百年前的中国，商人们深谙经商之道，十分重视建立和维护客户关系，常常对客户投其所好。近年来，随着科技的进步，借助于先进的信息技术，客户关系管理有了较大的发展。

最早将信息技术应用于客户关系管理的国家是美国。20世纪80年代初期，美国出现了接触点管理（Contact Point Management）理论，即企业需要决定在什么时间、什么地点、通过什么方式与客户或潜在客户进行接触以达到预期目标。该理论的核心思想是：企业要站在客户的角度在正确的时间和地点以正确的方式向目标客户群体提供需要的产品和服务。在这一阶段，企业需要收集客户与企业接触过程的全部信息，并储存在客户数据库中，为企业围绕接触信息和接触结果开展管理工作提供依据，这形成了最早的CRM雏形。

随着竞争的加剧及营销理念的进一步发展，企业开始将注意力更多地放在客户身上，从客户角度出发，最大化地关心和满足客户需求，在此背景下，20世纪90年代出现了客户关怀理论。客户关怀强调在设计、生产、交付及服务支持过程中关注客户需求的重要性。在这一阶段，企业主要是在客户数据库的基础上，为客户提供生日关怀、信息服务、积分奖励等。

知识拓展

什么是接触点？

当（潜在）客户和企业、企业的员工、企业提供的产品和服务以及品牌等有接触时，彼此间就会产生一定的联系，这就是接触点。

接触点可能产生于：①直接接触过程。包括人员推销、企业信件、品牌广告、企业网站、产品包装袋、展销会、热线电话、结账、索赔等。②间接接触过程。包括来自第三方的产品测评报告，关于企业的新闻报道，微博、微信和抖音等新媒体上的企业资讯以及用户的口碑推荐等。

在每个接触点，客户都会留下对这家企业的零碎印象，这些印象叠加起来就会形成客户对企业的整体印象，因此，优化客户在单个接触点上的体验是客户接触点管理系统的重要目标。接触点管理可以帮助企业优化服务体系，与客户建立起信任关系，提高企业和品牌声誉，有助于实现开发新客户和留住老客户的目标。

美国的许多公司为了降低成本、提高效率、增强企业竞争力，已经于20世纪80年代开始应用企业资源计划（Enterprise Resource Planning，ERP）进行业务流程再造（Business Process Reengineering，BPR）。ERP的应用优化了原来的业务流程，提高了企业内部业务流程的自动化程度，将员工从日常事务中解放出来，企业得以有更多的精力关注企业与外部利益相关者的关系，以便抓住更多的商业机会。ERP强调对供应链进行整体管理，客户作为供应链中的一环，自然也被纳入ERP的管理范畴。

然而，由于ERP更多地专注于企业内部流程，并不能很好地实现对供应链下游客户端的管理，而基于客户数据库的客户关怀在客户关系管理方面的效果也非常有限，企业需要针对客户关系管理的信息系统来适应不断变化的客户需求。

CRM系统在20世纪90年代初投入使用，最初主要是基于部门的解决方案，如销售流程自动化（Sales Force Automation，SFA）、客户服务和支持（Customer Service and Support，CSS），由于数据被分别储存在不同的部门中，没有在企业内实现整合与共享，因此无法为企业提供完整的加强与单个客户间关系的方法。20世纪90年代中期时出现了具有整合交叉功能的CRM解决方案，它把内部数据处理、销售跟踪、国外市场业务和客户服务融为一体，不仅包括软件，而且包括硬件、专业服务和培训，为企业雇员提供全面、及时的数据，使他们能够清晰地了解每位客户的需求和购买历史，从而提供相应的服务。

1999年，高德纳集团（Gartner Group）提出了CRM的概念。随着互联网应用不断普及，计算机电信集成（Computer Telecommunication Integration，CTI）、数据仓库（Data Warehouse，DW）、商务智能（Business Intelligence，BI）、知识发现（Knowledge Discovery，KD）等技术得到长足发展，CRM市场开始呈现出爆炸性的增长，CRM系统继而进入推广期。然而，企业应用CRM系统的成本比较高，CRM项目从开发到最终完成一般要花几年时间，投入的资金在几十万到几百万美元之间，这对一些中小企业来说是一道极大的阻碍。近年来，软件即服务（Software as a Service，SaaS）模式和平台即服务（Platform as a Service，PaaS）模式的CRM应用发展很快，其突出的成本优势为所有企业（尤其是中小企业）采用先进技术实现企业信息化提供了有效途径。

《洞察SaaS：中国SaaS的前世今生》

Salesforce是SaaS领域的先驱，早在2001年就推出了第一款SaaS版的CRM产品，并且获得了一批中小企业客户。2008年，Salesforce推出了世界上第一个可以在统一架构上部署应用的PaaS平台——Force.com，该平台能够通过定制满足企业的个性化需求。2020年7月10日，Salesforce的市值首次超过Oracle（甲骨文），宣告了SaaS时代的到来。

中国SaaS领域最早的CRM创业者是八百客，2010年前后，纷享销客、红圈、销售易等纷纷尝试开发和拓展SaaS模式的CRM业务。随着4G网络与智能手机的普及，以及移动互联网时代的到来，2015年，天生具有互联网基因的SaaS模式吸引了大量资本的涌入；2020年，新冠肺炎疫情席卷全球，SaaS模式的CRM迎来了新的机遇。

1.2 客户关系管理的发展动力

一般认为，客户关系管理的兴起主要由以下三个方面共同促成：

1. 需求的拉动

（1）企业外部客户需求的拉动。随着商品经济的飞速发展，高效率、大规模的商品生产早已成为现实，而科技的迅速发展使得商品更新换代的速度大大提升，同时也降低了复杂技术的不可复制性，商品的同质化现象愈发严重，消费选择权已经从商品或服务的提供者转移到客户身上，企业在消费中的强势地位发生了改变，客户成为整个商品流通和价值实现过程中的关键因素。企业不仅要设法降低生产成本、提高管理效率、改善营销效果，而且要善于倾听客户的声音，并试图用比竞争对手更快、更好、更高效的途径来迅速满足客户的个性化需求，从而构筑起企业的核心竞争力，维系优良的客户资源。客户关系在企业经营过程中的地位被提升到了一个前所未有的高度，客户资源成为企业运营和参与市场竞争必须极力争取占有的关键性稀缺资源，只有拥有更多、更忠诚的优质客户资源，企业才能够在激烈的市场竞争中取胜。因此，管理者必须重视客户关系以及由此产生的收益。

（2）企业内部各层级管理人员需求的拉动。与客户相关的业务几乎涉及公司的所有部门，很多企业发现销售、营销和服务部门的信息化程度越来越不能适应业务发展的需要，越来越多的企业要求提高销售、营销和服务部门的日常业务的自动化及科学化。例如，营销部门做营业推广，在某次展销会上发放了上千份资料，跟前来咨询的人员有过接触交流，登记了一些潜在客户的信息，但是后来这其中的哪些人与销售人员有再次接触，以及进展到了什么程度呢？这些信息在未进行客户关系管理、未实现数据实时共享前，是无法获悉的。又如，某销售部门的经理可能会面对这样的情形：有个客户马上要来谈签合同的事情，但是一直跟单的销售员突然辞职了，这位销售员之前跟这个客户是怎么谈的呢？没有CRM系统，就无法了解事情的来龙去脉，很可能会因此损失一笔大生意。

2. 管理理念的更新

自20世纪70年代先进的市场营销理论被引入中国以来，经过与中国市场的充分融合，这些经典的营销管理理论已经开始渗透到中国企业的每一个角落，并从最初的以重视生产效率为本的生产理念发展到重视产品功能的产品理念，再到以推销为基础的销售理念，最终发展以充分关注客户需求和注重社会长远利益的社会营销理念，客户在商品经济中的地位在逐步攀升。不难看出，客户的个性化需求已成为企业必须重视和研究的关键，这不仅关系到企业能否盈利，而且涉及企业能否通过有效地满足客户需求进而在日益激烈的竞争中占据有利的位置。与此同时，企业管理理念随着市场环境的变化也进行了调整，逐步形成了以客户为中心的管理理念。具体来说，企业管理理念的发展经历了四个阶段，如表1.1所示。

表1.1 企业管理理念的演变过程

演变阶段	产生的背景	管理焦点	核心活动
产值中心论	卖方市场，产品供不应求	产值（量）	扩大生产规模
销售中心论	经济危机，产品大量积压	销售额	促销，质量控制
利润中心论	竞争激烈，实际利润下降	利润	成本管理
客户中心论	客户不满，销售滑坡	客户满意度、忠诚度	客户关系管理

（1）产值中心论。早期，由于商品的稀缺，企业面对的是一个需求庞大的市场，企业只要能生产出产品，就不愁卖不出去。因此企业的管理重点是提高产能和生产效率，产值（量）成为企业管理的中心。

（2）销售中心论。随着生产效率的不断提高，市场上的产品逐渐丰富起来，加剧了卖方之间的竞争。企业所面临的问题已不再是扩大生产规模，而是产品销售。企业不再把目光投向如何生产出更多的产品，而是将如何把产品卖出去作为目标，由此，产值中心论被销售中心论代替，企业把重心转向销售环节。

（3）利润中心论。为了生存和发展，企业一方面提高产品质量，一方面强化销售。但是，产品成本和销售费用的提高却造成利润大幅下降。这时，企业管理的重心开始转向以利润为中心的成本管理。

（4）客户中心论。企业通过压缩成本来提高利润，但成本不能无限压缩，因为无限制地压缩成本会导致产品质量下降，客户获得的价值降低，于是企业的管理者不得不寻找在满足消费者需求的基础上实现企业持续盈利的方法。企业的客户意识开始加强，客户地位逐渐提高，"客户就是上帝"成为企业的口号。企业从挖掘内部潜力转向争取外部客户，进而转向企业的市场营销和客户服务等部门的管理，以客户为中心的管理成为企业管理的重心。

3. 技术的推动

（1）技术的发展大大拓展了企业与客户的接触渠道。电子邮件、网页、传真等技术的飞速发展为我们提供了更为高效和复杂的交互点，企业的客户可以通过电话、传真、网络等访问企业，也可以通过企业官方网站、微博、微信、抖音、QQ、电子邮件等媒介与企业进行互动，还可以在电商平台、微信、App上下单；同时，CRM系统的用户可以不受地域限制，随时访问企业的业务处理系统、获得客户信息，及时、高效、准确地处理客户要求成为可能。

（2）技术的发展大大提高了企业的信息处理能力。计算机技术、网络通信技术、数据库技术的飞速发展使得企业收集、整理、加工和利用客户信息的能力大大提高。数据仓库帮助企业记住每次与客户的互动，不断更新客户记录；数据分析和数据挖掘技术使得企业产品和服务的批量客户化、个性化成为可能，并使得企业能够以较低的成本对不同的客户采取不同的商业行动。企业的信息系统能够适应市场客户需求的动态变化，拥有对市场活动、销售活动的分析能力，具有一定的灵活性和开放性。

技术的发展使得CRM不再停留在理论的探讨上，而是逐渐向现实应用转化。CRM有效地增强了企业销售、营销和客户服务的能力，改善了企业与客户之间的关系，使各类需求的满足在技术层面上有了充分的保障。

☞ 实践观察

联想公司的CRM[①]

当联想公司的用户有服务需求，打电话到呼叫中心（Call Center）求助时，接待人员可以马上从CRM系统中清楚地知道该客户的许多信息，如住址、电话、购机日期、以前的服务记录等，很快地为客户设计好解决问题的方案，而不需要客户进行烦琐的解释。

营销人员在联系重要客户之前，可以通过CRM系统了解该客户的全部情况。如果是组织类客户，如学校、政府机关、金融机构等，CRM系统会告诉营销人员这些客户以前的购买情况、服务情况、资信状况、应用需求、谁是决策人、公司都有哪些部门的哪些人与他们联络过、发生过哪些问题、问题是如何解决的等诸多信息。这些信息都是由联想公司的众多部门共同提供的，正是由于借助CRM系统，实现了信息的实时共享，营销人员才可以全面地了解所需的客户信息。

思考：信息技术在客户关系管理活动中起到了什么作用？

1.3 客户关系管理的相关概念

1.3.1 理解"客户"

客户是客户关系管理一词的主体，想要全面了解客户关系管理，就必须理解客户的内

[①] 杨莉惠，李卫平，潘一萍，2006. 客户关系管理实训［M］. 北京：中国劳动社会保障出版社．

涵。ISO9000（2015版）中对客户（Customer）定义如下：客户是接受产品①的组织或个人，如消费者、委托人、最终使用者、零售商、受益者和采购方。一般认为，凡是接受或者可能接受组织或个人提供的产品和服务的购买者或潜在购买者都可以称为客户。客户既可以是个人，也可以是企业、政府、非营利组织（Non-Profit Organization，NPO）等；客户既可以是现实购买者，也可以是潜在购买者，即那些对产品和服务有需求但由于各种原因还未发生交易的组织或个人。

根据客户的购买目的，我们可以将企业的主要客户分为以下五类：

（1）消费者——以个人消费为目的而购买或可能购买企业最终产品和服务的个体社会成员，通常是个人或家庭。

（2）生产商——这些企业购买产品和服务，是要将其附加在自己的产品上一同出售给其他客户，或将购买的产品附加到他们企业内部业务上以增加盈利。比如，某汽车集团向某发动机生产厂商购买发动机，是为了将发动机组装到自己生产的汽车上进行出售；餐馆购买青菜、肉类、米面等，是为了制成菜品服务于食客。

（3）渠道商——指产品和服务从生产者到达最终消费者所经过的渠道，主要包括代理商、分销商、服务提供商等。他们购买产品和服务的目的是作为企业在当地的代表出售产品或提供服务。

（4）政府和非营利组织——非营利组织是指那些不以营利为目的、主要开展各种公益性或互益性社会服务活动的民间组织，也指独立于政府体系以外的非营利的社会组织。对于许多公司来说，政府、学校等是十分重要的客户。

（5）内部客户——企业或企业联盟内部的个人或业务部门。①企业内部客户。在企业内部的各部门，各职级、职能、工序和流程间同样存在着产品和服务的供需关系，因此也存在客户关系管理。比如，现代企业中的IT部门几乎要为其他所有的部门和业务环节提供服务，那些接受服务的对象就是内部客户。②企业联盟内部客户。当企业同外部客户建立战略联盟、形成比较稳固的关系时，企业与客户实现了某些资源和信息的共享，并实施统一的客户关系管理战略，此时，就实现了外部客户向内部客户的转化。比如，苹果公司与富士康公司结成战略联盟，苹果公司作为智能手机生产商，只保留了手机设计、营销、物流等附加值较高且具有核心竞争力的业务，而将附加值不高的手机生产业务外包给富士康公司；富士康公司利用中国廉价的劳动力，以及公司在电子产品制造方面的超强能力，在与苹果公司的合作中获取产业利润，双方实现了产业链上的联盟合作，可以说苹果公司与富士康公司互为对方的内部客户。③企业的内部客户与外部客户可以相互转化。随着企业内外部环境的变化、企业自身业务的发展或调整，以及合作企业经营情况的变化，原来

---

① ISO9000（2015版）中将产品划分为四个类别：服务（如运输）、软件（如计算机程序）、硬件（如发动机的机械零件）、流程性材料（如润滑油）。许多产品由不同类别的产品构成，服务、软件、硬件或流程性材料的区分取决于主要成分。例如：外供产品"汽车"是由硬件（如轮胎）、流程性材料（如燃料、冷却液）、软件（如发动机控制软件、驾驶员手册）和服务（如销售人员为客户提供的操作说明）所组成。

的普通业务关系可能会进一步升级为战略合作伙伴，成为彼此的内部客户；原来的战略合作伙伴也可能降级为普通业务关系，成为外部客户。

除了根据客户购买目的将客户分为消费者、生产商、渠道商、政府和非营利组织以及内部客户，还可以根据客户的重要性将客户划分为贵宾型、重要型和普通型客户（见本书第3章），根据客户的交易历史等划分为潜在客户、新客户、老客户和忠诚客户。也就是说，企业可以在不同时间、不同情境下，根据业务需要按照不同的分类标准对客户进行分类。

1.3.2 理解"关系"

"关系"一词有以下几种含义：①事物之间相互作用、相互影响的状态；②人和人或人和事物之间的某种性质的联系；③对有关事物的影响或重要性等。在商业环境中，对于"关系"的理解包含以下几个方面的内容：

（1）一段关系需要随着时间的推移进行互动。如果只是一次性交易，比如消费者从品牌专卖店购买吸尘器，我们大多数人都不会称之为关系。如果将随时间推移的互动作为关系的关键特征，我们可以认为，关系由一段时间内当事人之间的一系列互动事件组成。

（2）关系存续于相互依赖或相互依存的状态之中。有些学者认为，仅将一段关系定义为一段时间内的互动事件是不全面的，还需要在互动中加入情感内容。只有当双方从独立状态转向相互依赖或相互依存状态、建立起相互的信任时，关系才会存在。例如，当客户偶尔从咖啡店买一杯拿铁时，这是一种交易，而不是关系。如果客户因为喜欢店里的气氛、咖啡的制作方式或咖啡师的风采而多次回购，则看起来更像是一种关系。

（3）双方对于关系状态的判断可能存在差异。例如，在采购招标中，采购方可能认为供应商态度比较强硬，而供应商则可能觉得双方已建立起了良好的关系。

（4）双方对于关系状态可能有不同的期待。例如，上述情形中，供应商也许希望与采购方建立起高层次的信任关系，采购方却并不愿意与该供应商的联系过于紧密；或者供应商只关注本次交易，采购方则希望长期合作。

（5）双方可能会形成多层次的人际关系。例如，在企业对企业（Business to Business，B2B）关系中，双方的首席执行官可能在讨论建立正式的合作关系；与此同时，企业（如产品、服务、技术等的供应商）的产品研发人员与客户的营销人员一起讨论产品质量问题；企业的技术服务人员与客户的人力资源管理人员商讨员工培训等问题；客户的产品用户可能会与供应商的客户服务团队讨论产品使用细节等问题。此外，交易双方都处于复杂的关系网络之中，许多客户在一个合作关系网络中同时与多个供应商打交道。

（6）关系会随着时间发生改变。随着时间的推移，双方的关系会变得更紧密或更疏远，互动也会变得更频繁或更稀少。尼古拉斯·杜瓦尔（Nicholas Dwyer）等人认为企业与客户间的关系一般包含了意识（Awareness）、探索（Exploration）、拓展（Expansion）、承诺（Commitment）和解除（Dissolution）五个阶段[①]。

意识阶段开始于一方注意到另一方有可能成为自己的交易伙伴时，双方力图向对方展示自己的吸引力，但这一阶段尚未产生互动。

探索阶段是指双方开始对彼此的能力和表现进行调查和测试，双方都愿意朝着建立关系和共同创造价值的方向努力，由于双方在这一阶段投入较少，关系比较脆弱，所以如果一方未通过测试，会比较容易地做出终止关系的决策。

拓展阶段是指相互间的依存关系日益增强的阶段。双方认识到彼此的价值，承担风险的意愿增强，信任加深，交易增多。

承诺阶段是指双方对关系水平和价值高度满意，愿意为确立这种关系做出承诺。承诺有三个可测量的、具有代表性的关键指标：①投入。双方都对这种关系进行了大量的投入，可能会相互交换或共享一些重要的经济、信息和关系资源，如双方共同建立了自动化的采购流程。②持久性。双方相信关系带来的价值，愿意通过某种方式（如特许经营）确立这种关系，并进行长期、持续的投入。③一致性。双方在关系投入上保持一致，都会有目的地利用资源来维系关系。如果一方在关系投入上发生波动，就会影响另一方对关系价值的预期。

并不是所有的关系都会达到承诺阶段，许多关系在这一阶段之前就终止了，也就是解除关系。关系的终止可以是双边的，也可以是单方面的。双边终止是指双方同意终止关系，并试图收回他们在这段关系中投入的各类资产。单方面终止是指一方终止关系。客户终止关系的原因有很多，比如反复出现产品质量和服务问题；供应商选择终止关系可能是因为该关系未能对销售额或利润目标做出贡献，如果要继续保持这种关系，供应商可以考虑降低客户服务成本。

> **课堂实训**
>
> 尽管关系会给企业带来经济利益，但在实践中也存在企业或客户不想与对方建立关系的情况。请思考：（1）在何种情形下，企业不想与客户建立关系？（2）在何种情形下，客户不想与企业建立关系？

1.3.3　客户关系的类型及选择

企业为了实现其经营目标，与客户建立起的某些联系就是客户关系。在营销实践中，不同的企业因产品和市场的不同，可以与不同类型的客户分别建立不同水平的客户关系。菲利普·科特勒（Philip Kotler）把企业建立的客户关系分为五种：基本型、被动型、负责型、能动型和伙伴型，如表1.2所示。

[①] Dwyer F R, Schurr P H, Oh S, 1987. Developing Buyer-Seller Relationships [J]. Journal of Marketing, 51（2）: 11-27.

表1.2　五种不同的客户关系

客户关系类型	描述
基本型	企业追求的目标仅仅是向客户销售产品，把产品销售出去后就不再主动联系客户
被动型	企业鼓励客户在购买和使用产品后积极地向企业反馈意见
负责型	企业会在完成销售后对产品进行一系列的追踪，主动联系客户，了解产品与客户的预期需求之间的差距，收集客户对产品的改进建议并及时反馈给企业，以便日后不断地改进产品
能动型	企业经常与客户沟通，进行客户关怀，向客户提供产品使用建议、新产品信息、营销活动计划等，建立品牌形象，促进产品销售
伙伴型	企业与客户保持长期的合作，按照客户的要求来设计新的产品，与客户共同努力，帮助客户解决问题，实现共同发展

☞ 实践观察

宝洁是如何选择客户关系类型的？

宝洁创立于1837年，是全球最大的日用消费品公司之一，宝洁的许多品牌为中国消费者所熟知，如海飞丝、飘柔、潘婷、舒肤佳、汰渍、佳洁士、帮宝适、护舒宝、OLAY、SKII、GUCCI等。面对庞大的消费者群体，宝洁难以关注到每一位客户，但对于沃尔玛这样的大客户，宝洁采用了供应链协同管理模式。

合作之初，宝洁为沃尔玛开发了一套"持续补货系统"，具体的使用形式是：双方企业通过电子数据交换（Electronic Data Interchange，EDI）和卫星通信实现联网。借助这套系统，宝洁可以迅速知晓自己的商品在沃尔玛物流中心的库存情况以及沃尔玛店铺的销售和库存情况，然后及时制订符合市场需求的生产和研发计划，同时也能实现对沃尔玛的库存进行单品管理，做到持续补货，防止出现商品积压或断货的情况。这项合作大大降低了双方的经营成本和库存水平，宝洁在沃尔玛的销售收入和利润的涨幅均在50%以上。

后来，宝洁和沃尔玛在信息管理系统、物流仓储体系、客户关系管理、供应链预测与合作体系、零售商联系平台以及人员培训等方面进行了全面、持续、深入而有效的合作，宝洁甚至设置了专门的客户业务发展部，以项目管理的方式与沃尔玛进行密切联系，以求最大限度地降低成本、提高效率。

供应链协同管理模式大大降低了整条供应链的运营成本，提高了企业对客户需求的反应速度，更好地保持了客户的忠诚度，为双方带来了丰厚的回报。

思考：宝洁与沃尔玛之间属于哪种类型的客户关系？

上述五种客户关系类型之间并不存在简单的优劣顺序，在实际的经营管理活动中，企业建立客户关系时会受到多种因素的影响,如企业的产品特点、客户的特征、企业的技术能力、管理能力等。科特勒认为,企业可以根据客户数量和产品边际利润水平来选择客户关系类型,如图1.1所示。

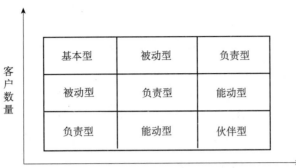

图1.1 选择客户关系类型示意图

> **课堂实训**

自行选取一家企业为分析对象,思考:(1)该企业有哪些客户?(2)该企业应该与这些客户分别建立哪种类型的客户关系?

大多数企业在客户数量很多但产品边际利润很低时,会选用"基本型"客户关系,否则可能会因为成本过高导致亏损;如果企业客户数量很少,且产品边际利润很高,就应当选择"伙伴型"客户关系,帮助客户解决问题,同时获得丰厚的回报。

值得注意的是,这种客户关系的选择模式在互联网时代受到了一定的冲击。信息技术的发展提升了沟通的便利性,降低了沟通成本,这使得许多企业即使在面向规模庞大的微利客户群体时,也能够做到积极主动地与每位客户进行个性化的沟通。

1.3.4 客户关系管理的定义

关于 CRM 的定义,不同的研究机构有不同的表述,具有代表性的有以下几种:

(1)高德纳集团于 20 世纪 90 年代中期正式提出了 CRM 的定义。他们认为 CRM 是企业的一项商业策略,它按照客户细分的情况有效地组织企业资源,培养以客户为中心的经营行为,实施以客户为中心的业务流程,并以此为手段来提升企业的获利能力、收入和客户满意度。对于计划实施 CRM 的企业来说,CRM 是一项通过分析客户、了解客户、提高客户满意度来增加收入和盈利的商业模式,技术与解决方案是实现这个商业模式的手段。

(2)美国机械制造技术协会(the Association for Manufacturing Technology,AMT)把 CRM 定义为一种以客户为中心的经营策略,它以信息技术为手段,对业务功能进行重新定位，并对业务流程进行重组。

（3）NCR公司（the National Cash Register Company）是数据仓库业务的全球领导者。该公司认为，CRM是企业的一种机制，企业通过与客户不断互动，了解客户，影响客户行为，进而留住客户，不断增加企业的利润。通过实施CRM，企业能够分析和了解处于动态过程中的客户状况，识别不同客户的利润贡献度，从而选择应该提供何种产品给何种客户，以便在合适的时间、通过合适的渠道来完成交易。在CRM中，管理机制是主要的，技术只是实现管理机制的手段。

（4）思爱普（SAP）公司认为CRM的核心是对客户数据的管理，客户数据库是企业最重要的数据中心，记录了企业在整个市场营销和销售过程中与客户发生的各种交互行为，以及各类有关活动的状态，并提供各类数据的统计模型，为后期的分析和决策提供支持。

（5）大型CRM研讨社区CRMguru认为，CRM是企业用来获取并管理最有价值的客户关系的一种商业策略。CRM意味着以客户为中心的商业理念和企业文化，对现实的和潜在的客户关系以及业务伙伴关系进行多渠道管理的一系列过程和技术。

（6）Hurwitz集团是世界著名的咨询机构，他们认为，CRM的优势在于自动化并改善与销售、营销、客户服务和支持等领域的客户关系有关的商业流程。CRM既是一套原则制度，也是一套软件和技术。它的目标是缩减销售周期和销售成本，增加收入，寻找扩展业务所需的新的市场和渠道，以及提高客户的价值、满意度和忠诚度。

各个公司、研究机构等从各自不同的角度提出了客户关系管理的定义，综合分析这些定义，可以从管理理念、业务流程、技术支持三个层面进行总结：CRM是一种旨在改善企业与客户之间关系的新型管理机制，它以信息技术为手段，按照以客户为中心的原则进行企业业务流程再造，通过分析客户、与客户互动来提高客户满意度和忠诚度，达到获取新客户、保留老客户的目的，最终实现企业利润增长的目标。

1.3.5 客户关系管理模型

综合对CRM的多种定义，我们通常认为CRM包含了理念、技术和实施三个层面。

CRM首先是一种管理理念，其核心思想是将企业的客户看作最重要的资源，通过完善的客户服务和深入的客户分析来满足客户的需求；CRM也是一种管理技术，它将最佳的商业实践与数据挖掘、数据仓库、一对一营销、销售自动化及其他信息技术紧密结合在一起，为企业的销售、营销、客户服务和决策支持等领域提供业务自动化的解决方案；CRM还是一种旨在改善企业和客户之间关系的新型管理机制，是企业战略的一种，它实施于企业的市场营销、销售、客户服务与技术支持等领域，使企业更好地围绕客户行为来有效地管理自己的经营活动。其中，理念是CRM成功的关键，它是CRM实施的基础和土壤；技术是CRM实施的手段和方法，它使得以客户为中心的管理机制和思想得以实现和体现；实施是确保以客户为中心的理念和技术能够在企业内部得到正确的推广的前提，是决定CRM实施效果的直接因素。CRM理念、CRM技术和CRM实施三者构成了CRM稳固的"铁三角"模型（如图 1.2 所示），CRM 理论逐渐成为当今管理学界最关注的营销和管理策略之一。

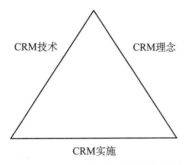

图 1.2　CRM"铁三角"模型

1.4　中国 CRM 市场的发展现状与发展趋势

1.4.1　中国 CRM 市场的发展现状

1. 中国市场 CRM 类应用需求规模

自 2015 年以来，我国出台了一系列的扶持政策，明确指出传统经济要借助人工智能、大数据、云计算等新兴科技赋能实现转型，引起社会资本的持续关注。2019 年中国数字经济的规模达 35.8 万亿元，在 GDP 中占比 36.2%。企业信息化意识增强，无论是集团还是中小型企业，都在通过数字化转型探索企业发展新道路。2020 年，我国提出了将建设发展以 5G 网络为代表的新基建作为拉动经济的重要战略。5G 网络及终端设备体系的铺设，为企业进一步打通各场景数据流提供了基础。

《2021 中国企业数智服务市场趋势洞察报告》

据海比研究发布的《2021 中国企业数智服务市场趋势洞察报告》，2021 年，平均每家企业计划购买 7 个应用来满足企业 IT 系统和应用需求，其中 CRM 类应用需求占比 23.04%。调查统计了不同规模企业应用需求的类型，CRM 类应用需求在中型企业采购需求中排名第 8，占比 22.1%；在大型企业采购需求中排名第 10，占比 29.41%；大中型企业中每 4—5 家就有 1 家企业有 CRM 类应用的购买需求。

《2021 中国 CRM 数字化全景实践研究报告》

据 T 研究发布的《2021 中国 CRM 数字化全景实践研究报告》，2021 年中国的 CRM 市场营收规模（不包括国外 CRM 品牌在国内市场的营收）预计将达到 22 亿元，远高于 2020 年的 14 亿元（见图 1.3）。智研咨询则预测 2021 年中国 CRM 市场规模（包括国外 CRM 品牌在国内市场的营收）为 156 亿元，较 2020 年增加 22

亿元，预计 2024 年将达到 258 亿元，未来发展潜力巨大①。随着中国 CRM 市场的高速发展，投资者开始将目光投到这个领域，2021 年中国 CRM 市场共发生投融资 62 次，较 2020 年增加了 6 次，同比增长 10.7%，投融资金额近 150 亿元。

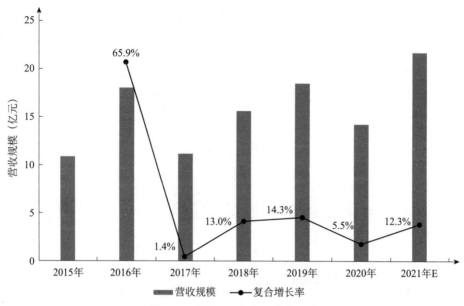

图 1.3　中国 CRM 市场营收规模

总的来说，国内的 CRM 市场还有很大潜力，国内企业的 CRM 软件使用率仅为 11%②，体量总体较小，尚未进入增长爆发期，但是，经过多年的市场培育，我国中小企业对于 CRM 的认知日趋成熟、接受度日渐提高。新冠肺炎疫情暴发后，在企业业务线上化和数字化需求的驱动下，CRM 成为企业抵御风险、保持增长、向以客户为中心战略转型的必然选择。可以乐观地预测，中国未来的 CRM 市场将长期呈现欣欣向荣的局面。

2. 中国市场上主要的 CRM 国内品牌

（1）销售易（Neocrm）。

销售易隶属于北京仁科互动网络技术有限公司（成立于 2013 年 10 月），该公司是融合新型互联网技术的企业级 CRM 开创者。销售易致力于通过新型互联网技术，打造符合数字化时代下企业需求的新一代 CRM 产品，将企业同客户互动的全过程数字化、智能化，帮助企业提升客户满意度，实现可持续的业绩增长。

销售易支持企业从营销、销售到服务的全流程自动化业务场景，创新性地利用人工智能、大数据、物联网等新型互联网技术打造双中台型 CRM，赋能全行业企业客户真正转

---

① 智研咨询.2021 年中国 CRM 市场规模及市场格局分析：市场规模达 156 亿元［EB/OL］.［2022 - 5 - 10］. https：//www.sohu.com/a/540605359_120950203.

② 师冰倩.CRM 市场规模或达千亿，1 000 + 企业开启围猎之战［EB/OL］.［2022 - 5 - 10］. https：//www.36dianping.com/info/128686.html.

型为以客户为中心的数字化运营组织,实现产业互联时代下的业绩规模化增长。当前,销售易既能帮助"To B"(对企业用户)企业连接外部经销商、服务商、产品以及最终用户,构建360度全生命周期的客户关系管理体系;也可为"To C"(对个人用户)企业实现品牌与消费者的连接,构建私域流量池,从而实现精准的营销获客和精细化的客户运营。同时,销售易多语言、多地域、多币种的国际化能力以及海外服务器集群,可以支撑企业的全球化业务需求,帮助企业出海拓展。

(2)纷享销客。

纷享销客隶属于北京易动纷享科技有限责任公司(成立于2008年3月),该公司是连接型CRM优质服务商。纷享销客以开放的企业级通信为基础架构,以连接人、连接业务、连接客户为使命,将CRM、合作伙伴关系管理(Partner Relationship Management,PRM)及社交型CRM(SCRM)融为一体,为企业提供集销售管理、营销管理及服务管理为一体的移动化客户全生命周期管理。开放的通信架构与交互的业务逻辑,帮助企业实现外部业务、内部全员以及微信生态的互联互通,为企业构建起连接企业内外的业务价值链。

为满足企业组织与业务的敏捷变化需求,纷享销客通过"业务定制平台+商务智能平台+开放平台"的平台化战略,为企业个性化需求提供友好的业务自由配置能力,为中国中小SaaS开发厂商提供生态级能力支持。

(3)神州云动CloudCC。

神州云动CloudCC隶属于北京神州云动科技股份有限公司(成立于2008年9月),该公司是中国企业生态CRM市场开创者。初期作为Salesforce的全球咨询实施商,神州云动CloudCC秉承"按需定制,随需而变"的产品理念,坚持"生态化的CRM将以更高的标准契合每家企业个性化的需求",大力推进产品的优化升级和创新驱动,并于2012年推出自主知识产权的SaaS及PaaS产品CloudCC.com,通过持续完善"SaaS+PaaS+AppStore"的企业CRM生态,实现所有应用数据可互联互通,以一个账号满足企业全部需求。

神州云动CloudCC的PaaS平台分为PaaS1、PaaS2、PaaS3、PaaS Pro四个级别,技术支撑和配套服务较为成熟,企业可根据自身需求低成本开发和扩展其他SaaS应用,也可以通过神州云动CloudCC的应用商店下载适合的应用。

(4)六度人和EC。

六度人和EC隶属于深圳市六度人和科技有限公司(成立于2008年4月),该公司是中国CRM行业的领军者。六度人和EC为中小微企业提供社交化客户关系管理方案,注重社交互动,通过整合QQ、微信、电话、邮件等社交工具,坚持"社交连接客户,智能转化商机"的理念,帮助企业通过社交网络打通外部流程并连接客户,打造SCRM概念。

六度人和EC从互联网角度出发,从销售和营销环节着手,以"点对点型"单兵作战的销售人员为服务重点,集中精力为他们赋能,在标准化产品服务之外,为客户提供通信、营销、销售等类别的增值服务。而其中最具价值的大数据分析服务,能根据销售人员与客户之间的连接信息,帮助企业构造用户画像,帮助销售人员提高跟进、服务客户的效率；在营销层面，用户画像可以让企业匹配到合适的数据进行精准的社交营销。最终通过"社交广告+电话营销"双引擎，帮助企业的产品在线上/线下全方位形成良好的品牌认知，沉淀客户数据，提升成交转化率。

（5）销帮帮。

销帮帮是杭州逍邦网络科技有限公司（成立于2015年3月）旗下运营的核心产品。销帮帮作为一款创新型的移动CRM应用，致力于用最先进的云计算、社交化、移动化与"数智化"技术为企业客户提供营销与客户数字化解决方案，帮助客户实现全渠道连接、全生命周期管理与精细化销售过程管理，助力客户洞察市场变化，实现规模化增长。除此之外，销帮帮还具有强大且灵活的"PaaS+BI+低代码+Open API"平台，可以满足企业的个性化业务需求，实现敏捷交付，随时响应市场与业务的变化。

销帮帮以移动管理为核心，通过运用云计算、大数据、社交网络等先进技术，全面围绕客户的核心需求，高效解决中小企业的"营销—销售—订单—采购—库存—售后"的全流程客户服务难题，全面满足企业高效协同办公、客户资料精细管理、销售行为严谨管理、销售过程精准管控、决策数据可视化等需求，帮助企业实现信息科学化管理，快速提升企业运营效率并实现销售业绩增长。

（6）红圈。

红圈隶属于和创（北京）科技股份有限公司（成立于2009年1月），该公司是国内较早提出SaaS模式的CRM的厂商，聚焦于移动化SaaS模式的CRM服务。红圈通过移动智能终端帮助企业打造集移动通信、SaaS、人工智能于一体的IT数据智能神经系统，用更专业的数据智能解决方案为更多的企业进行高质量的数据价值赋能，使销售变得简单。

红圈全面解决企业销售团队在标准执行、客户管理、沟通协同与数据报表等方面的问题，以行业纵深化挖掘为突破点，采用N+1的行业匹配模式，根据不同行业销售过程的特性需求，在通用模块的基础上进行个性化匹配，解决相应需求。

（7）八百客。

八百客隶属于八百客（北京）信息技术有限公司（成立于2005年6月），该公司是中国企业云计算和SaaS市场与技术的领导者、大型企业级CRM的托管商。八百客CRM致力于向客户提供以PaaS管理自动化平台为核心的服务和企业云计算解决方案，实现了企业内部、企业与客户、客户与客户间的交流与沟通，把企业、组织、个人的资源高效整合，构建了全新的管理模式和商业运营手段，为企业提供了全新的协作平台。

八百客CRM能够随着销售的进展一路追踪销售状况，提供多维信息，有助于企业预测未来销售状况、评估人员能力、提高销售成功率，可以根据客户的需求提供相应的服务解决方案，支持呼叫中心、在线咨询、邮件等多种渠道的问题反馈，及时处理客户反馈的问题，努力为客户提供优质服务。

（8）励销云。

励销云隶属于上海微问家信息技术有限公司（成立于2014年3月），该公司是国内领先的 B2B 数字化智能销售系统服务商。公司以励销云为核心平台，为全国中小企业提供"获客—筛客—管客—数字化仓储—客服运营"一体化的 SaaS 类服务。

励销云是一款移动智能销售管理系统，是 SaaS 模式的移动 CRM 软件，它重新定义了企业移动信息化平台、实现跨平台无缝对接，围绕"线索—客户—商机—合同—回款"的销售过程管理、客户资源管理、团队协同管理，打造专业、智能、轻量、简捷、有趣的销售管理系统，帮助企业获取新用户、留住老用户；实现销售流程和服务流程结合，在服务中创造销售机会，促进客户资产沉淀和创造客户价值。

3. 中国市场上主要的 CRM 国际品牌

（1）Salesforce。

Salesforce 公司创建于 1999 年，总部设在美国旧金山，是全球云 CRM 的鼻祖，同时也是全球 CRM 解决方案的领导者。Salesforce 是全球首个将人工智能平台（Einstein AI）应用于 CRM 解决方案的公司，利用人工智能技术深化企业与客户间的关系，提升业务效率和客户满意度。Salesforce 开发了 Customer 360 CRM 平台，通过将销售、服务、市场营销、商业、信息技术和分析流程整合在一起，以更智能的方式与客户建立联系，从销售线索到客户忠诚度，客户生命周期的每个阶段都有一款应用程序来进行管理。Customer 360 可以在减轻工作量的同时，为企业做一些重复工作。公司自主研发的 Einstein AI 可自动完成重复任务，内置的 Employee Experience 功能让协作过程变得十分轻松。Customer 360 使用 MuleSoft 集成 CRM 内部和外部的所有数据，使用 Einstein AI 自动执行任务并获取后续行动建议，使用 Tableau 获得强大的实时分析和数据可视化，使企业的每个人都能够访问关键数据，并且更明智、更快速地做出决策。

（2）Oracle。

Oracle 是全球最大的信息管理软件及服务供应商。Oracle 提供基于客户体验云应用的系列 CRM 解决方案，主要包括：①Oracle 客户体验解决方案，该系统提供了一套超越传统 CRM 的互联应用套件，打通广告、营销、销售、商务和服务的所有业务数据，无论企业在何时、何地、以何种方式与谁互动，都可以洞悉客户及其每一次互动，这将帮助企业在从获取客户到保留客户的整个周期中能够始终向客户提供卓越的体验，帮助企业创建、管理和培育持久的客户关系；②Oracle 销售解决方案，该系统可提供智能建议，帮助销售人员适时重点跟进最有价值的潜在客户。这些基于机器学习的 CRM 销售工具围绕经过清理的、全面的客户数据进行工作，而这些数据来自销售代表可信任的内部和外部渠道；③Oracle 服务解决方案，该系统能够在平衡客户自助服务和客服①辅助客户服务两种模式的同时，轻松预测服务需求、实现流程自动化以及提供个性化的回复。它包含功能强大、智能的 B2B、B2C 和现场解决方案，使客户能够在期望的时间和地点获得满意的服务。

---

① 呼叫中心提供的一些服务，如业务咨询、故障报告、服务投诉等，需要由具有专业知识的业务代表来完成电话的接听、转移、外拨等工作，这些业务代表就是客服。

(3) SAP。

SAP 创建于 1972 年，总部设在德国沃尔多夫市，是全球最大的企业管理和协同化商务解决方案供应商。SAP 的客户关系解决方案涵盖营销云（SAP Marketing Cloud）、电商云（SAP Commerce Cloud）、服务云（SAP Service Cloud）和客户数据云（SAP Customer Data Cloud）等方面。通过应用 SAP 客户关系解决方案，可以实现：①预测受众需求，了解目标受众。通过整合企业内的所有数据源，打造统一的客户画像，获得独特的目标受众洞察，进而提供出色的客户服务；②与客户高效互动，基于洞察采取行动，提供高度个性化的体验。借助 SAP 的客户关系解决方案产品组合，企业可以在正确的时间和地点提供正确的信息，促进客户互动，激励客户采取行动；③履行对客户的承诺。履行品牌承诺对于提升客户满意度至关重要，通过 SAP 客户关系解决方案可以帮助企业实现无缝订单提货，及时响应服务请求，为客户提供快速、简单的购买体验等。

(4) Microsoft（微软）。

Microsoft 创建于 1975 年，总部设在美国华盛顿州，是全球最大的电脑软件提供商。Microsoft 提供的 Dynamics 365 是以销售生产力为导向、业务流程高度可定制的 CRM 系统，并与 Microsoft Office 完全集成，可以让用户轻松创建并维护客户数据，提供快速、灵活且经济实惠的客户交互工具，强化和改进企业的销售、营销和客户服务。Dynamics 365 的 Sales 组件借助现代化的自适应平台，嵌入式地开展营销工作、培育关系、提高工作效率、提升销售业绩并进行创新，使用人工智能跟踪客户关系，并通过推动制定销售策略的上下文提示自动执行销售活动；Customer Service 组件能在所有渠道提供指导性的智能服务与支持，并具有与企业的现有系统配合使用的独特功能；Field Service 组件能够简化计划编制和库存管理，提供快速、透明的通信和跟踪功能，助力企业的现场代理，为客户提供良好的客户体验；Project Service Automation 组件可以通过集成的规划工具和分析功能提高项目盈利能力，使企业的员工能够预测资源需求，并利用量身定制的协作工具展开协作。

(5) Sage（赛捷）。

Sage 创建于 1981 年，总部设在英国泰恩河畔的纽卡斯尔市，目前是全球第三大管理软件及解决方案专业提供商。Sage 是平台化的 CRM 软件，界面友好、部署灵活、随需而动，系统简单易用、零编码、易配置，并提供可视化的工作流、强大的集成性及扩展性，确保企业投资能获得回报。Sage 可帮助企业快速分析、管理和同步协调销售、营销与客户服务活动，并可让用户随时随地访问企业内部的重要数据信息。Sage 是真正以网络及无线系统为基础的应用程序，用户仅需要在中心位置进行一次简单的安装，系统即可支持整个企业机构；企业内的每个员工均可通过个人电脑、平板电脑或智能手机实时访问他们所需要的关键信息，提高生产效率、降低管理成本。

(6) Zoho（卓豪）。

Zoho 成立于 1995 年，研发中心设在印度金奈。Zoho 是一款 SaaS 云端 CRM 客户管理系统，多次荣获 CRM 系统国际大奖。Zoho 具有较高的定制能力和灵活性，便于企业将

CRM 系统与业务统一起来，顺应时代变化。利用 Zoho 开发者工具，可以在 Zoho 平台上构建满足企业独特需求的 CRM 系统。Zoho 平台汇集了多款国内外主流优质软件，内容涉及市场、销售、客户服务、呼叫中心、协同、商务智能、财务、远程办公、社交等。开放的生态将 CRM 和第三方应用紧密集成，给用户带来更好的应用体验，消除不同产品之间的数据壁垒，为企业开展大数据分析奠定基础。

国内 CRM 品牌在经历 20 年左右的摸索与沉淀后，逐渐具备了完整的功能架构、成熟的行业解决方案，以及大型企业必需的灵活定制能力和拓展能力。目前，国内 CRM 品牌与国际 CRM 品牌的差距主要表现在：①产品技术上，Salesforce 等国际品牌在产品顶层设计、框架设计以及技术架构平台、人工智能技术等方面具有较强优势；②客户资源上，国际品牌在获取大客户，尤其是跨国集团公司类的大客户上具有竞争优势；③运营理念上，双方在客户全生命周期运营等先进理念方面存在较大差距。

1.4.2 CRM 的发展趋势

近几年来，大数据、云计算、社交网络、移动应用技术等对企业的经营管理理念产生了巨大的冲击，CRM 的发展也呈现出新趋势和新特点。

1. 移动 CRM 需求出现爆发式增长

随着智能手机、平板电脑等智能移动终端的快速普及，移动 CRM 的需求迎来了爆发式增长。对很多用户来说，办公的移动性和流动性提高，使得他们对电脑的依赖越来越少，移动办公需求越来越大。移动 CRM 使业务员摆脱时间和空间的限制，可以随时随地与公司业务平台沟通，能够最大化地利用碎片化时间，及时跟进工作内容，提升工作效率，因而成为企业销售人员及时服务客户的重要平台。目前，许多 CRM 厂商都推出了移动应用，可以在移动客户端实现查看客户信息、进行文件审批、处理待办事项、撰写联系记录等简单功能。有的公司如八百客所推出的新一代智能移动 CRM 还通过采用 HTML5 技术，实现了系统主页定制、定位考勤、统计图报表分析等复杂功能，并将手机、平板电脑等终端的业务数据全部打通，实现数据同步。

2. SCRM 迎来发展机遇

为了更加贴近用户对应用和功能的需求，在线 CRM 开始寻求与社会化媒体的融合。SCRM 要求将社会化媒体的沟通内容直接整合到企业的 CRM 之中，借助互联网工具和平台，实现与各种客户关系、渠道关系的同步化、精确化，还把社交化理念嵌入与客户接触的每一个环节中，具有客户源最大化、沟通及时便捷、互动性强的特点。SCRM 正朝着与客户合作的方向发展，从实践中收集客户数据，并进行汇总和分析，用数据驱动企业的业务，决定企业是否应该改进产品、改善业务模式以及未来的技术扩展方向等。2012 年，汉拓科技与华中科技大学联合进行了一个创新课题项目——汉拓微投诉。该项目以新浪微博为社会化媒体监测样本，关注投诉响应和处理流程。它主要通过对微博上的企业投诉响应、处理和反馈进行监测，从中采集数据并进行持续跟踪，最终形成企业的微博投诉服务水平指标，推动企业重视社会化媒体上的消费者投诉，提升企业的微博投诉服务水平，从而提升客户满意度。要想使消费者不像漏斗中的沙粒一样轻易流失，就要强化对社会化媒体的使用，通过社会化关怀和互动将不满意客户转换为满意客户，让客户有连续的良好在线体验。根据 Nucleus Research 发布的报告《社交、移动为 CRM 带来的商业价值》，CRM 的社交功能将销售业绩提升了 11.8%，CRM 的移动应用则将销售业绩提升了 14.6%[①]。

◎ 阅读材料

Trunk Club 商业模式与社交型 CRM 的融合

Trunk Club 成立于 2009 年，总部位于美国芝加哥，是一家个性化男装导购服务的 O2O[②] 平台，专门为男性提供从造型建议到服装购买的一站式订阅服务和免费物流服务，其目标用户是那些不喜欢购物、不太懂得搭配，但又很看重着装的男士。

Trunk Club 会为注册的新客户配备服装设计师，通过多种方式与客户进行交流，询问客户"你通常在哪里购物？""你喜欢什么样的服装款式？"等问题，设计师在了解客户的喜好、个人品位以及体型尺码等信息后，会为客户挑选和邮寄一大箱子客户可能喜欢的衣服、鞋子、配饰等。客户从这一箱子的服装中选择喜欢的留下来，其他的邮寄回去，客户只需为自己留下来的服装付费。这种模式最大的好处是帮助那些缺乏时尚感的男性买到适合自己的衣服，为不喜欢逛街的男士节约了购物时间。

在这种商业模式下，Trunk Club 需要为每位客户建立社交档案，记录客户与企业所有的沟通内容，以培养企业与客户间深层次的关系。后来，Trunk Club 选择了 Salesforce 的社交型 CRM 系统，用以集中保管与客户有关的所有记录，其中包括销售活动、订单、客户沟通内容以及社交会话等。Trunk Club 的服装设计师会应用自定义 Heroku 云平台服务的应用程序深入了解会员的兴趣、偏好，实现一键式推荐；Trunk Club 的员工则利用 Chatter 这一社交网络帮助设计师把挑选出来的服装进行合理搭配，并相互分享服装穿着信息的动态；Chatter 还帮助公司快速发布新闻报道、公司公告及其他信息，使每位员工都能了解最新的资讯；当 Trunk Club 的客户在 Twitter 上发布收到的箱子的照片并@服务设计师时，社交网络也能捕捉到这些信息，并迅速做出回应。Salesforce 的 Desk.com 一体化客服应用程序则可以使 Trunk Club 的员工及时、准确地对客户询问的内容做出反应，在整合分析服务数据后为公司的客户服务工作提供参考意见。

Trunk Club 的 CEO 布莱恩·斯帕利（Brian Spaly）认为与客户交谈始终是一种潮流，社交已融入 Trunk Club 的所有工作中，而 Saleforce 恰恰帮助 Trunk Club 很好地实现了这

---

① Nucleus Research. 社交、移动为 CRM 带来的商业价值［EB/OL］.［2022-05-10］. https://www.neocrm.com/en/crmhy/12852.html.

② 即 Online to Offline，指将线下商务的机会与互联网结合在了一起，让互联网成为线下交易的前台。

种社交需求。

3. 大数据将重构 CRM 系统

2011 年 4 月，高德纳集团发布名为《大数据仅仅是海量信息管理的开端》的报告。报告称："对大数据的关注展现了最主要的挑战，这些挑战将重构现有的信息管理实践和技术，管理海量数据的能力将成为企业的核心竞争力。"随着物联网、云计算、移动互联网、手机、平板电脑、个人电脑以及遍布全球各种各样的传感器的涌现，企业获取信息的渠道和数量骤然增多，企业能深层次、多维度地接触客户信息，CRM 系统可以通过对客户数据的集中化，帮助企业快速分析、挖掘客户需求，为客户提供更有针对性、更高质量的服务。SaaS 巨头 Salesforce 凭借多年在全球范围内积累的 CRM 经验，较竞争对手更快地掌握了市场的新动向，占领了大数据技术高地。Salesforce 的大数据战略是：通过二代云存储实现更强效的数据安全维护，不再完全依赖第三方的云存储。为此，Salesforce 与 SAP 联合投资了云存储服务公司 Box.net，逐步开始深入数据资源的挖掘。

4. 基于云计算的 SaaS 和 PaaS 的 CRM 需求在快速增长

云计算由谷歌公司于 2006 年首先提出。谷歌认为，云计算就是以公开的标准和服务为基础，以互联网为中心，提供安全、快速、便捷的数据存储和网络计算服务。美国国家标准与技术研究院（NIST）提出：云计算是一种按使用量付费的模式，这种模式提供可用的、便捷的、按需的网络访问，进入可配置的计算资源共享池（资源包括网络、服务器、存储、应用软件、服务），企业只需投入很少的时间，或与服务供应商进行很少的交互，就可以获得资源。伴随着云计算概念的落地，SaaS 和 PaaS 模式的 CRM 云服务受到了市场的热捧。因为 CRM 云服务的软件提供商，提供给客户的不只是一个业务功能固化的软件，更是一整套可配置的 CRM 平台，这个平台可以为每一个行业、每一个企业配置特定的功能模块和特定的业务流程，真正做到贴合用户需求。平台型 CRM 用户不必花大价钱打造基础设施，只需连接到云平台，其网络办公就不受地域和时间限制，可随时掌握营销进展及客户情况，并且可以根据实际需要添加或调整功能模块。

5. CRM 将与物联网结合增强用户体验

高德纳集团曾预测 CRM 将在数字计划中占据核心地位，物联网将成为继移动互联网、社交网络、大数据和云计算之后，推动 CRM 发展的第五大关键因素。物联网即"万物相连的互联网"，是互联网基础上延伸和扩展的网络，它可以将各种信息传感设备与网络结合起来而形成一个巨大网络，实现人、机、物的互联互通。据《中国互联网发展报告（2021）》，2020 年我国物联网产业迅猛发展，产业规模突破 1.7 万亿元。预计到 2025 年，我国移动物联网连接数量将达到 80.1 亿个，年复合增长率达到 14.1%。物联网几乎已经进入了所有领域，连接到物联网的众多设备所产生的海量实时数据将被转化为关于客户需求、行为、地点等方面的有价值的业务信息，CRM 可以利用这些信息进行机会预测，开发满足客户个性化需求的服务。

《中国互联网发展报告（2021）》

6. 跨界整合型 CRM 高速发展

云计算与移动互联网的发展，加速了 IT 界的重新洗牌。传统的企业级应用服务商与传统的互联网服务企业相互"跨界"，传统的企业级应用也通过与包括云计算、社交网络、移动应用等新兴技术的结合，谋求融合发展。在"互联网+"的时代背景下，企业纷纷加大在电子商务上的投入。先进的 CRM 系统逐渐开始借助互联网工具和平台，同步、精确地管理各种网上客户关系、渠道关系，支持电子商务的发展战略。CRM 用户希望自己采购的 CRM 系统能与 ERP、电子商务及专业服务自动化等应用完美整合，再从宏观视角与客户进行互动，以获得集成度和运作效率更高的业务流程体系。因此，CRM 与 ERP、BI、电子商务等领域有效融合已成为增强 CRM 产品竞争力的重要表现。2012 年，Oracle 正式推出融合应用软件套件，其模块中包括 HCM（Human Capital Management，人力资本管理）、ERP、CRM，也内置了社交、BI 等功能，是一个非常完整的套件。

7. CRM 应用中的个人信息使用问题将受到前所未有的重视

2021 年 8 月 20 日，继《中华人民共和国网络安全法》（以下简称《网络安全法》）和《中华人民共和国数据安全法》（以下简称《数据安全法》）之后，《中华人民共和国个人信息保护法》（以下简称《个人信息保护法》）正式通过，并于 2021 年 11 月 1 日正式施行。自此，我国形成了以《网络安全法》《数据安全法》《个人信息保护法》三法为核心的网络法律体系，为数字时代的网络安全、数据安全、个人信息权益保护提供了基础制度保障。《个人信息保护法》对多年来饱受争议的"大数据杀熟""人脸数据采集""个人敏感信息处理"等问题都作了严格规范。淘宝、京东等电商平台纷纷于 2021 年 7 月、8 月发布《依法加强消费者订单中敏感信息保护》的公告，阿里巴巴规定"商家 CRM 将无法再获取订单中的消费者敏感信息，如消费者姓名、手机号、固定电话和详细地址等"。这意味着，从淘宝、天猫等交易平台产生的消费者数据，将不再以完整的面貌传输到商家的 CRM 系统。可以预见，随着法律法规的完善，个人信息的使用会进一步规范，这将对 CRM，尤其是 SCRM 的应用形成较强的冲击。未来的 CRM 需要紧跟时代节奏，在法治框架下合理合规地开展相关活动。

《中华人民共和国个人信息保护法》

◎ 补充阅读

携程服务联络中心的 CRM

携程旅行网（以下简称"携程"）创立于 1999 年，总部设在中国上海，是中国领先的综合性旅行服务公司。携程成功地将高科技产业与传统旅行业进行整合，向超过 3 亿的会员提供无线应用、酒店预订、机票预订、旅游度假、商旅管理及旅游资讯等在内的全方位旅行服务，被誉为互联网和传统旅游无缝结合的典范。自 2015 年起，携程已连续多年获评"最佳客户联络中心奖"。携程的 CRM 具有以下几个特点：

（1）服务规模化和资源规模化。携程拥有亚洲最大的旅游业服务联络中心，在上海、南通、爱丁堡设立服务联络中心，共有员工 13 000 名，全年为客户提供 24 小时不间断的优质服务。携程在全球 200 个国家和地区与约 130 万家酒店建立了长期稳定的合作关系，其机票预订网络覆盖国际、国内大多数航线。规模化的运营不仅降低了携程的运营成本，而且为携程会员提供了多种优质的旅行选择，保障了服务的标准化和服务质量。

（2）重视技术创新和研发投入。携程技术中心由一批曾任职于各大知名 IT 企业的行业精英带领，实力雄厚、经验丰富。携程建立了一整套现代化服务系统，包括海外酒店预订新平台、国际机票预订平台、客户管理系统、房量管理系统、呼叫排队系统、订单处理系统、E-Booking 机票预订系统、服务质量监控系统等，为移动人群提供无缝的旅行服务体验。

（3）先进的管理和控制体系。携程将服务过程分成多个环节，以细化的指标控制不同环节，并建立起一套精益服务体系。同时，携程还将制造业的质量管理方法——六西格玛管理（Six Sigma Management）成功运用于旅行业。目前，携程各项服务指标均已接近国际领先水平，服务质量和客户满意度大幅提升，已通过 4PS 国际五星级标准认证。

（4）秉承"以客户为中心"的原则。携程重视合作关系，信奉真实诚信的合作理念，建立了多赢的伙伴式合作体系，始终贯彻"一诺千金、一丝不苟"的服务原则，已形成先行赔付机制、有房保证、保障基金、顾问评价体系（CES）等，确保消费者没有后顾之忧。

➡ 本章小结

在本章中，我们了解了客户关系管理产生与发展的历程，学会从不同角度去认识客户，比较全面地理解关系。关系的建立需要长期的互动，也需要信任作为基础，双方对于关系的状态可能会有不同的判断与期待，同时关系状态也会随时间发生变化。企业与客户间的关系水平分为基本型、被动型、负责型、能动型和伙伴型五种，企业要根据产品和客户特点、企业的技术和管理能力等进行选择。对于客户关系管理的定义，我们要从管理理念、业务流程和技术支持三个方面去理解。所谓客户关系管理是一种旨在改善企业与客户之间关系的新型管理机制，它以信息技术为手段，按照"以客户为中心"的原则进行企业业务流程再造，通过分析客户、与客户互动来提高客户满意度和忠诚度，达到获取新客户、保留老客户的目的，最终实现企业利润增长的目标。CRM 理念、CRM 技术与 CRM 实施构成了稳固的"铁三角"模型。在宏观政策支持以及信息技术发展的基础上，我国 CRM 市场未来有极大的增长潜力。目前，国产 CRM 品牌发展较快，但与头部国际品牌仍有较大差距。CRM 应用市场上呈现出移动化、社交化、平台化、与物联网结合、跨界整合等发展趋势，值得注意的是，国家对个人信息使用问题越来越重视，企业开展营销活动时一定要合法合规地使用客户信息。

➡ **思考题**

1. 简述 CRM 的发展动力。
2. 如何理解 CRM 的内涵？
3. 通过互联网查询我国企业实施 CRM 的现状，完成调查分析报告。

实训项目　客户关系管理类岗位模拟招聘

实训目的

（1）熟悉当前市场上客户关系管理类岗位的人才需求情况；

（2）训练学生换位思考的思维方式；

（3）提高学生的求职能力。

实训内容

1. 查询人才招聘网站，如 Boss 直聘、前程无忧、拉勾网、智联招聘、中华英才网等，搜索近一个月以来客户关系管理类岗位的人才需求，具体包括岗位名称、需求单位、工作地点、工作内容、任职要求、薪资待遇等，以表格形式列举其中的 5 个岗位信息。

2. 学生分为招聘人员和求职者两种角色，每位招聘人员设计一则招聘广告，每位求职者选取 1～2 个岗位撰写求职信、设计个人简历并进行投递。

3. 招聘人员从求职者中筛选出若干候选人并通知面试。

4. 求职者做好面试准备工作，并进行预演。

5. 招聘人员制订面试计划，安排候选人进行现场面试。

6. 面试结束后，招聘人员确定录取名单，并说明理由。

实训步骤

1. 查询人才招聘网站，搜索最新的客户关系管理类岗位的人才需求信息，列举其中的 5 个岗位信息。

2. 根据班级的总人数确定若干个招聘人员，除招聘人员外的所有同学为求职者。

3. 招聘人员设计并发布招聘信息，具体包括公司情况简介、岗位需求信息等。

4. 求职者选择 1～2 个岗位作为目标，设计个人简历，撰写求职信，并进行投递。

5. 招聘人员根据简历和求职信筛选出 3 个以内的候选人，向求职者公布面试名单。

6. 求职者预测面试情景，认真准备面试内容，并进行预演。

7. 招聘人员设计面试形式、面试内容、面试流程和录取标准等，安排现场面试。可以灵活地采用一对一面试、集体面试或多种形式的结合。

8. 进行现场面试。招聘人员对候选人进行综合评估，并确定最终的录取人员。

9. 招聘人员发布录取结果，汇报招聘情况，对招聘过程和结果进行说明。

10. 完成个人实训总结。

实训提交材料

招聘人员：①招聘广告；②面试计划表、面试大纲和录取标准等；③实训总结。

求职者：①求职信；②个人简历；③实训总结。

第1篇

CRM 理念

商品短缺的时代已经过去，以客户为中心的市场营销和产品生产已经获得了企业的广泛共识。从农业经济到工业经济、从服务经济到体验经济，现在的客户需要企业在满足他们个性化需求的同时获得优质服务，需要情感的沟通与共鸣，客户关怀与客户满意也逐渐成为客户关系管理的重要内容。既然不同的客户具有不同的价值，同一客户在不同生命周期阶段也具有不同的价值，那么如何将这些价值变为企业拥有的财富呢？客户关系管理的目的是实现客户价值的升华，而市场营销策略正是实现客户价值升华的重要工具和沟通手段。我们要将客户作为企业的核心战略资源，对其实行360度管理，即注重与客户沟通的每个环节，努力在每个环节点上贴近客户，使客户价值得到实现和升华、客户满意度和忠诚度得到提升。关系营销、数据库营销、一对一营销就是我们实现这一目的的重要手段。

第 2 章　关系营销

学习目标

(1) 了解关系营销理论产生与发展的历史
(2) 理解利益相关者理论对关系营销理论的影响
(3) 理解和掌握关系营销的概念与特征
(4) 理解关系营销理论与 4R 理论间的关系
(5) 理解关系营销的三个层次

案例导入

玛莎百货集团的全面关系营销策略

玛莎百货集团（Marks & Spencer，以下简称"玛莎"）最初只是一家"一元便利店"，自 1884 年成立以来，至今已有一百多年的历史，目前是英国著名的跨国零售集团，被西方管理学界公认为卓越管理的典范。

（一）围绕"满足客户真正需求"建立企业与客户的稳固关系

准确把握客户的真正需求是与客户建立良好关系的第一步，而能否长期有效满足客户的需求则决定了能否维系这种关系。玛莎认为客户真正需要的并不是"零售服务"，而是物美价廉的日用生活品。为了实现"为目标客户提供他们有能力购买的高品质商品"的目标，玛莎建立了自己的设计队伍，与供应商密切配合，一起设计新产品或改进现有的产品。玛莎以客户能接受的价格来确定生产成本，并实施"按规采购法"。玛莎在采购队伍中配备技术人员，在采购前由玛莎的技术人员与制造商制定出特定的技术规格，并详细注明制造商必须遵守的各项条款，其中包括采用的原料及生产程序等，然后由玛莎的技术人员监督制造商依照预定的标准生产，随时提出各种改进意见，以保证制造出的商品完全符合玛莎的要求。此外，玛莎采用"不问缘由"的退款政策，只要客户对商品感到不满意，不管什么原因都可以退换或退款，从而让客户建立起对玛莎的信任。进入互联网时代后，玛莎积极实行电子商务战略，当它发现参与网站编辑的客户比一般客户的购物可能性要高出 24% 后，就在电商平台设立了一个编辑中心，支持客户参与网站内容的编辑。由于玛莎能准确把握客户的真正需求，确定了满足客户需求的严格标准，且又能切实执行这些标准,不知不觉中就建立了与客户的长期信任关系。

(二) 从"同谋共事"出发建立企业与供应商的合作关系

零售企业要想满足客户的需要离不开供应商的协作与配合。在英国,人们称玛莎为"没有工厂的制造商",称与玛莎合作的制造商为"没有店铺的零售商"。一般来说,零售商与制造商的关系多建立在短期互利的基础之上,玛莎却能从自身利益、供应商利益及消费者利益出发,与供应商建立起长期"同谋共事"的伙伴关系。为了实现"按规采购",玛莎与供应商间需要密切的协作与配合。长期以来,只要供应商需要,玛莎就会尽可能地提供帮助。一方面,如果玛莎从某个供应商处采购的产品比批发商处更便宜,玛莎会将部分节约的资金转让给供应商,作为供应商改善产品品质的投入;另一方面,玛莎与供应商间建立了供应链协同管理体系,玛莎的采购部可以与供应商在各自的办公室通过网上洽谈确定合同细节,实现采购的完全自动化。为了使信息系统高效运行,玛莎对供应商、仓库和运输承包商等也会给予支持,实现整个供应链信息系统的协同。

(三) 以"真心关怀"为内容建立企业与员工的良好关系

企业内部良好的人际关系是建立客户信任的基础。玛莎向来把员工视为最重要的资产、成功击败竞争对手的关键,把建立与员工的相互信赖关系、激发员工的工作热情和潜力作为管理的重要任务。玛莎会与员工全面而坦诚地就健康情况、工作表现、工作环境和分红计划等进行有效的双向沟通,对员工的贡献给予赞赏和鼓励,为每位员工提供平等的福利待遇,并且做到真心关怀每一位员工。例如,一位员工的父亲突然在美国去世,第二天公司便帮他安排好赴美的机票,并补贴足够的费用;一位未婚的营业员生下了一个孩子,她同时要照顾母亲和孩子,为此,两年未能上班,公司仍一直给她发薪水。在玛莎看来,福利和其他措施都只是手段,其最终目的是与员工建立良好的关系,而不是以物质打动他们。玛莎把这种对员工的细致关心转化为公司的管理哲学,不因管理层的更替有所变化,由全体管理层人员持久奉行。这种对员工真实、细致的关心必然使员工对工作抱有极大的热情,进而有利于玛莎实现全面彻底的品质保证制度,而这正是玛莎与客户建立长期稳固信任关系的基石。

资料来源:王燕萍,1997. 马莎——世界最成功的百货零售集团 [J]. 科技智囊,(10):50-52.
思考:玛莎的全面关系营销策略给我们带来了哪些启示呢?

2.1 关系营销理论的产生与发展

2.1.1 关系营销理论的产生

关系营销(Relationship Marketing)是后工业社会市场经济发展的客观要求。20世纪70年代，随着市场经济的进一步发展、物质产品的日益丰富，市场形态已经明显转向买方市场。个性化、多样化的消费需求逐渐显现，人们精神消费和心理消费的需求越来越高，企业之间的竞争更加激烈，竞争手段更加多元化，企业间的竞争形式由零和竞争转向双赢竞争和多赢竞争。全球信息化的发展趋势下，各企业之间、企业与客户之间的依赖性、相关性越来越强。企业迫切需要与消费者进行更多的互动交流来加深对消费者需求的理解，而信息技术的发展正好为各企业之间、企业与客户之间的互动提供了便利。

关系营销理论是营销理论自身不断发展的产物。1984年，科特勒提出了6P营销概念。他认为，在贸易保护主义盛行时，要打开市场壁垒，企业除了需要综合运用产品（Product）、价格（Price）、分销（Place）、促销（Promotion）这一4P营销组合策略，还必须有效运用政治权力（Political Power）和公共关系（Public Relationship）这两种营销工具。6P营销概念成为关系营销思想的起源。

2.1.2　关系营销理论的发展

一般认为，关系营销的概念是由莱昂纳德·贝瑞（Leonard Berry）最先提出的。贝瑞将关系营销定义为"在多种服务组织中吸引、维持和提升客户关系的营销手段"。巴巴拉·杰克逊（Barbara Jackson）认为"关系营销关注吸引、发展和维护客户关系"。里吉斯·麦肯纳（Regis McKenna）将关系营销的目的归纳为"将客户、供应商和其他合作伙伴整合到企业的发展和营销活动中"，即发展与客户、供应商或价值链上的其他成员之间紧密的互动关系。罗伯特·摩根（Robert Morgan）和谢尔比·亨特（Shelby Hunt）从经济交换与社会交换的差异来认识关系营销，认为关系营销"旨在建立、发展和维持关系交换的营销活动"。阿德里安·佩恩（Adrian Payne）认为关系营销通过创建、培养和延续客户关系来长期拥有客户，增加销售量和实现交叉销售（Cross-selling），最大化客户价值。同时，佩恩指出了关系营销的几个关键特征：从交易驱动转向关系驱动；从单部门转向跨部门；从产品中心导向转向客户中心导向。贝瑞于1996年将关系营销重新定义为"关系营销是为了满足企业和相关利益者的目标而进行的识别、建立、维持、促进同客户的关系并在必要时终止关系的过程"。

关系营销理论的出现，对营销学科的发展产生了积极而深远的影响，使营销的焦点从交易转向了关系。今天，人们对关系营销的讨论和关系营销的实践，已从单纯的客户关系扩展到了企业与供应商、中间商、竞争对手、政府、社区等利益相关者的关系，大大地拓展了传统市场营销的含义和范围。

2.2 关系营销的概念与特征

2.2.1 利益相关者理论与关系营销

美国斯坦福国际研究院于1963年首次提出利益相关者的概念，认为"没有利益相关者的支持，组织就不可能生存"。伊戈尔·安索夫（Igor Ansoff）是首位应用利益相关者理论解决经济问题的专家，他认为：企业在制定目标时必须在员工、股东、供应商和客户等利益相关者间取得平衡。爱德华·弗里曼（Edward Freeman）在其著作《战略管理：利益相关者的方法》（*Strategic Management：A Stakeholder Approach*）中，将利益相关者界定为"任何能够影响企业目标实现或者受企业目标实现影响的个人或组织"。

在竞争激烈的全球化环境中，许多个人和组织都是企业的利益相关者，其中最容易联想到的利益相关者是股东、员工和客户；除此之外，政府和监管机构、竞争对手、供应商、社区、特殊利益群体、媒体，乃至整个社会或全体公众，也都是利益相关者。马克·斯塔瑞克（Mark Starik）认为自然环境、人以外的生命物种以及将来几代人都是企业的重要利益相关者。

早期的关系营销理论以客户导向为主，视野局限于与企业具有直接交易关系、经济关系的群体，主要关注企业与客户间关系的创建、维持和提升，忽略了那些与企业没有直接关系、但会对潜在客户和现实客户决策产生重要影响的群体，这极大地影响了企业的经营业绩。将利益相关者理论引入关系营销战略，突破了关系营销的理论局限和实践困境，能够帮助企业充分考虑内外部利益相关者的诉求，针对不同的利益相关者制定不同的营销策略，成功实现营销战略目标。

2.2.2 关系营销的概念

尽管关系营销尚未形成统一的定义，但学者们大都认为：关系营销的核心是建立和发展长期关系，通过长期关系来优化关系方之间的利益交换。

关系营销将一切内部和外部利益相关者纳入研究范围，用系统论的方法考察企业所有活动及其相互关系，我们可以将关系营销定义为"一个企业与消费者、供应商、分销商、竞争对手、政府机构、社会公众等利益相关者发生互动并建立起长期的互信互利关系的过程"。

2.2.3 关系营销的特征

关系营销的特征包括：

1. 双向沟通

双向沟通是关系营销的基础。关系营销中的交流是双向的，企业只有通过广泛的信息交流和共享才能赢得利益相关者的信任与支持，从而实现真正意义上的关系营销。在B2B情形下，如果双方的信息和情感交流通畅，则说明关系融洽；如果彼此间沟通困难，则说明关系有恶化的风险；一旦出现沟通堵塞，则预示关系可能中断。企业与利益相关者间的互动不一定是"点对点"的直接接触。例如，在B2C情形下，用户在电商平台浏览商品，该行为就是用户向平台发送"偏好信息"，平台会根据这些"偏好信息"，在推荐算法的支持下，向用户精准推送他们可能感兴趣的商品；如果用户对这些推送信息感到满意，就会更加频繁地打开平台浏览这些商品。

2. 协同合作

协同合作是关系营销的直接目标。典型的关系有对立性和合作性两类。对立性的关系状态是指企业与利益相关者间为了各自目标、利益而相互排斥，包括竞争、冲突、对抗、强制、斗争等；合作性的关系状态是指双方为了共同的利益和目标采取相互支持、相互配合的态度和行动。关系营销的目的就是要达到企业与利益相关者间关系的协同一致，建立长期的互信互利的关系。华为认为，合作关系可以同时在多个层面发生作用。在市场层面，华为与竞争对手相互对抗，吸引各自用户并提高其忠诚度；与此同时，华为也与对手建立起了良好的技术合作伙伴关系。①

3. 双赢原则

传统的企业竞争是采取一切可能的手段，以让竞争对手失败和消失为目的；而现代竞争方式和竞争规则已转向更深层次的合作竞争。企业一改往日"鱼死网破"的竞争思路而坚持"双赢策略"，不仅是为了实现优势资源要素的互补，增强竞争双方的实力，而且是为了通过实施竞争策略占据和巩固市场竞争地位。一般来说，出于竞争动机的交易者往往是为争取各自最大的利益；出于合作动机的交易者则会谋求双方共同的利益。关系双方利益上的一致性是关系赖以存在和发展的基础。真正的关系营销，是要达到关系双方互利互信的境界。因此，双赢原则是关系营销战略成功的关键。

4. 反馈控制

系统论中的一个重要概念是反馈，它是一个系统保持稳定状态的关键。有关产出或系统过程的信息作为一种输入反馈到系统中，可能会导致转换过程和未来产出的变化。关系营销要求追踪消费者、经销商以及营销系统中其他参与者的态度，了解环境的动态变化，并根据反馈信息改进产品、技术和服务，以消除关系中的不稳定因素。可以说，反馈控制是关系稳定并得以延续的重要保障。

---

① 〔法〕樊尚·迪克雷，2020. 华为传［M］. 张绚，译. 北京：民主与建设出版社.

2.2.4 关系营销与交易营销的区别

关系营销的实质是通过建立与维持现有客户及利益相关者的关系而获利,作为一种新型的营销理念,它与传统的以产品交易为导向的交易营销有着明显的不同。

(1) 对市场的认知不同。交易营销理论认为,市场是由无数个同质的的个体客户组成的。关系营销则认为市场是异质的,市场中的每个客户的需求、愿望和购买能力存在很大的差异,每个客户对企业的价值也是不同的。

(2) 对市场交易双方主动性的认知不同。交易营销认为市场中卖方积极主动,买方消极被动,卖方用产品、价格、促销等营销组合手段刺激客户购买。关系营销则认为,在有些情况下,具有特定需求的买方也在努力寻找合适的供应商。买卖双方存在互动,关键在于发现买卖双方都能接受的价值结合点。

(3) 对交易活动的认知不同。交易营销认为交易活动是由具体的单个交易事件组成的,并且各个交易活动之间不产生相互作用。关系营销则认为供求双方的交易是连续的过程,前一次的交易往往会对以后的交易活动产生影响。

(4) 对产品和服务的认知不同。交易营销所认为的产品价值主要是指实体产品的价值。关系营销则认为产品的价值不但包括实体产品的价值,还包括附着在实体产品之上的服务,如与供应商交易过程中愉悦的心情、与产品相关的咨询以及技术服务的支持等。

(5) 对人性的看法不同。交易营销认为供应商与客户都是完全理性的"经济人",追求短期利益最大化。关系营销则认为客户在交易中不仅要得到经济价值,还追求经济价值以外的其他价值,客户是有限理性的"社会人",关系营销要考虑客户心理及情感上的满足。

(6) 对价值实现方式的看法不同。交易营销认为价值的实现源于产品交易活动完成后,价值在供应商、客户、分销商等价值链上各节点的分配。关系营销则更加注重新价值的创造,企业在与客户、供应商、分销商、竞争对手相互的合作关系过程中,由于资源相互依赖、共同开发、信息共享、组织学习等因素,关系营销会创造更高的价值。

(7) 交易营销与关系营销在实践活动中的特点见表2.1。

表 2.1 交易营销与关系营销在实践活动中的特点

交易营销	关系营销
关注一次性的交易	关注客户关系维护
较少强调客户服务	高度重视客户服务
有限的客户承诺	高度的客户承诺
适度的客户联系	高度的客户联系
质量是生产部门所关心的	质量是所有部门所关心的

> 课堂实训

交易营销和关系营销这两种不同的营销方式有其各自的适用条件和范围,请思考以下情形下应优先采用哪种营销方式?为什么?

(1) 消费者购买洗衣液。

(2) 推销重疾险。

(3) 高校招标建设虚拟实验室项目。

2.2.5 关系营销与 CRM 的关系

关系营销是 CRM 的雏形,CRM 延续了关系营销的核心思想。关系营销虽然坚持以客户为中心的经营理念,强调建立和发展长期关系的重要性,但没有实现从理论到实践应用层面的转化。直到 20 世纪 90 年代末期,信息技术的引入促使 CRM 的技术解决方案得到了很大的提升和快速的发展。CRM 不但考虑了如何制定营销策略,而且考虑了如何让营销策略通过卓有成效的方式作用于客户,因此在操作层面上,CRM 真正强调和实现了信息技术与营销、销售和服务活动的集成。

2.3 关系营销与 4R 理论

21 世纪初,唐·舒尔茨(Don Schultz)教授提出了 4R 理论,阐述了全新的营销四要素:关联(Relevancy)、反应(Response)、关系(Relationship)、回报(Reward),4R 理论建立在关系营销的基础之上,着眼于企业与客户的互动与共赢,侧重于用更有效的方式在企业和客户之间建立起有别于传统的新型关系。4R 理论主要包括以下内容:

(1) 关联——与客户建立关联。在竞争性市场中,客户的忠诚度是不稳定的,客户具有动态性。企业必须通过有效的方式与客户的需求建立关联,形成一种互助、互求、互需的关系,在强调个性化消费的时代更应该提高产品与需求的对应程度,把客户与企业联系在一起,减少客户的流失,提高客户忠诚度,赢得长期而稳定的市场。星巴克曾在 2012 年推出了一款名为"早起的鸟儿"的 App,用户在设定的起床闹钟响起后,只需按提示点击起床的按钮就可以得到积分奖励,如果在一个小时内走进任意一家星巴克门店,就能以折扣价买到一杯咖啡。这款 App 使星巴克的客户从早上睁开眼睛的那刻起便与这一品牌发生关联。

(2) 反应——提高市场反应速度。在竞争激烈、市场和消费需求变化速度加快的今天,迅速并正确地应对竞争对手的营销策略,倾听客户的需求并及时做出回应变得极为重要。企业必须建立快速反应机制,提高反应速度和回应能力,快速满足客户需求,才能巩固市场地位,稳定客户关系,减少客户流失。2014 年初,快的和滴滴两款打车软件为了争夺新兴的软件打车市场，针锋相对地展开了"烧钱"大战。2014年1月10日，滴滴推出"乘客免10元、司机奖10元"的政策；1月20日，快的推出同样的补贴政策。2月17日，快的宣布"乘客返现11元，司机奖励11元"，并宣称永远比竞争对手多补贴1元钱。2月18日，滴滴宣布"乘客返现12元"，当天，快的迅速宣布"乘客返现13元"。2014年6月，中国打车软件用户规模达1.3亿人，其中快的和滴滴各占53.57%和45.56%的市场份额。

（3）关系——开展关系营销。关系营销强调，在赢得用户的同时，更重要的是要长期拥有用户；重视长期利益而不是着眼于短期利益；强调与客户的合作关系而不是单一的销售关系；树立以产品和服务给客户带来的利益为核心的观念，取代原来以产品功能为核心的观念；从不重视客户服务转向高度服务承诺。可以看出，关系营销的核心就是将产品、服务、营销有机地结合起来，通过建立良好的客户关系来实现企业的长期目标。

（4）回报——追求多样化的回报。回报主要是指企业从市场营销中获得的短期和长期的收入、利润以及客户关系。企业的回报是企业开展市场营销的基础，也是进行市场营销的动力。

4R理论的最大特点是以竞争为导向，体现并落实了关系营销的思想，建立了互动共赢的反应机制，并注重企业与客户双方的回报，为市场营销提供了一条新思路。

2.4 关系营销的三个层次

贝瑞和帕拉苏拉曼（A. Parasuraman）归纳了三种为客户创造价值的关系营销层次，即一级关系营销、二级关系营销和三级关系营销。

2.4.1 一级关系营销——财务层次营销

一级关系营销也称为财务层次营销，是最低层次的关系营销。它维持客户关系的主要手段是利用价格刺激来增加目标客户的财务利益。代表性的方法是应用频繁营销计划和客户满意计划。

1. 频繁营销计划

频繁营销计划是指对那些经常购买或大量购买的客户提供奖励，以促使客户重复购买，保持和提升来自老客户的收入。具体的奖励形式有打折、赠送商品、提供奖品等。美国航空公司是首批实施频繁营销计划的公司之一，20世纪80年代初推出了提供免费里程兑换的计划，当客户乘飞机达到一定里程后可换取一张头等舱位票或享受免费航行等其他优惠。由于越来越多的客户转向美国航空公司，其他航空公司也相继推出了类似的计划。

企业在实施频繁营销计划时，要注意把握营销时机，控制活动频率。例如，中国移动通信公司某分公司针对动感地带用户策划了充值送购物卡活动，用户单次充值话费100

元,可获赠 60 元某超市电子购物券,所充 100 元话费一次性到账 50 元,其余 50 元分 5 个月(每个月 10 元)返还到用户账户。动感地带的主要目标客户为 15～25 岁的年轻学生群体,这类促销活动往往选在学校开学时进行。

频繁营销计划容易导致客户的其他需求被忽视,或者由于客户超量购买导致活动期间服务能力不足、服务水平下降,从而引发客户的不满,因此在实施频繁市场营销计划时一定要保证服务质量,并注意后续的影响。

2. 客户满意计划

客户满意计划指企业设立高度的客户满意目标来评价营销策略实施的绩效,如果客户对企业的产品和服务不满意,企业将承诺给予客户合理的财务补偿。如天猫平台规定:若因商家缺货或是未按约定时间发货申请退款时,买家可以在网上申请退款,并在退款原因处注明为"缺货或未按约定时间发货";若判定商家确实存在该类行为,在交易退款成功后,买家会获得实付价格(不含邮费)30%的赔付(每笔最高不超过 500 元),该违约金以天猫积分形式支付,在 5 个工作日内到账。对非特殊交易来说,拼多多平台规定:买家付款后 24 小时内商家需上传物流单号,如果 48 小时仍未发货,消费者可自动获得一张无门槛现金券。

财务层次的营销是最低层次的营销,无法与竞争对手真正拉开差距,因为这一层次的营销策略极易被模仿,难以培养客户对企业的忠诚度。此外,如果企业频繁使用该营销策略,将会产生额外的成本负担。

2.4.2　二级关系营销——社交层次营销

二级关系营销也称为社交层次营销,它将经济利益与社交利益结合起来,即在增加目标客户财务利益的同时,增强企业与客户之间、客户与客户之间的联系,增加客户的社会利益。二级关系营销把人与人之间的营销和企业与人之间的营销结合起来。

二级关系营销的主要表现形式是建立客户组织,即以某种方式将客户纳入企业的特定组织,使企业与客户保持更为紧密的联系。一般而言,建立客户组织包括有形的客户组织和无形的客户组织两种形式。

(1)有形的客户组织。有形的客户组织是企业通过建立各种正式或非正式的客户俱乐部来与客户保持长久的联系。客户俱乐部是一家公司经营的会员组织,专门为会员提供一系列增值福利。一般来说,企业的客户群体是比较分散的,客户之间似乎没有联系,也不同属于某一个组织。例如,美容院的客户可能来自不同的单位、有不同的职业,也可能来自不同的地区。现代经营管理理论认为可以采用客户俱乐部的形式把美容院的客户组织起来。美容院定期发行报纸杂志,向客户提供各类美容信息、商品信息或其他时尚信息,也可以组织 VIP 客户旅游,或是邀请会员参加美容讲座、研讨会,通过多种形式为客户提供美容指导、服饰指导、健康指导,传递时尚信息,促进企业与客户、客户与客户之间的交流,增进客户对企业的感情和信任度,更好地留住客户。这种客户组织化的方法在许多大型企业中已被采用,特别是在重复性消费比较多的行业,如百货业、旅游业、酒店业、体育业等。家居零售商宜家家居(IKEA FAMILY)为会员提供精选宜家产品的折扣、餐厅和服务优惠、免费的家居杂志和免费的产品保险。成立于1983年的哈雷车主会有超过100万名付费成员,会员期限从一年到终身不等,会员福利包括路边救援、会员手册、旅游手册、专用网站、杂志、里程计划、活动和集会邀请等。

(2)无形的客户组织。有形的客户组织通常是通过线下的沟通和活动来密切与客户的关系,无形的客户组织则主要借助互联网、移动终端等现代设备,通过论坛、官方微博、网上社区等平台来发布商品信息,举办各类活动,吸引客户参与交流,提升用户黏性,培养忠诚客户。例如,小米公司通过小米社区和论坛将"米粉"进行整合,"米粉"们在小米社区交流使用小米手机的心得体会;小米公司在社区发布最新商品信息,同时举办各类征文和比赛活动,而"同城会""周年生日庆典"等活动更是将线上交流延伸到了线下。这种无形的客户组织利用企业与客户以及客户与客户之间的积极互动,使客户获得了经济利益以外的满足,提高了客户的忠诚度。

(3)有形的客户组织与无形的客户组织相互融合。在社会化媒体发达的今天,越来越多的传统企业开设企业微博、微信公众号、企业QQ等密切与客户的联系,同时众多的互联网企业也十分注重与客户展开线下互动,企业发起的线上与线下活动经常融合在一起,产生了更好的营销效果。例如,社交平台Facebook上曾发起一个叫"我要在宜家过夜"(I Wanna Have A Sleepover In Ikea)的活动,报名人数超过10万,宜家家居从中抽取了100位幸运儿在英国的一家宜家旗舰店过夜,当晚安排了按摩、修甲、夜宵、名人讲故事等一系列活动,所有参加者拍摄照片视频后,上传到各类社交媒体,产生了极大的影响力。

◎ 阅读材料

"二木的花园"的社交层次营销

风靡网络的80后多肉种植达人——二木,种植了1 000多种多肉植物,在山东省威海市几乎无人不知,他的工作室"二木的花园"吸引了大量的游客,其中不乏从北京、上海等外地慕名而来的客人。人群蜂拥而至令二木的团队感到兴奋,但很快,他们发现游客们来了之后看到的都是人头,对多肉植物的观赏多是匆匆一瞥,并没有真正感受到多肉植物的魅力。于是,"二木的花园"开始只对预约人群开放,通过预约可以控制每天的人流量,给游客最好的观赏体验,预约方式有电话、微博、微信、电子邮箱等。

二木会经常在个人微博上发布多肉植物图片、介绍多肉植物种养知识,截至2022年10月,已吸引了超过200万名粉丝的关注;"二木的花园"则不时发布赠送多肉植物的活动,转发游园者的微博,目前有10万多名粉丝。"二木的花园"经常组织花友在一起交流多肉植物的种植经验,并组织小朋友、学生等到园区参观,科普多肉植物知识,还教前来参观的游客亲手设计和制作多肉景观,传播多肉植物文化。使更多的人通过微博知晓了

"二木的花园",产生了到园区体验的兴趣,那些流连于园区的游客则乐此不疲地在朋友圈中传播自己这趟多肉之旅的快乐,这种线上与线下的交流互动使客户获得了更多的社交利益。

显然,社交层次营销比财务层次营销更进了一步。当竞争对手也在采用相似的财务层次营销策略的时候,社交层次营销就可以有效地帮助企业来留住客户。但在面临激烈的价格战时,社交层次营销可能会收效甚微,因为该层次的营销策略只能支持价格的小幅度上调,此时,要想继续保持与客户的关系,就必须通过提供竞争对手所不能提供的一些深层次的服务来吸引客户,如对客户提供技术支持服务、资金援助等。

2.4.3 三级关系营销——结构层次营销

三级关系营销又称为结构层次营销,企业与客户建立起结构性纽带,同时附加财务利益和社会利益。结构层次营销要求企业为客户提供其无法从其他渠道获得的有价值的服务,与客户形成结构性纽带或结成紧密合作的伙伴关系,在研发、供应、人员等方面互相协作,促进双方共同发展。

这种结构性纽带为维系企业与客户间的关系提供了非价格动力,解决了前两个层次营销策略只能支撑价格小幅度上调的问题。

◎ 阅读材料

良品铺子的结构层次营销

创立于2006年的湖北良品铺子食品有限公司(以下简称"良品铺子")以"研发、定制、推广全球各地好吃的零食"为企业目标,拥有线上、线下结构均衡且高度融合的全渠道销售网络。经过16年的发展,目前线下开设了2 700多家门店,线上细分运营99个子渠道入口,多次被中国连锁经营协会评为"中国特许连锁100强"。

良品铺子为加盟商提供了强大的支持体系:①广泛的品牌知名度。目前线下门店遍布20个省和2个直辖市,全渠道会员总数超过9 900万人;②领先的商品研发能力。针对消费者的动态需求不断开发丰富有趣的商品,引领休闲零售消费潮流;③稳定高效的智慧供应链。与SAP合作开发先进的ERP系统全面支持门店的运营,系统化、信息化、智能化的全流程智慧供应链为商品质量和供应效率提供保障;④成熟高效的门店运营管理。为加盟店提供门店装修、商品管理、物流配送、人员管理、经营管理等全托管管理服务;⑤时尚潮流的品牌形象。通过明星代言、赞助当红综艺节目、开展品牌促销等活动吸引消费者的眼球,扩大品牌影响力。根据良品铺子官网介绍,目前良品铺子的加盟费为每三年4.5万元。

加盟商在良品铺子独特的品牌吸引力、强大的市场影响力、全面的门店支持体系等助力下,平均投资回收期约18个月。加盟商的成功反过来支持着良品铺子的发展,双方利益交织,结成了紧密的纽带关系。

课堂实训

请回忆给你留下过深刻印象的企业营销活动案例,思考该案例的成功之处,并分析该案例运用了哪些关系营销的方法。

财务层次营销、社交层次营销、结构层次营销这三种关系营销的方式,在实际操作过程中应根据企业情况加以灵活运用。如果企业规模较小,在企业与客户建立关系的过程中,可以只采取财务层次营销手段,或者将财务层次营销和社交层次营销两种手段并用;如果企业的规模较大,就可以综合运用这三种关系营销手段使客户成为企业长期合作的伙伴。

◎ 补充阅读

辉瑞公司的关系营销策略[①]

辉瑞公司创建于1849年,迄今已有170多年的历史,总部位于美国纽约,是目前全球最大的以研发为基础的生物制药公司。辉瑞公司的研发和生产能力处于全球领先地位,产品覆盖了化学药物、生物制剂、疫苗、健康药物等诸多广泛而极具潜力的治疗及健康领域,辉瑞公司将"客户至上"作为企业的核心价值理念,在日常营销活动中十分注重关系营销,企业管理者意识到企业与客户的关系是最为关键的一部分,企业所有其他的经营活动,基本都是在为其服务。辉瑞公司的关系营销策略主要包括:

(一)学术推广会议策略

学术推广会议是辉瑞公司典型的学术性会议之一。公司邀请在医学界有一定权威且学术影响力较大的主任来做报告,主讲医药产品的相关适用患者及产品优势。邀请小范围内的周边医院的主治医师及以上医师参与,通过病例讨论以及学术研讨会的形式,最大限度地推进医生在临床用药过程中的规范性。学术推广会议能为公司带来稳固的客户基础,提高客户的忠诚度,同时可以通过学术探讨来促进医生了解企业药品的知识,为客户提供较高水平的学术展示共享平台,从而巩固公司与客户之间、公司营销人员与客户之间的关系,最终达到预期的产品推广效果。

(二)病房科室会议策略

公司要求定期在病房科室中开展科室会议,邀请科室主任、高年资主治医师或者公司营销人员通过幻灯片向科室内部的医生讲解相关疾病及药品等知识。在会议结束前还会进行互动讨论,让轮转医生和医学生向主治医师及以上医师请教平时在临床上遇到的问题和用药知识,进而增强医生对公司及其药品的忠诚度。病房科室会议不仅能够对拥有直接处方权的医生进行产品普及,还能深入地与临床客户进行无障碍的医学信息沟通与合作,促

[①] 龚立旦,孙艳香,2015. 关系营销在辉瑞公司的应用研究 [J]. 中国市场,(15):25-26.

进产品的推广。

（三）患者教育策略

患者是药品的最终使用者，患者对产品的认知对于公司来说非常重要。辉瑞公司实施患者教育策略，公司营销人员在自己所负责的医院中定期邀请科室中高年资主治医师以患者教育的形式在医院病房或社区服务站点开展患者教育会议，为患者及其家属进行疾病知识方面的教育，使其正确认识疾病并且科学合理用药。公司也通过电话会议的形式，由临床经验丰富的医生来为患者及其家属进行健康教育。

（四）社区服务策略

辉瑞公司的社区服务策略是公司企业文化"社区精神"的体现。在社区服务站点，公司通过展览、咨询和讲座等形式为社区居民提供健康知识教育，定期开展义务血压、血脂筛查服务，帮助社区的老年人提早预防疾病，增强定期检查的意识。

➡ 本章小结

关系营销构成了客户关系管理的理论基础。本章介绍了关系营销产生和发展的背景，从利益相关者的角度对关系营销的概念进行了定义，关系营销是一个企业与消费者、供应商、分销商、竞争对手、政府机构、社会公众等利益相关者发生互动并建立起长期的互信互利关系的过程，具有双向沟通、协同合作、双赢原则和反馈控制等特征，与传统的交易营销有着本质上的区别。关系营销分为财务层次营销、社交层次营销和结构层次营销三个层次。财务层次营销主要采取价格刺激的方式与客户建立关系，社交层次营销则同时考虑了客户的财务利益和社交利益，结构层次营销意味着企业与客户之间建立起了结构性纽带或结成了紧密合作的伙伴关系。企业在经营过程中，可以灵活应用这三种关系营销手段，助力企业发展。

➡ 思考题

1. 简述关系营销产生和发展的背景。
2. 什么是关系营销？
3. 比较关系营销与传统的交易营销之间的差异。
4. 比较 4P、4C、4R 营销理论。
5. 简述你对关系营销三个层次的理解。

实训项目　深度理解关系营销

实训目的

（1）帮助学生深度理解"以客户为中心"的思想；

（2）训练学生分析问题的能力。

背景材料

华为的客户关系管理

华为创建于1987年，经过30多年的发展，如今已成长为全球领先的ICT（信息与通信）基础设施和智能终端提供商。2022年3月28日，华为发布2021年年度报告，报告显示，华为虽然经历了美国两年多的严厉制裁，但依然实现了业务的稳健增长，2021年全球销售收入为6 368亿元人民币，净利润为1 137亿元人民币，同比增长75.9%。华为作为改革开放后发展起来的民族企业，早期曾向IBM、爱立信等公司学习先进的管理经验，如今其企业文化、管理模式也成为众多企业的学习标杆。

请阅读以下关于华为的材料，结合网络等渠道获取华为相关信息，对华为的客户关系管理情况进行总结。

华为信奉"客户满意是企业的生存之道，服务客户是华为存在的唯一理由，客户的需求是推动我们发展的唯一力量，华为的成功依赖于客户的成功"。早在1987年，华为就承诺"客户可无条件退货，华为永远欢迎你们"。每个销售人员都拥有一定的产品库存量调度权，若产品出现故障，销售人员可以自主为客户退换。

1997年，华为邀请IBM帮助华为重塑整个创新和研发过程，真正做到"以客户为中心"，该项目持续三年时间，总预算高达18亿欧元。

为鼓励员工积极收集高价值的客户需求，华为从2006年开始设立了"最有价值需求奖"，从员工提交的客户需求中筛选出对华为产品、解决方案、业务运营、服务、商业模式等有极高参考价值的需求，对提交者进行表彰，在全公司形成了关注客户需求的良好氛围。

在备受关注的客户数据方面，与众多电子巨头不同，华为的商业模式并不是将客户数据商业化。华为将安全视为核心，非常重视保护个人数据和客户利益。2019年6月，任正非在接受《金融时报》采访时说："我们的'管道'（指网络设备）一旦售出，所有经过'管道'的东西，无论是水、石油还是数据，都属于运营商，我们不拥有数据。"2004年以来，华为的安全系统通过了 ISO 27001 认证和 200 多项国际测试。华为在英国、德国和加拿大与当地政府合作建立了开放的网络安全评估中心，华为的产品在这些独立的评估中心接受测试，验证其是否符合当地标准。

华为为确保在任何情况下都能为客户提供持续服务，不断推动技术创新。例如，在中国农村和沙漠地区，电信基础设施很容易被老鼠等动物啃坏，华为研发团队极力寻找坚固耐用的材料，设计了超固体材料以解决这一难题。

华为致力于维护战争、地震、恐怖袭击等极端情况下的通信服务。2011 年，华为在埃及开罗为奥斯康电信（Orascom Telecom）提供设备时，容纳电信基础设施的 1 000 平方米的仓库发生火灾，数百万居民或将因为大火而无法使用移动和固话通信。当时，只有华为的团队立即赶到现场，其他公司则以政治不稳定为理由离开。华为向埃及客户承诺，将恢复华为及其他供应商的所有网络，并承担起当地的通信事务。很快，新的光纤设备安装完成，通信得以恢复。一名员工回忆道："当时，我正发愁如何打破与当地客户的僵局。但在那之后，一切都变了，客户一直与我们握手，表达他们的感激之情……"

华为还在世界最偏远地区连接互联网方面发挥了积极作用。华为启动 Ruralstar 项目，在中国、尼日利亚、印度尼西亚、南非等国家和地区建立了 100 多个太阳能发电的电信基站；与法国运营商合作，为超过四分之三的法国偏远地区实现了高速移动网络覆盖。

"多关注客户，少关注老板"这种客户导向的理念在内部得到了广泛的传播、鼓励和奖励。任正非经常对员工们强调："不要花很多时间做讨老板开心的幻灯片。要多花些时间来思考如何为客户创造价值。"

华为将大规模的投资集中在一个领域，而不是分散力量寻求多元化，以此增强单一领域的实力。正是因为专注于核心业务，华为没有在技术上落后，始终向高标准看齐。每年，华为投入至少 10% 的营业额用于研发，2021 年研发投入更是达到了 1 427 亿元人民币，占全年收入的 22.4%，十年累计投入的研发费用超过 8 450 亿元人民币。华为的战略十分明确：研发方向必须完全由市场需求驱动，要么是客户明确表达的需求，要么是预期能够推动技术进步并成为未来制胜法宝的需求。企业有时也需要谨慎，不能过于超前，以免生产了性能极佳但不符合客户期望的产品。

资料来源：〔法〕樊尚·迪克雷，2020. 华为传［M］. 张绚，译. 北京：民主与建设出版社.

实训任务

（1）你认为在诸多利益相关者中，华为最重视与哪一类利益相关者的关系？为什么？为此华为采取了哪些具体的措施？

（2）你认为贯彻"以客户为中心"的思想为华为带来了哪些价值？

（3）华为的 CRM 实践能给其他企业带来哪些启示？

（4）结合网络搜索的华为相关信息，思考华为的客户关系管理实践在哪些方面存在进一步提升的机会。

实训步骤

（1）个人阅读。老师督促学生针对实训任务完成阅读，在课堂上由老师或学生对案例学习要点及相关背景进行简单陈述。

（2）分组。在老师的指导下，5～8人组成一个团队，要求学生扮演组长、记录人、报告人。

（3）小组讨论与报告。课堂上各小组围绕实训任务展开讨论。老师要鼓励学生提出有价值的问题，要求每个小组将讨论要点或关键词抄写在黑板指定位置并进行简要报告。

（4）师生互动。老师针对学生的报告与问题进行互动，带领学生对关键知识点进行回顾，并追问学生还有哪些困惑，激发学生的学习兴趣，使学生自觉地在课后进一步查询相关资料并进行系统的回顾与总结。

实训提交材料

每组提交一份《小组讨论与报告记录》。

实训资料获取方式

关注微信公众号"CRM学习与研究"，回复"小组讨论模板"后自动获取链接。

第3章 客户价值

■ 学习目标

(1) 理解客户价值的含义
(2) 理解和掌握客户生命周期的特征
(3) 理解客户终生价值的概念和计算方法
(4) 掌握客户价值细分的 ABC 分类法、CLP 分析法和 RFM 分析法

案例导入

A 公司的客户价值管理

A 公司是一家专门从事商品邮购服务的专业公司,发展至今,已经与多类供应商合作,从单一产品经营发展成多样化经营,客户遍及全国各地。A 公司的系统中保存着 800 万条客户信息,他们并没有盲目地让 800 万邮购目录"倾巢出动",而是清楚意识到:在庞大的数据库中,并不是所有人都能成为客户,都能为公司带来利润。公司要做的就是从"海量"客户中将最有价值的那部分筛选出来,并让他们的价值最大化。

(一) 筛选价值型客户

美国管理学大师唐・佩珀斯(Don Peppers)和马莎・罗杰斯(Martha Rogers)根据客户对于公司的价值,将客户划分为三类:最有价值客户(Most Valuable Customer,MVC)、最具增长性客户(Most Growable Customer,MGC)和负值客户(Below Zero Customer,BZC)。A 公司将这三类价值的客户形象地分为热带、温带、冷带多个区域,并用不同颜色标注。每次发放邮购目录前,系统都会根据客户购物时间的远近、购物次数、金额、种类等指标,进行目标客户的筛选与分析。客户的消费频率越高,通常说明客户的价值增长潜力越大。如果有些客户的消费频率和消费金额低,但只要他们能积极地向亲友推荐,就也可将他们归于有价值的客户之列。对于处在"热带"的客户,A 公司会给予额外的优惠政策,比如除了折扣和赠品,还会根据长期分析购物记录得出的结果,为他们提供"专属"目录。因为如果公司仅仅以折扣和赠品拉拢客户,那么他们就不具备与其他公司的差异性,客户也同样可以被其他公司拉拢。而"专属"目录中每一件为"这个

人"而不是"所有人"选出的产品,则体现了公司对客户的高度重视,客户会因这种"区别待遇"对公司不离不弃。

(二) 让"老客户"价值最大化

有些公司会把目光盯在寻找新客户上,而对维持已有客户的忠诚度不够重视。尽管在公司的努力下会有新客户源源不断地产生,但同时也会由于对老客户服务不周导致大量客户的流失,这就是客户管理中的"漏斗现象"。通常来说,公司获得一个新客户的成本远高于保留一个老客户;如果客户满意度提高5%,公司的利润将会成倍增加。因此,封住"漏斗"上的漏洞,公司赢得的不仅仅是客户数量的维持,更多的是基于满意度和忠诚度提高后带来的客户质量的上升。基于此,A公司倾注了更多的心力关怀客户、"笼络"客户以确保留住他们。要维系客户,让其变为自己的终身客户,就要提供超越客户期望的服务。当客户的电话打进呼叫中心时,A公司客服前的电脑会立刻根据来电号码查询出该客户的来电历史记录,以提示客服用适宜的语气与客户交谈。面对忠实的老客户,客服还会主动询问客户对以前购买的产品是否满意。

在客户关怀方面,针对客户生日这一特殊的时间,A公司会给客户寄送生日贺信,这种贺信并不是在"通稿"上换个名字,而是完全个性化、定制化。后来,A公司在服务中增加了电话生日祝福的服务,客户在生日当天会收到A公司员工以热情的口吻打来的生日贺电。紧接着,A公司推出了生日目录专刊,专门寄给即将过生日的客户,并给予客户特别的生日礼品优惠和免费小礼物赠送。A公司还尝试在进行电话生日祝福的同时增加提醒服务,如提醒客户所享有的生日特惠礼品的购买期限还有多少天等。这种服务措施大大提高了生日目录专刊的反馈率。

(三) 降低客户购买风险

电子商务时代的来临,使得公司有机会通过多种渠道获得更多客户,但同时也使得客户忠诚度越来越难以维持。在搜索成本越来越低的情况下,网络上的海量信息让客户拥有了足够的分辨能力并能迅速做出决定——在一秒钟内选择或放弃某个公司的商品,或在下一秒钟再更换成另一家公司。公司一点点的偏差就有可能流失客户。邮购业本身是信用经济,客户在目录上看到的是产品照片和说明,而非实物,这就存在购买风险。与其他公司邮购目录显著不同的是,A公司目录上的说明文字十分详细。这些说明并非来自厂家的说明书,而是由公司文案部门二次创作而成。产品文案平实无华,力图用最直观的词语描述产品的优点,让客户感觉到A公司是在帮他分析,而不是在为厂家做推销。为了进一步降低客户的购买风险,A公司还承诺长达60天的无理由、无任何附加条件的退货服务,让客户毫无负担地在A公司购物。

A公司从不短视地看待客户今天的购买行为、购买数量和支付金额。A公司认为,也许你今天瞧不起或怠慢的客户,其明天的消费需求会爆炸式增长,如果某天客户消费支出增加,利润可能会因你昔日的无礼待客而转入竞争对手的钱袋。A公司重视的是:用情感牢牢地拴住那些有价值的或潜在价值的客户,提高他们对公司的满意度和忠诚度,尽可能延长客户的生命周期,最终实现客户价值的倍增。

资料来源:沈沂,2007. "区别对待"挖掘客户价值[J]. 21 世纪商业评论,(12):70–73.

思考:A 公司为什么要对客户进行分类?它采取了哪些客户分类管理措施?

3.1 客户价值的含义

客户作为企业市场竞争的核心资源、服务的对象、市场营销和客户关系管理的出发点,越来越受到企业的重视。在客户关系管理中,对客户价值的评价是贯穿于整个客户生命周期的核心问题。目前在使用客户价值的概念时,存在两个视角,一是客户视角,二是企业视角,两个不同视角下的客户价值的内涵是截然相反的。

客户视角的客户价值指的是企业为客户提供的价值,是客户在消费过程中期望或感知到的产品和服务带给他的价值。本书使用科特勒提出的客户让渡价值(Customer Delivered Value,CDV)来衡量企业为客户提供的价值。

企业视角的客户价值指的是客户提供给企业的价值,即企业把客户看成是企业的一项重要资产,侧重于研究客户及客户关系能够给企业带来的价值。如果把企业与客户的关系放在从客户与企业关系开始到结束的整个客户生命周期中,那么可以认为客户价值就是在这一过程中客户对企业提供的直接贡献和间接贡献的总价值,即客户终生价值(Customer Lifetime Value,CLV)。

向客户提供超凡的价值无疑可以成功地赢得客户,但必须同时考虑这种价值传递对企业来说是否有利可图,如果一味地追求"所有客户100%的满意",就会产生高昂的成本,虽然客户从企业获得的价值提高了,但是企业从客户获得的价值却大大降低了,这是两个方向的价值矛盾的地方。但从另一个角度看,它们也存在统一性,即为客户创造的价值越多,客户满意度就越高,忠诚度通常也越高,反过来客户就会为企业创造越高的价值。

3.2 客户让渡价值——客户视角的客户价值

根据科特勒的定义,客户让渡价值是指客户总价值与客户总成本之间的差额。在这个定义中,客户总价值是指客户从给定产品和服务中所期望得到的所有利益,它包括产品价值、服务价值、人员价值和形象价值四个要素。产品价值指产品的质量和功能;服务价值则反映了企业在售前、售中到售后的整个过程中所提供的服务水平;人员价值是企业员工与客户互动过程中所体现出来的知识水平和责任感;形象价值则与企业品牌和公众形象有着直接联系。客户总价值是上述四个价值要素的综合体现。客户总成本则是客户为购买产品和服务所付出的代价，包括货币成本、时间成本、体力成本和精神成本四个要素。客户的购买行为不仅取决于产品和服务带来的利益，还会受到成本的影响。

由此可见，客户让渡价值是一个综合性指标，它反映了客户获取价值与支出成本之间的差距，构成了客户理性消费决策的理论基础。客户让渡价值的结构如图3.1所示。处于客户让渡价值劣势的企业如果要争取客户资源，有两个可供选择的途径：一是通过提高产品价值、服务价值、人员价值和形象价值来增加客户总价值；二是降低客户总成本，实现路径包括减少购买者的各种成本（如降低价格、简化订购和送货程序），以及提供担保和承诺以降低客户的购买风险。企业只有实现了客户让渡价值的增值，才能建立和维持高质量的客户关系。

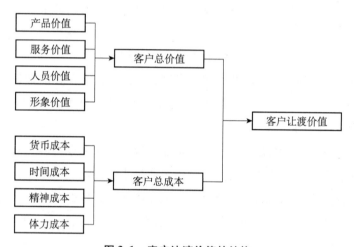

图3.1　客户让渡价值的结构

◎ 阅读材料

客户价值助力大客户销售

由于海外事业的高速发展，深圳华为技术有限公司采购部（以下简称"华为采购部"）决定采购10台奔驰S350，华为采购部汪主任向三家代理行发了标书，要求一周内必须投标，并且标书上必须标明价格。

三日后，华为采购部首先收到了"上海达星行浦东旗舰店"的标书，以下是标书要点：

第一，详细介绍了奔驰S350的主要技术规格、详细特点、保养常识。

第二，10台车可以在需要的时候提前三个小时准备好，并协助办理相关的一切手续。

第三，可以协助在北京、深圳办理注册牌照，上海地区的牌照费用也可以通过有关申请得到减免。

第四，一次性采购10台车可以提供最有竞争力的价格。

随后又收到了"广州蓝星行旗舰店"的标书，要点如下：

第一，可以直接为公司提供一流的零距离服务，保证主管在用车时无后顾之忧。

第二，分享了奔驰S350在配件、性能、技术、数据、驾驶体验等细致入微的介绍。

第三，非常愿意上门详细介绍优秀的售后服务。

第四，只要提前一天通知，就可以落实购车事宜。在价格方面，可随时面谈。

在收到以上标书后，华为采购部分别给这两家代理行打了电话，两方都报价105万元一台。

在临近标书最后期限之时，华为采购部收到了"北京柏星行旗舰店"的标书，内容如下：

第一，柏星行不仅为您提供奔驰S350豪华用车，而且可以为您提供一种特殊的服务，那就是在需要的情况下，协助您为将来这10台奔驰S350的司机提供符合豪华车标准的驾车训练，以及接待重要客户时的基本礼仪。

第二，我们还可以协助招聘司机，他们不仅有优秀的安全驾驶技术，而且有良好的英语水平，以及周到的豪华礼仪服务。

第三，我们曾经为联想集团、海尔集团提供过类似的服务，客户对我们提供的专业司机都感到满意，在此前接待重要客户时，起到了令人惊喜的效果，让来访的外国客户赞叹"司机都说这么好的英语，企业的实力一定了不起"。

第四，我们要强调的是车，因为它们是德国奔驰提供的高规格、高标准、高质量的车，所以我们特意创新地将国外为劳斯莱斯、宾利等品牌才提供的豪华车司机的服务，率先应用到采购5台车以上的大客户合作中，当然，我们也提供国内最标准、最规范的有关奔驰S350的其他保养和维修服务。

第五，我们愿诚恳地报一个最有竞争力的价格，按10台的采购量，一台是106万元，我们会在签订合同之后3天内提供10台现车，10天后可以提供符合奔驰驾车水准的司机，或者为您招聘的司机提供培训，包括基本沟通用英语、基本贵宾礼仪、基本驾驶安全事项以及车辆保养的基本规则等。

经过讨论，结果是报价106万元的"北京柏星行旗舰店"获得了这比超过1 000万元的大订单。

资料来源：道客巴巴. 客户价值案例研讨材料［EB/OL］. ［2022-05-10］. http：//www.doc88.com/p-731475823931.html.

思考： 在此次招投标项目中，北京柏星行旗舰店相较于另外两家旗舰店并没有价格优势，交货提前期时间也比较长，但华为采购部为什么仍然选择了北京柏星行旗舰店呢？

3.3 客户终生价值——企业视角的客户价值

3.3.1 什么是客户生命周期

客户生命周期也称客户关系生命周期，是指从企业与客户建立业务关系到完全终止关系的全过程，是客户关系水平随时间变化的发展轨迹，它动态地描述了客户关系在不同阶段的总体特征。客户生命周期可分为考察期、发展期、稳定期和衰退期四个阶段。

3.3.2 客户生命周期各阶段特征

1. 考察期

考察期是客户关系的孕育阶段。在这一阶段，双方相互考察并测试目标的相容性、对方的诚意、对方的绩效，考虑如果建立长期关系双方会有哪些潜在的职责、权利和义务。双方相互之间缺乏了解、不确定性大是考察期的基本特征，评估对方的潜在价值和降低不确定性是这一阶段的中心目标。在这一阶段，客户会尝试性地下一些订单，企业与客户开始交流并建立联系。企业在客户关系开发上投入了较高的成本，而客户尚未对企业做出较大的贡献，因此客户带来的价值较小，甚至可能为负值。

2. 发展期

发展期是客户关系快速发展的阶段。双方关系能进入这一阶段，表明在考察期中双方相互满意，企业与客户之间的了解和信任不断加深。在这一阶段，双方的交往程度加深，业务范围日益扩大，双方从客户关系中获得的回报日趋增多，逐渐认识到对方有能力提供令自己满意的价值和履行在客户关系中担负的职责，双方承受风险的意愿增加，愿意承诺一种长期关系，但双方的关系还比较脆弱。企业在这一阶段会增加投入，目的是进一步融洽与客户的关系，提高客户的满意度、忠诚度，进一步扩大交易量。此时客户已经开始为企业做出贡献，企业从客户交易中获得的收益已经大于投入，开始盈利，但客户尚未产生交叉购买的意图及推荐倾向，企业获得的是基本购买收益和购买量增加的收益。

3. 稳定期

稳定期是客户关系的成熟阶段。从考察期到发展期，客户的基本期望和潜在期望得到了一定程度的满足，客户关系的水平在不断地向前推进；进入稳定期，客户对产品产生了强烈的喜爱和依赖，更加信任企业将来有能力持续不断地提供比竞争对手更高的价值，不会再积极地搜寻可替代供应商。在这一阶段，双方对彼此提供的价值高度满意，为能长期维持稳定的关系，都投入了大量有形和无形的资源；双方的交互依赖水平达到最高点，关系处于相对稳定状态。此时，企业的投入较少，交易量处于高位，客户带给企业的利润较高，同时由于客户忠诚度提高，企业还能获得良好的口碑和推荐效益。

4. 衰退期

衰退期是客户关系发生逆转的阶段。关系的衰退并不总是发生在稳定期后的第四阶段，事实上，在任何一个阶段关系都有可能退化。引起关系退化的原因很多，如企业自身出现产品质量问题或服务质量下降等引发客户不满，或者客户的需求发生了较大变化而企业无法满足和适应，还可能是客户被竞争对手吸引等。衰退期的主要特征有：交易量下降；一方或双方正在考虑结束关系甚至开始物色新的关系伙伴（供应商或客户）；开始就结束关系进行沟通等。当客户与企业的业务交易量逐渐下降或急剧下降，客户自身的总业务量并未下降时，说明客户关系已进入衰退期。

当客户不再与企业发生业务关系，且企业与客户之间的债权债务关系已经理清时，意味着客户生命周期的完全终止。此时企业有少许成本支出而无收益。在这一阶段，由于交易量回落，客户的经济贡献快速下降。

3.3.3 客户生命周期管理策略

客户生命周期管理是一种全新的营销理念。它主要研究客户在生命周期中的不同阶段的特征，然后针对性地对其实行动态管理。

1. 考察期管理策略——新客户发展策略

考察期的企业和客户会寻求双方的目标交集，评价对方的意向和绩效，考虑建立长期关系后双方潜在的职责、权利和义务。企业在这一阶段的营销目标是：发掘可能建立关系的潜在客户。说服和刺激潜在客户与其建立客户关系是这一阶段的中心任务。

（1）说服客户购买。潜在客户一旦对某种产品和服务产生需要，就会设法收集有关该产品和服务的信息。但是，由于信息的泛滥和不对称，潜在客户往往难以找到适合自己的信息。因此，企业应设法通过各种有效途径向潜在客户传递信息，使其相信使用本企业的产品和服务是满足需要的最优选择。为了获取潜在客户对企业产品和服务质量的信任，企业可以向潜在客户承诺本企业产品和服务的质量，并通过有针对性的沟通渠道传达承诺。例如，美的变频空调在2010年率先推出"无条件十年包修"的服务承诺，为变频空调附上了一份"终身保险"，切实保障消费者的权益，并且推动行业树立新的服务标准。2011年，美的变频空调再度承诺：自2011年1月1日起，凡在国内购买美的变频空调的消费者，均可享受"一年免费包换"服务，且"无条件十年包修"服务继续有效。美的变频空调成为全行业首家推出"一年包换+十年包修"服务标准的企业，引领行业服务水平迈上新台阶。美的的这一创举引发了各类媒体的广泛关注和持续报道。

（2）刺激客户购买。刺激措施旨在直接促进潜在客户与本企业达成某项交易，并刺激其重复购买和交叉购买本企业的产品及服务。这类措施有价格折扣、产品组合销售、购物积分等。若客户重复购买某产品和服务，可获得一定的价格折扣。

2. 发展期管理策略——客户关系提升策略

这一阶段可以看作"试用期"，企业将接受新客户多方面的检验，同时也要考察新客户的价值、消费模式等指标，发展期是双向考察、相互认知的磨合阶段。客户与企业的交易次数或交易额快速上升，客户关系得到迅速提升，企业和客户的满意交集区间增大，双方相互依赖度增强，但同时由于双方业务关系刚刚建立，企业与客户只是有了初步接触，因此关系比较脆弱，存在一定的不稳定性。企业在这一阶段的营销目标是：通过提升客户价值，加强与客户间的关系纽带，将"试用客户"转换为稳定的忠诚客户。同时，为了向稳定期输送合格的客户，还应甄别客户关系类别——短期关系或长期关系，并对客户进行筛选和过滤，发掘有价值的客户。

企业在这一阶段要做大量的工作帮助新客户尽快熟悉本企业的产品和服务，帮助客户解决产品和服务使用过程中出现的问题。企业可通过有针对性的客户培训，加快客户的适应过程。保持客户联系部门员工队伍的稳定性，建立高效率的客户服务热线或呼叫中心等均有助于提高客户服务的水平。

3. 稳定期管理策略——客户关系保持策略

进入稳定期后，客户关系趋于稳定，留住现有客户，尤其是具备一定忠诚度的稳定型客户，对企业来说是最为关键和最有价值的。企业在这一阶段的营销目标是：基于客户价值（此处指企业视角的客户价值——客户为企业创造的价值）和消费模式进行客户细分，进行一对一的个性化营销，进一步提升客户价值，同时构筑退出壁垒，尽可能地留住客户，保持长期稳定的利润来源。

（1）个性化营销。在客户发展期末端，或者进入稳定期之初，企业要对客户价值进行判定；将客户分为高端客户、普通客户和低端客户三类，分别采取有针对性的客户关系保持策略。在这一阶段，企业应向客户提供符合客户特殊要求的个性化产品和服务，以便从长远的角度保证企业产品和服务在客户中的吸引力。企业通过将客户纳入产品的研发、规划和生产过程，使企业的产品能更好地符合客户的需求，增强客户对企业的信任基础。

（2）构筑退出壁垒。进入稳定期后，双方基于高信任与高承诺进行了大量的有形投入（如资金、设备等）和无形投入（如知识、技术等），一旦结束关系会导致这些关系投资全部或部分无法收回；与此同时，如果客户选择其他替代供应商可能会产生转移成本，如搜索成本、学习成本、心理成本（如压力、担忧等）。这些沉没成本和转移成本形成了关系退出壁垒。此外，通过签订契约或合同能够从法律上明确双方的责任、权利和义务，约束双方行为，形成契约壁垒。

4. 衰退期管理策略——客户关系恢复策略或客户关系终止策略

关系衰退期虽然处于最后一部分，但前三个阶段都有可能出现关系衰退的情况，因此各个阶段都要根据客户流失预警模型对客户关系所处的状态进行判断，识别出有流失倾向的客户。企业在这一阶段的营销目标是：发现衰退迹象，判断客户关系是否值得保持，然后采取恢复或终止策略。若客户关系仍存在一定的价值，则采取关系恢复策略，重新定位客户类型，对客户关系进行二次开发，若是由于企业的原因导致重要客户关系衰退，就要针对衰退的原因，尽力弥补工作中的失误，及时纠正并为客户提供相应的补偿，争取留住客户。若客户关系已无存在的必要，则可以选择放弃这些客户。流失的客户自动进入潜在客户库，开始新的客户关系循环。

3.3.4　客户终生价值的概念和计算方法

客户终生价值又称为客户生命周期价值，指的是企业在与客户保持关系的整个过程中从该客户处获得的全部利润。客户终生价值的来源主要有以下四个方面：

（1）客户重复购买以及由于客户占有率的提高为企业所带来的收益，指企业在一位客户的同类消费中所占份额的大小。

（2）客户交叉购买带来的收益，指客户在长时期内倾向于使用一个厂家的更多种产品和服务为企业带来的利润。

（3）客户向上购买产生的收益，指客户购买过往产品的升级品、附加品等产生的收益。

（4）推荐行为产生的收益，指企业的忠诚客户会把一些潜在客户推荐给企业，为企业传递好的"口碑"，由此产生的收益。

在计算客户终生价值时，需要将客户每一年为企业带来的价值换算为现值。例如，某学习软件商城在一次促销活动中成功开发了一位客户，这位客户在三年中的消费表现如下：

第1年，花费1 000元购买1门课程；

第2年，花费2 000元购买2门课程，花费300元购买学习软件商城中的实体商品；

第3年，花费3 000元购买3门课程，花费500元购买学习软件商城中的实体商品，向3位朋友成功推荐了该课程，3位朋友每人分别购买了1 000元的课程。

假设每门课程的可变成本率为20%，无论何种获客方式，每门课的营销费用（广告、社群费用等）均为100元/人，第1年的新客户开发费用为每门课200元，每成功推荐一位新客户奖励100元，商城商品销售产生的成本费用忽略不计，平均贴现率为10%。那么：

第1年该客户为企业带来的价值为：$1\ 000 \times (1-20\%) - 100 - 200 = 500$（元）；

第2年该客户为企业带来的价值为：$2\ 000 \times (1-20\%) - 100 \times 2 + 300 = 1\ 700$（元）；

第3年该客户为企业带来的价值为：$3\ 000 \times (1-20\%) - 100 \times 3 + 500 + [1\ 000 \times (1-20\%) - 100 - 200 - 100] \times 3 = 3\ 800$（元）

考虑到货币的时间价值的影响，3年间该客户的 $CLV = 500 + 1\ 700 \div (1+10\%) + 3\ 800 \div (1+10\%)^2 = 500 + 1\ 545 + 3\ 140 = 5\ 185$（元）。

◎ 阅读材料

Dwyer 分析法

Dwyer 分析法是美国人杜瓦尔在1989年提出的一种客户终生价值计算模型。它首先依据客户的属性（如收入、年龄、性别、职业、地理区域等），采用一定的分组策略进行分组，然后针对一组客户分别统计这组客户在各年产生的销售额、成本费用，得到企业从这组客户获得的利润。由于利润是各年的累计，基于资金的时间价值，再考虑贴现率，计算出这组客户每年净现值及累计净现值，即可得到这组客户的终生价值。Dwyer 分析法考虑了客户数、客户保持率、客户平均每月交易次数、客户平均每次交易金额、可变成本、营销费用和新客户开发费用等，为营销决策提供了更好的数据支持。

（一）销售额

设想某公司在一次营销活动中获取了一批新客户，其中有一组客户数为 20 000，1 年后，这组客户流失了 7 000 人，即客户保持率为（1 − 7 000/20 000）×100% = 65%，第 2 年继续采购的客户数为 20 000×65% = 13 000。随着时间的推移，尽管每年都有客户流失，但是客户保持率从 65% 到 80% 在逐年提高。

第 1 年，平均每个客户每个月交易的次数是 0.5 次，平均每次的交易金额是 650 元，因此第 1 年的销售额是 650×0.5×12×20 000 = 78 000 000（元）。随着时间的推移，保留下来的老客户平均每个月的交易次数逐步从 0.5 次上升到 0.8 次，单次交易金额也逐步从 650 元提高到 800 元；由于客户数量减少，这组客户创造的年销售总额逐步从 78 000 000 元下降到了 52 416 000 元。

（二）成本及费用

销售不可避免地伴随着成本和费用。我们将产品的采购成本、一对一的销售及服务费用等归入"可变成本"，即随着业务量的变化而成比例变化的成本，可变成本 = 销售收入 × 可变成本率。由于交易双方建立了默契，可变成本率会逐年下降。

营销费用主要指广告、公共关系、促销活动等方面的开销，假设每年平均用于每个客户的营销费用都是 120 元。新客户开发费用仅在第 1 年产生，平均每获得一个新客户需要花费 450 元。开发新客户费用高的可能原因是，这次的营销活动可能面向 500 000 个客户发出了邀请，最终达成交易的 20 000 个新客户需要分摊这 500 000 个潜在客户的邀请成本。

将每个年度的可变成本、营销费用、新客户开发费用分别相加后，得到了各年度的成本及费用总额。随着客户数量的减少，成本及费用总额也呈现出递减趋势。

（三）利润

将每年的销售额减去成本及费用，就得到各年度的利润总额。从数据上看，第 2 年的利润较第 1 年显著上升，此后利润比较稳定。

（四）客户终生价值

Dwyer 分析法是将一组客户在各年的累计利润现值之和作为该组的客户终生价值。基于货币的时间价值，同样的 1 元钱在不同时点上的价值是不一样的。假设贴现率为 14%，则明年的 100 元在今年仅相当于 100÷(1+14%) = 87.72（元），后年的 100 元在今年仅相当于 $100÷(1+14\%)^2 = 76.95$（元），依此类推。贴现率可参考当前的银行利率进行适当调整。

本例中，第 n 年当期利润净现值（Net Present Value）＝第 n 年当期利润÷$(1+$贴现率$)^{n-1}$，累计当期利润净现值为第 n 年之前（包括第 n 年）各年当期利润现值之和，第 n 年的平均客户终生价值＝第 n 年的累计当期利润净现值÷20 000。

本案例中客户终生价值的计算过程见表3.1。

表3.1 客户终生价值计算表

	第1年	第2年	第3年	第4年
客户数（人）	20 000	13 000	9 100	6 825
客户保持率（%）	65	70	75	80
平均每月交易次数（次）	0.50	0.60	0.70	0.80
平均每次交易金额（元）	650.00	700.00	750.00	800.00
销售总额（元）	78 000 000.00	65 520 000.00	57 330 000.00	52 416 000.00
变动成本率（%）	75	65	63	62
变动成本（元）	58 500 000.00	42 588 000.00	36 117 900.00	32 497 920.00
营销费用（120元/人）	2 400 000.00	1 560 000.00	1 092 000.00	819 000.00
新客户开发费用（450元/人）	9 000 000.00	—	—	—
成本及费用总额（元）	69 900 000.00	44 148 000.00	37 209 900.00	33 316 920.00
利润（元）	8 100 000.00	21 372 000.00	20 120 100.00	19 099 080.00
当期利润净价值（假设贴现率为14%）	8 100 000.00	18 747 368.42	15 477 000.00	12 904 783.78
累计当期利润净价值（元）	8 100 000.00	26 847 368.42	42 324 368.42	55 229 152.20
平均客户终生价值（元）	405.00	1 342.37	2 116.22	2 761.46

Dwyer分析法并非唯一的客户终生价值计算模型。它通常要结合市场细分方法才能更好地发挥作用。事实上，它主要是针对一组客户，而不是针对单个客户进行客户终生价值计算，除非某一组客户里面只有一个客户。因此，Dwyer分析法的缺陷是，它只能预测一组客户的终生价值或每位客户的平均终生价值，而无法评估某个客户对于企业的贡献，此外，该方法仅关注了客户创造的直接经济利益，忽略了客户推荐行为产生的价值。

资料来源：MBA智库百科. DWYER方法[EB/OL]. [2022-5-11]. http://wiki.mbalib.com/wiki/DWYER% E6% 96% B9% E6% B3% 95.

3.4 基于客户价值的客户细分

客户细分的目的，就是要精确地回答谁是我们的客户，企业应该去吸引哪些客户，重点保持哪些客户，如何迎合重点客户的需求等重要问题。

> **实践观察**
>
> ### 为什么销售业务多了,利润却变少了?
>
> D先生是一家电子产品销售公司的经理,经过D先生及其团队的共同努力,公司的业务不断拓展。随着公司业务的发展,老客户越来越多,公司知名度也越来越高,甚至经常有新客户打电话来咨询有关的业务。一时间,公司上上下下忙得不亦乐乎,可还是有些重要客户在抱怨公司的响应速度太慢、服务不及时,而将订单给了其他厂家,使公司利润流失了不少。为此,D先生决定加大投入,招聘了更多的销售及服务人员,来应付忙碌的销售业务。
>
> 一年辛苦下来,D先生本以为利润不错,可公司财务经理给出的年终核算报告却显示出利润额居然比去年还少!经过仔细分析,D先生终于发现了原因所在:虽然不断有新的客户出现,但是他们带来的销售额却不大,而这些新客户给公司增加的销售和服务工作量却不小,甚至有个别新客户严重拖欠款项。与此同时,一些对利润额贡献较大的老客户,因在忙乱中无暇顾及,已经悄悄流失。为此,D先生改进了公司的工作方法:首先梳理客户资料,从销售额、销售量、欠款额、采购周期等多角度数据进行测量,从中选出20%的优质客户;针对这20%的客户制定特殊的服务政策,进行重点跟踪和培育,确保他们的满意度。同时,针对已经流失的重点客户,采取为其提供个性化的采购方案和服务保障方案等优惠策略,尽量争取他们的回归;针对多数的普通客户,采用标准化的服务流程,降低服务成本。经过半年的时间,在财务经理给出的半年核算报告中,公司利润额有了大幅回升。
>
> 思考:
> (1) D先生所在公司原来采取的工作方法为什么效果不好?
> (2) D先生是如何改进工作方法的?为什么这样的改进能够使公司的利润额迅速回升?
> (3) 客户价值对企业来说有何意义?

3.4.1 ABC分类法

在客户关系管理中,企业常常按照客户的重要性进行划分。如采用ABC分类法对客户进行划分,可把客户分成贵宾型客户、重要型客户和普通型客户三种(见表3.2)。

表 3.2 ABC 分类法

客户类型	客户名称	客户数量比例（%）	客户为企业创造的利润比例（%）
A	贵宾型	5	50
B	重要型	15	30
C	普通型	80	20

表 3.2 中所列的数字为参考值，不同行业、不同企业的数值各不相同。比如在银行业中，贵宾型客户的数量可能只占到客户数量的 1%，但为企业创造的利润可能超过 50%；而有些企业，如宾馆的贵宾型客户的数量可能远大于 5%，但为企业创造的利润可能小于 50%。

课堂实训

有银行报告说，他们有 1/3 以上的客户是让银行赔钱的，这些客户不能为银行带来价值，反而会消耗资源，如果将这些客户抛弃，银行的盈利能力将会有大的提高，你认同这种观点吗？为什么？

以上划分较好地体现了营销学中的"二八定律"，即企业 80% 的收益来自 20% 的客户。当然，在 80% 的普通型客户中，还可以做进一步划分。有人认为，其中有 30% 的客户是不能为企业创造利润的，但消耗着企业的许多资源，因此建议在 80% 的普通型客户中找出那些不能为企业创造价值的 30% 的客户，采取相应措施使其向重要型客户转变，或者终止与他们的交易。例如，有的银行对交易量很小的散客，采取提高手续费的形式促使其到其他银行办理业务。

◎ 阅读材料

戴尔公司的客户细分策略

戴尔公司制定了基于客户重要性的在线信息政策。公司将客户分为所有客户层、注册客户层、签约客户层和白金客户层四个层次。客户收到的信息数量因他们的客户级别而异。越重要的客户收到的信息越全面，得到的服务也就越广泛，价格也更优惠。

戴尔公司的所有客户层得到的信息比较宽泛，包括产品细节、订购配置一台特殊计算机的能力、报价清单、一般的技术支持、用户论坛以及其他与公司有关的信息。

从注册用户开始，公司提供附加的个性化信息。一个注册用户可以要求对有关信息的跟踪。例如，当新的特定信息出现时，就自动发出一个电子邮件，或根据客户定制的在线新闻稿件，提供基于互联网的信息。

签约客户的采购历史都得以保存，他们可以查询这些历史资料，了解累计的销售额，建立习惯链接，享有定制化的服务和特殊折扣。以戴尔公司的大型客户之一——大型数据库软件供应商 Oracle 为例，只要 Oracle 一有新进人员报到，戴尔很快就会把该员工所需要规格的计算机准备好，新员工很快就可以上网工作了。

白金客户得到的服务个性化程度最高，公司在36个国家和地区设立了客户网站，支持18种语言的在线交流，白金客户可以在线与产品设计者一起讨论，保证新产品能够充分满足客户的需求。通过向不同层次的客户提供不同层次的信息和不同级别的服务，使公司的活动能够满足客户个人的特殊需求。客户与公司之间方便、灵活的互动，帮助戴尔公司建立并不断加深与客户的关系，使公司从拥有的相对固定的客户群中获得利益的最大化和关系的持久发展。

企业要想获得最大化的利润，就必须对不同的客户采取不同的策略。事实上，许多企业已经开始意识到通过价值区分来对客户进行分类管理，这在金融、旅游、电信和零售等行业中表现得尤为明显，这些行业中已有很多企业正在运用复杂的数据模型技术来了解如何更有效地分配销售、市场和服务资源，以巩固企业与最重要客户的关系。

知识拓展

长尾理论与二八定律

"长尾理论"（Long Tail Theory）是网络时代兴起的一种新理论，由《连线》杂志主编克里斯·安德森（Chris Anderson）于2004年提出。"长尾理论"认为，由于成本和效率的因素，当商品储存足够多、流通展示的场地和渠道足够宽广，商品生产成本急剧下降以至于个人都可以进行生产，并且商品的销售成本急剧降低时，几乎任何以前看似需求极低的产品，只要有人卖，都会有人买。这些需求和销量不高的产品所占据的共同市场份额，可以和主流产品的市场份额相匹敌，甚至更大，即众多小市场可以汇聚成与主流市场相抗衡的市场能量。

"长尾理论"被认为是对传统"二八定律"的颠覆。一直以来，人类总是用"二八定律"来界定主流、计算投入和产出的效率，它贯穿了整个人类生活和商业社会。"二八定律"源自1897年意大利经济学家维尔弗雷多·帕累托（Vilfredo Pareto）归纳出的一个统计结论：20%的人口享有社会80%的财富。这并非是一个准确的比例数字，但表现了一种不平衡关系，即少数主流的人（或事物）可以产生主要的、重大的影响，这种现象在社会的各个领域十分常见。在市场营销中，为了提高效率，厂商们会把精力放在那些80%的客户去购买的20%的主流商品上，着力维护购买20%商品的80%的主流客户。具体应用到客户关系管理，则是企业会重点关注能给企业带来80%利润的20%的大客户。正是基于此，才产生了ABC分类法，通过对客户进行价值区分来实现对客户的分类管理。

我们可以用正态分布曲线对上述现象进行描述，由于成本和资源的限制，人们只关注曲线的"头部"，即那些重要的人或事，而那些处于曲线"尾部"相对而言价值不高的人或事会被忽略掉。这些被忽略的80%就是"长尾"。安德森说："我们一直在忍受这些最小公分母的专制统治……我们的思维被阻塞在由主流需求驱动的经济模式下。"但是人们看到,在互联网的助力下,被奉为传统商业圣经的"二八定律"开始有了被改变的可能性,经济驱动模式呈现出从主流市场向非主流市场转变的趋势,这一点在互联网和娱乐行业尤为明显。

在网络时代,由于关注的成本大大降低,人们有可能以很低的成本关注正态分布曲线的"尾部",关注"尾部"产生的总体效益甚至会超过"头部"。例如,某著名网站是世界上最大的网络广告商,它没有一个大客户,收入完全来自被其他广告商忽略的中小企业。再如,一家大型书店通常可摆放10万本书,但亚马逊网络书店的图书销售额中,有四分之一来自排名10万以后的书籍。这些"冷门"书籍的销售比例正在高速成长,预估未来可占整个图书市场的一半。这意味着消费者在面对无限的选择时,真正想要的东西和获取信息的渠道都出现了重大的变化,一套崭新的商业模式也随之崛起。简而言之,"长尾"所涉及的冷门产品涵盖了更多人的需求,从而使冷门产品不再冷门。安德森认为,网络时代是关注"长尾"、发挥"长尾"效益的时代。当然,使用"长尾理论"时我们必须小心翼翼,保证任何一项成本都不会随销量的增加而激增,最差也应该是两者同比增长,否则,就会走入死胡同。最理想的"长尾"商业模式是:成本是定值,而销量可以无限增长。

3.4.2 CLP分析法

基于客户全生命周期利润(Customer Lifetime Profits,CLP)的客户细分方法将客户当前价值和客户增值潜力作为客户价值细分的两个维度,每个维度分成高、低两档,由此可将整个客户群分成四类,细分的结果用一个矩阵表示,称为客户价值矩阵(Customer Value Matrix),如图3.2所示。

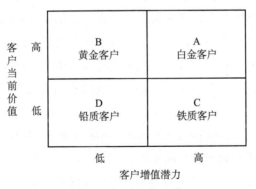

图3.2 客户价值矩阵

上述四类客户中,A类客户对企业最有价值,为企业创造的利润最多,称为"白金客户"。B类客户对企业的价值次之,也是企业的利润大户,称为"黄金客户"。根据"二八定律",这两类客户在数量上不大,加总约占20%,但为企业创造的利润却大约占到企业总利润的80%，常说的"最有价值客户"指的就是这两类客户。C类客户属于有潜力的客户，未来有可能转化为A类或B类客户，但就当前来说带给企业的利润较少，称为"铁质客户"。D类客户对企业的价值最小，是企业的微利或无利客户，称为"铅质客户"。C类和D类客户在数量上占了较大比例，约占企业客户总数的80%，但他们为企业创造的利润大约只占企业总利润的20%。

课堂实训

在B2C情景下，网店如果应用CLP分析法对店铺的客户价值进行分析，请问：

（1）如何判断店铺客户的当前价值和未来的增值潜力呢？

（2）可以将客户分为哪几类，针对每类客户应采取哪些措施进行管理？

当前价值的高低主要反映在客户与企业的交易额和为企业创造的利润等方面。增值潜力的高低主要表现在两个方面：一是客户份额，如果客户将其大多数相关业务已经交给了企业去做，说明业务成长的空间有限，增值潜力不大，反之，则说明成长空间较大，增值潜力较高；二是客户自身的发展情况，如果客户未来有计划并且有能力扩张相关业务，则客户增加的这部分业务是企业可以争取的，那么，即使当前客户份额高，但未来仍有可能具备较高的增值潜力。

A类客户（白金客户）兼具很高的当前价值和增值潜力，是极具吸引力的一类客户。这类客户的主要特征有：

（1）对企业高度忠诚，几乎已将其当前业务全给了该企业，且这类客户本身具有极高的发展潜力，他们的业务量在不断增大，因此这类客户未来在增量销售、交叉销售等方面均有较高的潜力。

（2）与企业的交易量很高，但与企业的交易量在该客户的同类业务中所占比例并不是很高，因此，企业未来要争取更高的客户份额。

A类客户是企业利润的基石，如果失去这类客户将伤及企业的元气，所以企业要将主要资源投入保持和发展与这类客户的关系上，针对每个客户设计和实施一对一的客户保持策略，不遗余力地采取各种沟通手段，不断主动地与这类客户进行有效沟通，真正了解他们的需求，甚至是他们的客户的需求，进而不仅为他们优先安排生产、定制产品和服务、提供灵活的支付条件、安排最好的服务人员，而且为他们提供能为其带来最大增益的全套解决方案。总而言之，企业必须持续不断地向他们提供超期望价值，并让他们认识到双方的关系是一种建立在公平基础上的双赢关系。

B类客户（黄金客户）有着较高的当前价值和较低的增值潜力。从客户生命周期的角度看，这类客户可能是客户关系已进入稳定期的高忠诚度客户，他们几乎已将其业务全部给了该企业，并一直真诚、积极地为企业推荐新客户，因此未来在增量销售、交叉销售和新客户推荐等方面已没有多少潜力可供进一步挖掘。这类客户非常重要，企业花了很高的代价才使客户关系进入稳定期，现在正是企业从他们身上获取回报的黄金季节，企业应保证足够的资源投入,持续不断地提供超期望价值,使他们始终坚信企业是他们最好的供应商。

C类客户(铁质客户)是当前价值低、未来增值潜力高的客户。这类客户与企业的交易量不高,带来的利润有限,原因可能是:

(1)客户与企业的关系可能一直徘徊在考察期或发展期,双方没有建立足够的信任和相互依赖关系,所以企业只能从客户那获得较小的业务份额;如果改善与这些客户的关系,使客户关系进入稳定期,那么,未来这些客户将有可能为企业创造可观的利润。

(2)客户本身的业务规模不大,尽管其已经将大部分的业务给予企业,但对于企业来说,这些业务在企业的整个业务量中所占比重很小,然而客户未来有着很好的发展前景,因此,企业若能适当投入,令客户持续满意,那么随着客户规模的不断扩大,在具备良好合作关系的前提下,客户为企业创造的价值也会不断提升。

D类客户(铅质客户)的当前价值和增值潜力都很低,是最没有吸引力的客户,该类客户可能包括:偶尔下一些小额订单的客户;经常延期支付甚至不付款的客户(高信用风险客户);提出苛刻客户服务要求的客户;定制化要求过高的客户。对于这类客户,企业可不投入任何资源,宜采用"关系解除"策略,比如采用高于市场价格的定价策略、拒绝不合理的要求等。

四类客户的资源配置和保持策略如表3.3所示。

表3.3 四类客户的资源配置和保持策略

客户类型	客户对公司的价值	资源配置策略	客户保持策略
A(白金客户)	高当前价值,高增值潜力	重中之重投入	不遗余力保持、增强客户关系
B(黄金客户)	高当前价值,低增值潜力	重点投入	全力维持高水平的客户关系
C(铁质客户)	低当前价值,高增值潜力	适当投入	关系再造
D(铅质客户)	低当前价值,低增值潜力	不投入	关系解除

CLP分析法克服了Dwyer分析法无法评估单个具体客户价值的缺点,但在评估客户当前价值和增值潜力时需要确定指标体系,构建评估模型,操作难度比较大。

3.4.3 RFM分析法

1. 定义

RFM分析法是通过分析客户最近一次购买时间(Recency)、单位时间购买频率(Frequency)及单位时间购买金额(Monetary)这三个数据,全面地对客户价值和客户创造价值的能力进行衡量的方法。

(1)最近一次购买时间(Time Elapsed Since Last Purchase,简称R值)。

在进行RFM分析时,R值指的是最近一次购买时间距离当前时间的时间差。R值越小,即最近一次购买时间距离现在的天数越短,说明客户近期交易越活跃,意味着客户再次购买的可能性比较大。一般而言,吸引一个几个月前上门交易的客户再次购买,比吸引一个一年多以前来过的客户要容易得多。如果客户的 R 值出现了较大的变化（比如由 15 天变成了 35 天），则说明可能会出现客户流失。

最近一次购买时间的功能不仅可以用于促销提醒，而且能够预示产品的消费趋势，监测企业的健康度。分析报告如果显示最近一次消费为 1 个月以内的客户人数增加，则表示该公司是个稳健成长的公司；反之，如果上一次消费为 1 个月以内的客户人数越来越少，则是该公司遭遇危机的征兆。

（2）单位时间购买频率（Number of Purchases in a Given Time Period，简称 F 值）。

F 值指的是客户在一定时间内购买商品的次数，购买频率越高（F 值越大）说明客户的忠诚度越高。对于不同行业中的不同商品，客户的平均购买频率是不同的，各个行业要根据销售商品的特性，计算出客户的购买频率，并以此作为商品促销的依据，在客户的单位时间购买频率出现偏差时，积极与客户沟通，组织商品促销，减少客户流失。

（3）单位时间购买金额（Monetary Value of Purchases in a Given Time Period，简称 M 值）。

M 值是客户在一定时间内购买企业产品的总额。对企业而言，特定时间内，如果客户的购买金额越高，则表明客户为企业创造的价值越多。

由于 RFM 分析法的三项指标十分容易获取，因此具有很强的可操作性，这是许多企业选取 RFM 分析法评估客户价值的原因之一。

在应用 RFM 分析法评估客户价值时需要明确分析范围。例如，某品牌家用电器制造商生产的产品包含了冰箱、空调、电视、微波炉等品类，耐用品的特性决定了消费者不可能频繁购买同一类电器，但如果消费者钟爱这一品牌，就有可能在一段时间内购买该品牌的多种电器，此时，如果仅针对某一类电器对消费者进行 RFM 分析，这位消费者可能是低价值客户，但如果从品牌的角度进行分析，则该消费者在 R 值、F 值和 M 值上可能有好的表现，是一个优质客户。

课堂实训

如果要应用 RFM 分析法对新浪微博的用户价值进行评估，你认为 R 值、F 值、M 值分别指的是什么？

2. RFM 分析法在 B2B 中的应用实例

◎ 阅读材料

联邦快递客户资料 RFM 分析

在 B2B 行业，联邦快递通过使用 RFM 分析，对企业客户进行有效细分，已经取得了相当高的利润。它用 RFM 三个指标将所有客户分为七个细分群体，每个细分群体再根据收入贡献额细分为十等分。这七个客户细分群体是：贡献额最高的 10% 稳定客户群、高贡献额的成长客户群、过去六个月流失的中贡献额客户群、季节性低贡献额客户群、中贡额的稳定客户群、低贡献额且在过去六个月内流失的客户群、低贡献额但刚恢复交易的客户群。联邦快递会持续观察过去两年内客户在七个细分群体中的变动，以及每个细分群体内客户在十等分内上下移动的情况，然后根据阶段性分析的结果，对每一个细分群体制定一套有针对性的客户策略。

针对贡献额最高的10%稳定客户群，联邦快递会想尽办法留住他们，为他们提供最好的服务，避免客户的流失。

针对高贡献额的成长客户群，这些客户的单位时间购买金额（M值）增长超过15倍，联邦快递会投入营销预算去寻找促使他们高速成长的原因，以帮助其他的客户提高贡献额。

针对过去六个月流失的中贡献额客户群，即在过去六个月贡献额降低90%的客户，这些客户让联邦快递损失了很多的利润。联邦快递的做法是通过电话与客户沟通，调查他们减少合作的原因，然后制定策略留住客户。

针对季节性低贡献额客户群，因为他们只在一年的某些季节交易，联邦快递会在非交易期减少相关的营销预算，以减少浪费。

资料来源：客户世界．联邦快递客户资料RFM分析［EB/OL］．［2022-05-10］．http：//www.ccmw.net/article/89465.html．

3. RFM分析法在B2C中的应用实例

◎ 阅读材料

吉之岛广州店的RFM分析

在B2C领域，零售行业的吉之岛广州店在应用RFM分析开展客户一对一营销后，年度业绩增长了20%，会员数从10万多名增加到20多万名，会员销售贡献额同比增长10%，占总营业额的30%，使此店在中国的四家门店的总利润中占比近50%。

吉之岛广州店从2008年开始推广会员卡，并根据客户的消费金额划分了金卡（年消费24 000元以上）、银卡（年消费12 000~24 000元）和普卡（年消费12 000元以下）三类会员。第一年，会员数量发展到了10万人。商场的高层管理人员希望在会员数据的基础上，用RFM分析开展客户关系管理。

在吉之岛广州店的RFM分析里，根据单位时间购买金额（M值）指标划分的客户有5个级别，M5是消费金额最高的金卡会员，门店为金卡和银卡会员提供比普卡会员更高的积分倍率。门店根据单位时间购买频率（F值）也将客户划分了5个级别，F5是最忠实的会员，对F值较高的会员，门店会结合会员的住址信息和所购商品信息，判断他们是否为附近居民，以便在促销期间加强与此部分会员的联系。在最近一次购买时间（R值）上，门店采用了把购买频率和最近一次购买时间相结合的方法进行评估，如果客户最近一次购买时间与购买频率偏差很大，门店的客户关系管理系统里会出现客户流失预警标识。

将RFM三个指标结合，门店就有了更具针对性的会员营销策略。对三个值都很低的会员，营销部门会把他们定义为"边缘会员"并减少相关的营销预算。对购买频率低但购买金额高的会员，结合他们的最近一次购买时间，门店将他们定义为"团购会员"，这些会员虽然购物次数不多但每次到店都会有很高的消费金额，门店在春节、端午节、中秋节等重要节日前，都会加强与这部分会员的联系。而在母亲节前，门店又会预先根据会员的人口特征信息把相关年龄层次会员筛选出来，再根据购买金额和购买频率，把最有购买潜力的客户挖掘出来。结合客户所购商品的特点，门店还会基于 RFM 分析选择精准的目标会员，推出如"文具节""泰国食品节"等各种主题促销活动。

在每次促销活动结束后，门店会对 CRM 系统里所收集到的会员消费数据进行促销活动效果评估。如果目标客户在促销期内并没有消费足够数量的商品，则说明该促销主题对会员没有吸引力，营销部门要根据评估效果调整下一步的营销策略。

RFM 指标结合客户的商品购买信息，可以让门店观察、了解会员到店购买的都是什么商品，本月与上月的变化在哪里，最有价值的客户是哪些，以及他们买的商品类型是什么，这些信息可以用来指导门店调整商品的采购策略。

RFM 信息获取的有效性取决于会员刷卡的频率。门店在这方面也想了很多办法，他们把每个月的 20 号和 30 号定为会员日，会员在这两天的消费可能得到两倍的积分奖励；在店庆和主题促销期间，门店会临时指定会员日并为会员提供会员价；每位会员生日当天，门店会发出生日祝贺短信，会员可凭会员卡去服务台领取生日礼物；每次会员购物如果没有购买购物袋，门店会奖励给会员环保积分；每年年底，门店会提前一个月通过网站广告、户外广告、手机短信和广播等多种方式提示会员年度有效积分换购和清零，这对带动年底的会员消费也有很大作用。

资料来源：钟啸灵，2010. 吉之岛：挖掘客户价值的金矿 [J]. IT 经理世界，(1)：82-83.

◎ **补充阅读**

大数据时代信用卡客户生命周期管理实践与思考

21 世纪是数据信息大发展的时代，大数据分析方法的涌现，使得商业银行能够更加细分各类客户及其价值偏好，并制定有针对性的客户关系管理和服务策略。

目前信用卡业务在客户分析方面存在以下不足：

(1) 尚未形成数据思维体系。总体而言，大多数商业银行在信用卡经营决策中主动用数据来思考的意识有待加强，经营思维方式需要数据的支持和论证，而过去往往依靠长期业务经验进行判断，可能存在一定的偏差，尚未形成科学、合理的数据思维体系。

(2) 对大数据的认识有待提升。目前，大多数商业银行对数据应用和数据工具的了解不够充分，在客户细分和管理过程中并未充分应用相关数据。如果尚未建立起大数据时代的数据思维就实施数据应用，必然会在信用卡业务运营的过程中无法根据数据的变化做出相应的准确判断，可能出现业务判断不够精准的情况。

(3) 大量宝贵的数据信息运用不充分。商业银行拥有海量商户销售终端（Point of

Sale，POS）信息和信用卡客户交易信息，如果并未挖掘利用这些信息，或只使用了其中的"冰山一角"，便难以充分了解客户及其相关交易行为，在调整客户结构和交易结构时可能存在不够精准的问题。

（4）产品和服务同质化现象依然存在。针对客户数据的挖掘和客户种类的细分，各大商业银行近年来进行了一定的业务创新如推出联名卡、女性卡、旅游卡等不同品种的信用卡。但是，各家商业银行的基本创新内容和方向仍然具有较大相似性，产品功能和服务的创新尚处于同质化阶段。

基于大数据分析，对信用卡客户生命周期提出以下总体设计理念：

（1）由粗放式营销向精准化营销转变。由"跑马圈地，广种薄收"的粗放式营销，转变为以"细分市场"为根本的精准化营销。根据客户价值和客户喜好对其进行细分，提供差异化服务，在提升客户满意度的同时有效控制营销成本。

（2）由着眼"点"向着眼"面"转变。由着眼于单个营销活动，转变为着眼于生命周期全体系活动。通过跟踪客户在生命周期各阶段的交易行为变化趋势，拓展不同类型商户，策划各阶段的营销活动和关怀服务，实现营销活动体系化管理。

（3）由营销分立向营销整合转变。由前端销售和后端营销二者分立，转变为销售和营销一体化管理。销售前端引入高价值客户后，以科学的管理方式缩短客户自引入期至成长期的时间，延长客户成熟期的时间，及时发现客户衰退的可能性并重获客户，从而持续培养客户忠诚度，延长有效客户关系的时间。

客户生命周期的不同阶段可采取以下管理方式：

（1）考察期。根据客户激活和首次刷卡（以下简称"首刷"）行为，将考察期客户定义为未激活、未首刷，且开户时间较短的客户。考察客户的管理目标是引入高价值低风险的客户，重点刺激新客户激活卡片和首次用卡。管理策略是建渠道、发好卡。首先是建渠道。渠道资源的整合是获取优质客户的核心。目前，光大银行建立了互联网渠道、分支行渠道、直销团队渠道等三个主要获客渠道，同时积极探索新的获客方式——阳光合伙人计划，通过优质存量客户的介绍获取优质客户，不断拓展获客渠道。其次是发好卡，即引入优质客户。近几年来，中国银行业信用卡中心的收入结构发生了较大变化，资产成为收入的主要驱动因素。据不完全统计，利息收入占总收入的比例为75%左右，因此，信用卡经营和管理的重心向加强风险防控作了相应调整。而风险防控关口前移的前提就是引入优质客户作为银行服务对象。

（2）发展期。根据客户循环信用、分期、取现等关键行为表现，将发展期目标客户定义为交易笔数处于上升期、尚未出现或较少出现关键行为（指除激活和首刷外的取现、分期和循环信用行为）的客户。关键行为发生时间点的不同，直接反映出客户在整个生命周期各阶段的价值行为表现。因此，成长期客户的管理目标是培养客户的用卡习惯，提高客户刷卡频次，使客户熟悉发卡行的产品和服务，引导客户尽早出现关键行为。管理策略是抓商户、促交易。首先是抓商户。信用卡在支付交易环节主要是银行通过B端渠道服务C

端客户，因此，商户体系的搭建是商业银行信用卡管理的重要环节。全国性股份制商业银行一般采用总分支三级管理体系，大部分商业银行积极打造三级商户体系，总对总商户主要是国内具有广泛消费场景的头部企业；区域特色商户是指在区域内有一定影响力的商户，在长三角、粤港澳、京津冀等地具有一定品牌影响力和号召力的品牌商户；分行特色商户是指分行当地的商户，如区域性连锁品牌和商圈。其次是促交易。在信用卡为持卡人搭建消费场景后，通过提供便捷的支付服务，鼓励客户用卡，为促进整个社会消费提供资金和信贷支持。目前，大部分信用卡中心对线上交易进行相关资源倾斜，为客户提供便捷的支付服务。

（3）稳定期。根据客户价值分层模型，将稳定期目标客户定义为对发卡行贡献较大的正价值客户。稳定期客户的管理目标是鼓励提高用卡金额，提升客户贡献度；精准定义客户偏好，有效控制成本，实现差异化、精准化营销。管理策略是控成本、要效益。首先是控成本。随着信用卡盈利模式的变化，成本结构也出现了规律性变化。近年来，风险成本的占比逐年提高并位居前列，控制风险成本是商业银行当前的主要工作目标。其次是要效益。效益是企业经营的结果，信用卡中心的效益来自客户的交易，交易结构决定透支结构，而透支结构又决定效益的高低，因此，商业银行要通过调整客户结构和交易结构来实现效益的最大化。

（4）衰退期。根据不同衰退周期的客户价值表现，将衰退期目标客户定义为持卡时间较长且近期未用卡的客户以及申请全户销户的客户。从不同衰退周期（衰退周期＝客户流失时间－客户首次开户时间）客户的户均价值来看，周期越长，客户的户均价值越高。其中，开户6个月以内流失的客户其户均价值为－1.01元/户；而开户24个月以上客户的户均价值为93.78元/户，即客户留存时间越长，价值越高。因此，衰退期客户的管理目标是唤醒长时间未用卡客户，重新培养客户用卡习惯；挽留住申请全户销户的高价值客户。管理策略是唤"睡眠"、降流失。首先是唤"睡眠"。主要针对已经"睡眠"的客户进行营销活动刺激，包括积分、京东权益、电影票、返现等，鼓励客户进行用卡消费，同时也加强对潜在"睡眠"客户的监测，对潜在"睡眠"客户进行唤醒。其次是降流失。客户流失管理是客户管理的最后一个环节，主要针对申请销户的客户进行挽留，管理策略为针对曾经的高价值客户进行挽留，主要方式是给予积分赠送、返现等优惠政策。客户流失管理在一定程度上延长了客户的生命周期，提高了客户对银行的贡献价值。

在当今的互联网时代，大数据、人工智能、区块链等新技术与商业银行拥有的海量客户和数据有较强的关联性，形成了当前科学技术与现代金融业务的高度融合。互联网使技术突破了时间与空间的限制，在相当程度上影响了银行支付中介的主导地位，并且正在重构整个支付生态。在未来的竞争中，数据将成为商业银行的战略性资源，持有数据的种类和规模将成为商业银行业务的主要驱动力，商业银行拥有的数据的质量、规模以及如何有效利用数据将成为其核心竞争力的重要组成部分。

资料来源：刘鹰，李昕，2020. 大数据时代信用卡客户生命周期管理实践与思考［J］. 中国信用卡，(05)：30-39.

➡ **本章小结**

在商业实践中,对于客户价值存在两种不同的理解。从客户视角来看,客户价值是指企业为客户提供的价值,如客户让渡价值;从企业视角来看,客户价值是指客户提供给企业的价值,如客户终生价值。企业只有为客户提供令其满意的价值,客户才会愿意持续为企业创造价值。客户终生价值贯穿于整个客户生命周期。客户生命周期包含了考察期、发展期、稳定期和衰退期四个阶段,每个阶段的客户关系水平、客户为企业创造的价值以及企业的关系管理策略都存在很大的差异,双方的关系发展并不一定要顺次经历这四个阶段,而是可能在其中任何一个阶段终止。计算客户终生价值的方法非常多,本章从价值来源构成的角度列举了一个计算单个客户终生价值的方法,同时从投入产出的角度介绍了一个以群组为单位计算客户终生价值的方法——Dwyer 分析法。基于客户价值对客户进行分类具有很重要的营销价值,比较典型的分类方法有 ABC 分类法、CLP 分析法和 RFM 分析法。在不同的情景下应用这些分类方法时,可能需要对具体的指标和度量标准进行调整。我们应该重点学习这些方法中蕴含的分类思维,并在实践中灵活地加以应用。

➡ **思考题**

1. 如何理解客户价值?
2. 什么是客户生命周期?客户生命周期的四个阶段有何特点,应如何进行管理?
3. 如何计算客户终生价值?
4. 选择一家你熟悉的企业,结合该企业的实际情况,选择一种客户价值细分方法,对该企业的客户进行细分。

实训项目　RFM 分析法的应用

实训目的

（1）帮助学生掌握 RFM 分析法；

（2）训练学生分析和解决问题的能力。

实训内容

案例数据文件为"A 超市交易数据 .xls"，该文件包含 1 200 位客户的 26 662 条交易数据。具体数据包括客户 ID、客户编号、交易时间、销售金额和销售类型。假设数据采集日为 2021 年 9 月 26 日，请应用 RFM 分析法对所有客户进行分类，对分类结果进行统计，并探讨这些数据的其他分析价值。客户分类表如表 3.4 所示。

表 3.4　客户分类表

R 值	F 值	M 值	分类	营销策略
高	高	高	重要价值客户	VIP 服务，个性化服务，交叉销售
低	高	高	重点唤回客户	数据库营销，产品续订，新产品，附加服务
高	低	高	重点深耕客户	客户忠诚计划，交叉销售，追加销售
低	低	高	重点挽留客户	重点联系或拜访
高	高	低	潜力客户	提供高价值产品，追加销售
高	低	低	新客户	社区活动，免费试用
低	高	低	一般维持客户	积分，打折，推荐热门产品，产品续订
低	低	低	流失客户	恢复客户兴趣，或暂时放弃

* R 值反映了客户黏性。若该客户的天数小于所有客户的平均天数，则认为 R 值为"高"，否则为"低"。

F 值反映了客户忠诚度。若该客户的购买次数高于所有客户的平均购买次数，则认为 F 值为"高"，否则为"低"。

M 值反映了客户的消费力。若该客户的购买金额高于所有客户的平均购买金额，则认为 M 值为"高"，否则为"低"。

实训步骤

1. 探讨确定 R 值、F 值、M 值的统计口径，并说明理由。例如，销售类型中包含正常交易、特价交易、退货和赠品四类。有人认为，在统计交易次数时应该排除退货、赠品的交易记录，交易次数 = 正常交易次数 + 特价交易次数；还有人认为，一条退货记录会对应一条正常或特价交易记录，因此，交易次数 = 正常交易次数 + 特价交易次数 − 退货次数。

2. 计算统计期内每位客户的最近一次购买时间距离数据采集日的时间差、购买次数和购买总额，并与三项数据的平均值进行比较，确定 R 值、F 值和 M 值。

3. 确定每个客户所属类型，并匹配相应的营销策略。

4. 统计每类客户的数量及占比，对该超市的经营情况进行分析。

5. 在 RFM 分析的基础上，同时考虑客户的退货率，对客户作进一步细分。

6. 探讨数据更多的价值。

实训提交材料

每组（2～4 人为一个团队）提交一份《RFM 分析法实训报告》。

实训资料获取方式

1. A 超市交易数据

关注微信公众号"CRM 学习与研究"，回复"超市数据"后自动获取链接。

2. RFM 实验报告模板

关注微信公众号"CRM 学习与研究"，回复"RFM 报告模板"后自动获取链接。

3. 操作过程演示视频

关注微信公众号"CRM 学习与研究"，回复"RFM 分析"后自动获取链接。

第4章 数据库营销

■ 学习目标

（1）理解数据库营销的含义
（2）理解数据库营销与传统营销的区别
（3）了解数据库营销的作用
（4）掌握数据库营销的实施步骤
（5）了解大数据在 CRM 中的价值
（4）正确认识客户隐私

案例导入

新华信的数据库营销

新华信是中国领先的营销解决方案和信用解决方案提供商。1992 年年末，新华信在北京成立，率先在中国开展市场研究咨询服务和商业信息咨询服务，并于 2000 年推出数据库营销服务。

本案例背景是 F 汽车厂商有一款新车即将面市，这款新车是原有 F1 款汽车的升级产品。F 汽车厂商计划在 8 个主要城市对新车进行推广，并通过推广活动的开展实现 3 个营销目标：①正确地锁定潜在目标客户并成功实施营销推广；②成功地建立一套潜在客户价值评估与细分模型，以便对潜在客户进行有效管理；③打造一个完整、准确、动态更新的潜在客户数据库，实现精准营销。

（一）开发潜在客户信息数据库系统

项目启动之初，F 汽车厂商营销部在专业的数据库营销咨询机构新华信的协助下，由副总经理牵头，组织市场部、客服中心和 4S 店的中层经理及以上人员，开会讨论了新华信提出的客户信息数据库设计方案。这个方案建议 F 汽车厂商开发一个独立的潜在客户信息数据库，这个数据库与现有的车主数据库可以实现互动。如果潜在客户数据库中有某个客户购买了汽车，这个客户的记录将自动关联上车主数据库的相关信息，在潜在客户信息数据库中被打上"购车"的标记。这样可以准确界定潜在客户的范围，并量化评估潜在客户的转化率。这个潜在客户信息数据库中，主要包含了七部分信息：潜在客户的联系方式、关键联系人、客户关系、竞争对手、促销活动、购买计划、客户服务。在方案得到所有部门主要负责人的认可后,由新华信配合 F 汽车厂商的技术部门,在不到两个月的时间内完成了潜在客户信息数据库的系统开发工作。

(二)收集潜在客户信息

在推进数据库的设计开发工作的同时,F 汽车厂商的营销部开始了潜在客户信息的收集、整合工作。通过对资料和新款汽车的评价与分析,营销管理人员把潜在客户定义为三类人群:三年前买过 F1 款汽车并且可能计划换车的客户;符合新款汽车客户特征定义,在最近一年参与过 F1 款汽车促销活动但至今未购车的潜在客户;符合新款汽车典型客户特征定义的潜在客户。

1. 从现有车主数据库中收集客户信息

启动数据收集工作后,营销管理人员从现有车主数据库中,轻松地获得了近两万个三年前购买过 F1 款汽车的客户,但这些客户信息普遍存在两个问题:①缺失客户联系方式(联系地址、电话等);②缺失客户特征信息(性别、年龄、家庭人口数、收入、学历等)与偏好信息(车辆消费偏好、旅游/奢侈品/金融/房产等消费偏好)。这些信息的缺失将对后续的客户细分和一对一营销造成较大阻碍。此外,由于公司的车主数据库是以产品为中心进行管理的,所以如果一位客户购买过两次汽车,数据库中将会有两条客户记录,如果后续开展营销活动,就要把重复的客户记录予以合并。

2. 从公司内部资料中收集客户信息

F1 款汽车几年来通过历次促销活动所积累的文件有近百个,数据形式差异较大,有的是 Excel,有的是 Access,有的则是 Dbf。由于对促销数据文件没有统一的要求,信息的记录格式存在诸多不一致,比如,有的文件中将性别记录为"M"或"F",有的文件则将性别记录为"1"或"0";有的客户参与过多次市场推广活动,在多份文件中留下了相关记录,但有的文件把姓名写为"张三",有的文件把姓名写为"三,张",还有的写成"张先生"。这些不一致的记录格式,导致如果没有身份证号码或手机号码等关键信息,很难识别重复的潜在客户记录。此外,在这些客户中,已经购车的客户信息记录也从来没有与现有的车主数据库做过匹配。

3. 从数据服务公司收集客户信息

通过分析新款汽车的典型客户特征,获得更多新的潜在客户信息。新款汽车的典型客户特征是新车面市前经过产品定位与调研得到的结论。例如,"事业型,女性,年龄 25～35 岁,家庭年收入 15 万～25 万元"。新华信协助汽车厂商把典型客户特征转换成数据库检索条件,在新华信千万级动态更新的数据库中检索获得了约 4 万个符合条件的新增潜在客户数据。同时,F 汽车厂商把其他几家数据服务公司根据检索条件获得的数据,一并提供给新华信进行比对查重,又发现了约 2 万条新增潜在客户数据。这样,F 汽车厂商最终获得了约 6 万条符合条件的新增潜在客户数据。

（三）整合潜在客户信息

上述三个渠道获得的潜在客户数据存在部分重复的可能性，所以，F 汽车厂商在签订保密协议后，委托新华信花了近两周的时间把将这些数据整合在一起。数据整合需要依据严密的逻辑，理清数据间的关系，解决其中存在的各种问题。新华信主要做了以下四个方面的工作：①对所有数据进行规范化和标准化处理，比如年龄记录有日期格式和数字格式，现在统一转化成为出生年、月、日格式，性别统一采用"M"和"F"格式等。②开展查重和删重工作。根据客户信息的关键内容，如"人名+身份证号码""人名+手机号码"等方式，找出记录完全一致或者近似度很高的记录，通过系统与人工结合的方法，识别这些记录是否为重复记录，然后把重复的客户记录合并为一条。③补充缺失的关键信息。通过与第三方海量数据库的匹配，F 汽车厂商为 35% 左右的数据补充了人口特征和联系方式等信息。④筛选潜在客户。通过与 F 汽车厂商车主数据库的匹配，有 5% 的客户被确认为在一年内已经购买 F 汽车厂商的产品，这些客户不再作为潜在客户进行新产品营销推广。最终，F 汽车厂商得到了可以开展新款汽车营销的约 10 万条潜在客户记录。

（四）完善潜在客户信息数据库，建立客户价值评估模型

如何利用 10 万条潜在客户记录，促进新款汽车的营销？新华信建议 F 汽车厂商先开展客户价值的评估，把客户区分为高价值、中等价值、低价值三类，再设计相应的营销方案，把营销的预算用在"刀刃"上。F 汽车厂商的营销管理人员很认同这种思路，但问题是，如何建立客户价值评估模型？哪些是评判客户价值高低的关键指标？

经过讨论，双方共同设计了 F 汽车厂商潜在客户价值评估的模型，这个模型涉及客户车辆拥有现状信息、车辆采购计划信息、车辆购买实力、促销活动参与情况等多方面的关键信息。利用这些信息，进行系数与权重的设置与计算，可以获得每一个客户的综合价值指数，将所有客户区分为高价值、中等价值和低价值三类。

为了确保模型能够有效地运行，F 汽车厂商委托了新华信呼叫中心，对 10 万条目标潜在客户信息开展电话营销，收集数据库中缺失的车辆采购计划、车辆购买实力、促销活动参与情况等信息，在电话营销工作结束后，总计有 60% 的客户补充了相应的信息。根据这些信息，F 汽车厂商在新华信的协助下，通过模型的计算，把客户区分为高价值、中等价值、低价值三类。

（五）针对客户细分结果设计营销推广活动

在客户价值细分完成后，如何对以上三类客户进行新款汽车产品的营销推广活动的策划呢？新华信设计了一个客户活动参与倾向预测矩阵（见图 4.1），在这个矩阵中，横轴是客户价值，纵轴是客户活动参与倾向性。10 万个目标潜在客户在矩阵中分别位于四个模块之中。其中，客户价值高且活动参与倾向性高的 A 类客户，是活动的最佳邀请者，占客户总数的 15%，对 A 类客户最宜采用直邮[①]与电话营销相结合的方式。

---

① 直邮（Direct Mail, DM）指营销人员直接向消费者发送邮件广告，这些邮件广告的内容包括报价单、产品宣传、售后服务介绍等，从内容的载体来看，可以是信件、传单、折叠广告、视频等。

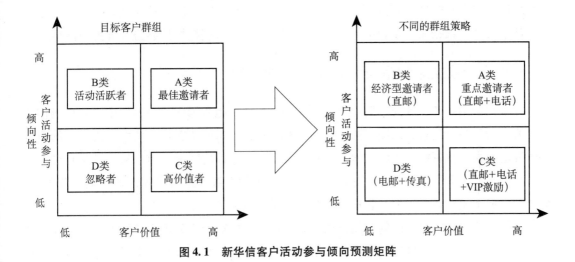

图 4.1　新华信客户活动参与倾向预测矩阵

思考：新华信是如何建立潜在客户数据库的？客户数据库有何营销价值？

4.1　数据库营销的含义

4.1.1　什么是数据库营销

近年来，企业界对"精准营销"的渴望越来越强烈，这源于传统营销中企业耗费了大量的营销努力与营销费用，产生的营销效果却不尽如人意。传统营销中企业无法准确地识别个体客户的特征和需求，这使得满足客户需求和维护客户忠诚显得十分困难，而数据库营销能很好地解决这一问题。在 B2C 情形下，企业利用现代信息技术建立的营销数据库准确识别不同消费者的需求、理解消费者的消费心理和行为，借助互联网技术实现企业与目标消费者间直接有效的沟通，从而达到低成本维护客户忠诚的营销效果。目前营销数据库已经成为整个管理信息系统重要的一部分，它为企业实现"精准营销"提供了有力的支持。数据库营销也逐渐成为一种新兴的、有活力的营销模式，成为众多企业获取竞争优势的重要手段。

数据库营销是一门综合了信息技术、营销学和统计学的边缘学科，目前尚未形成统一的定义。科特勒认为：数据库营销是营销者建立、维护和利用客户数据库和其他数据库，与客户进行接触和达成交易的过程。美国全国数据库营销中心则将数据库营销定义为一个涵盖现有消费者和潜在消费者信息的、可以随时进行数据扩展更新的动态数据库管理系统。

我们认为数据库营销与传统的围绕产品和品牌进行活动策划的营销方式不同，它聚焦于企业的客户，是一种通过收集和积累客户的大量信息，在对客户信息进行分析筛选后有针对性地使用电子邮件、短信、电话、信件等方式进行客户深度挖掘与关系维护的营销方式。其中，客户数据库是企业进行数据库营销的基础，数据挖掘是数据库营销的核心。

4.1.2 数据库营销与大众化营销的区别

大众化营销是产品导向的营销方式，它是企业在实施营销活动的过程中，向市场传播同样的产品和服务信息，试图把同一产品和服务销售给每一位客户，从而实现产品的市场规模价值。大众化营销无须深入地去了解每位客户的个性化特征，而是从统计学意义上寻找产品最大需求者的特征信息，它以市场实现需求的一般满足为目标，客户辐射范围广、综合营销成本相对较低，但在客户关系维护上难度较大。

数据库营销是客户导向的营销方式，它基于客户数据库，分析每位客户的特征及个性化、多样化的需求，有针对性地向客户推送产品和服务信息，有利于实现范围经济、延长客户生命周期。

数据库营销与大众化营销的主要区别见表4.1。

表4.1 数据库营销与大众化营销的主要区别

数据库营销	大众化营销
客户导向	产品导向
客户维持	客户吸引
关注客户份额	关注市场份额
追求范围经济	追求规模经济
客户可识别	客户无法识别
定制化产品	标准化产品
定制化生产	大众化生产
一对一直接沟通	大众化传播
个性化信息	大众化信息
双向互动	单向输送信息

知识拓展

典型的传统营销过程

案例：索尼随身听

1. 开发一项新产品和服务

索尼极具创新地发明了首款个人随身听。

2. 开展营销调研

索尼邀请消费者给出对随身听的看法，欢迎任何观点。

3. 以战略眼光看待营销4P（产品、价格、分销和促销）

索尼意识到创新者可能会率先购买随身听，但它仍将有广泛的吸引力，特别是对年轻人而言。索尼知道竞争者很快就会对它进行模仿，所以索尼在随身听刚面市的时候制定高价格，然后很快降价。通过这样的战略，索尼在市场中保持优势地位，与其强势的公司品牌相一致。在渠道上，索尼通过高端专营店进行分销。

4. 制定产品、价格以及渠道方面的运营细节

索尼详细地分析目标市场，增加多种产品特点，例如不同风格的双耳式耳机、图解式的均衡器等。通常索尼随身听的价格为30～60英镑，并在Dixons（英国老牌的家电零售商）和其他高端专营店售卖。

5. 索尼采用促销方法吸引最初的客户

通过广告提高知名度、吸引消费者以及使品牌具有特色。为了保持高端定位，索尼在电视广告中使用公司品牌名称，并着重强调质量和可信度。

6. 开展促销活动刺激产品销售

仅当产品进入市场一段时间以后才使用这种策略。

7. 要求消费者在初次购买时对自我需求进行鉴别

8. 加强广告宣传提升客户的品牌忠诚度

已有消费者并没有被鉴别，索尼也没有做出其他努力对他们进行有别于新客户的对待。在传统的营销过程中，有两种方法提升客户品牌忠诚度：一是建立消费者喜爱的品牌；二是当消费者与产品、服务或企业接触时，通过优质的服务使消费者满意。

典型的数据库营销过程

案例：IBM 直接数据库营销

1. 开发新产品和服务，或开发新渠道

在传统市场已经饱和且市场增长点是消费者和小企业的背景下，IBM自1992年起开始转向直接数据库营销这一方式。

2. 建立用于分析的数据库

将IBM全球所有的数据整合在一起，开发营销数据库。

3. 实施客户开发战略

内容包括：①收集每位客户的信息；②研发个性化的产品；③与客户直接交流；④开拓直接的分销渠道；⑤通过引导客户完成订单创立IBM直接营销模式。

4. 明确直接数据库营销的目标

我们能向现有客户卖出多少？我们需要吸引多少新的客户？

5. 细分客户

通过分析其他产品和服务的现有客户确定新产品和服务的潜在客户，对客户进行细分，并计算不同类型的客户对新产品和服务的支持程度。

6. 与客户直接交流

IBM 的数据库被连接到它的电话营销系统——250 名操作员处理本地和外地客户的电话。可通过电话、邮件等方式与客户直接进行交流，对初次购买者提供促销激励。

7. 完成销售

如果客户对直接数据库营销产生回应并且完成购买行为，IBM 会将产生的这些新信息加入数据库。如果产生新客户，其信息也会被整合到数据库中。

8. IBM 有时会直接配送产品和服务给客户，绕开零售渠道

9. 市场信息和情报集中于数据库，IBM 基于营销调研和数据库进行数据分析

直接营销人员通过以下方法提升客户的品牌忠诚度：满足每位消费者的需求，并且不采用大规模分销的方法售卖产品和服务；运用直接的双向沟通方法，主动为消费者提供服务。

资料来源：IBM Case Study，Marketing Direct，November 1995.

4.2 数据库营销的特点和优势

4.2.1 数据库营销的特点

随着信息技术发展，企业数据库营销的工具越来越多样化，除了电话、信件、短信、电子邮件、微信、QQ、微博等工具正被广泛地使用。数据库营销主要具有以下两个特点：

1. 数据库营销是一种可以测试营销效果的营销方式

数据库营销被认为是唯一一种可测度的广告形式，可以从中准确地获得客户的反应。例如，天猫平台上的某家旗舰店通过短信形式给最近三个月购买过、收藏过本店商品，或将本店商品加入购物车的客户发送了一条促销活动信息，该短信中包含了旗舰店的网址链接。若有客户通过短信中的链接进入旗舰店，浏览了店中商品，或有进一步的行动，都能被店家监测到。企业在进行数据库营销时往往会综合运用多种工具、多渠道地传播营销内容，每个终端客户在这些渠道的反应情况都能被监测到，于是企业就可以比较不同渠道的营销效果。

2. 数据库营销通过一对一沟通实现个性化交流

运用客户数据库，可经常与消费者保持沟通与联系，维持和增强相互间的感情纽带，实现一对一地沟通，从而增强了企业的美誉度和竞争力，使企业能拥有稳定而忠诚的客户。在应用数据库营销时，营销内容往往具有一定的针对性。例如，我们每个月会接收到移动运营商发给我们的信息，这些信息多数是关于手机流量、费用等的提醒，移动运营商

还会根据每位客户的服务使用情况向客户推荐适合的产品。再如，天猫、京东、亚马逊等电子商务平台会对消费者以往的购买或浏览行为进行分析，向每位消费者推荐不同的商品。当然也存在以下情况，企业通过短信、邮件、微信等工具向所有客户发送同样的营销内容，表面上看，好像与大众化营销向所有人推送同样的信息一样，但实际上是有区别的。数据库营销能够识别出接收信息的每一位客户，这些客户的后续反应也能够被监测到，而大众化营销的客户是抽象的，单个客户的营销反应也是无法获取的。因此，可以说，数据库营销通过一对一沟通实现了与每位客户的个性化交流。

4.2.2 数据库营销的优势

数据库营销能够测试营销效果、实现与客户个性化交流的特点使这一营销方式具有了以下优势：

1. 数据库营销可以帮助企业准确地找到目标客户群

客户数据库拥有大量消费者相关资料、消费行为等信息，这些信息为企业准确地选定目标客户，实行目标市场营销奠定了基础。通过对客户数据库的分析，企业可以准确地把握客户的消费动向，找出目标客户。

2. 数据库营销能够帮助企业预测市场，发现新的市场机会

一方面，数据库营销通过分析准确把握目标客户群的特征后，可以将数据库中具有同样特征的群体列为潜在客户作为未来营销的重点对象；另一方面，在不断地一对一沟通中，可以发现老客户的新需求，实现对现有产品和服务的交叉销售，或从中获取新产品和服务的创意。

3. 数据库营销避免了与竞争对手的正面交锋，使竞争更为隐蔽

传统营销中，运用大众传媒进行大规模促销活动，容易引起竞争对手的模仿和对抗行为，从而削弱了促销的效果。运用数据库营销，无须借助大众传媒，比较隐秘，不易引起竞争对手的注意，也不容易为竞争对手所模仿，更容易达到预期的促销效果。

4. 数据库营销帮助企业降低营销成本，提高营销效率

由于运用客户数据库能够准确找出某种产品的目标客户，企业就可以避免使用电视、报纸杂志等昂贵的大众传媒，转而运用更经济有效的促销方式，从而降低营销成本，增强企业的竞争力。

《华尔街日报》曾这样写道：读书俱乐部永远不会把同一套备选书放在所有会员面前了。现在，俱乐部都在进行定制化寄送，他们会根据每位会员最近一次的购买记录以及最近一次与会员交流活动中获得的有关个人生活的信息，向会员推荐不同的书籍。客户觉得这家公司理解我，知道我喜欢什么，知道我在什么时候对什么感兴趣。俱乐部由此减少了无效寄送引起的浪费，提升了品牌形象，会员则购买了更多的图书。据有关资料统计，没有应用数据库技术进行筛选而直接发送或邮寄宣传品，其反馈率只有2%～4%，而用数据库进行筛选后的反馈率可以高达25%～30%。

5. 数据库营销帮助企业更好地维护客户关系，提升客户忠诚度

数据库营销可以保持企业与客户之间的紧密关系，使客户成为企业长期、忠实的用户，扩大了产品销售市场，巩固并提高了产品的市场占有率。例如，某航空公司保存着80万人的资料，这些人平均每人每年要搭乘该公司的航班达13次之多，占该公司总营业额的65%。该公司每次举行促销宣传活动时，都应以他们为主要对象，极力改进服务，满足其需要，使他们成为稳定的客户。

总之，数据库营销实现了营销模式从传统营销的4P向现代营销4C[①]的转变，它能够在最恰当的时机，用最适宜的方式将信息传达给客户，有效地提升客户满意度和忠诚度，增加企业利润。

4.3 数据库营销的实施过程

一般来说，数据库营销要经历建立客户数据库、客户数据分析与挖掘、个性化营销推广、数据库营销效果评估四个步骤。

4.3.1 建立客户数据库

近年来，随着数据库营销技术的发展和应用，对客户精确细分的呼声越来越强烈。客户数据的完整性和正确性是客户细分的基础，而客户信息的采集是其中的关键环节。

1. 采集哪些数据

客户数据库中主要包括个人客户和企业客户两类客户数据。

（1）个人客户数据。

个人客户数据主要包括个人基本情况、价值观、消费行为等。个人基本情况包括姓名、籍贯、出生日期、身份证号码、家庭住址、联系方式、职业、工作单位、收入水平、受教育程度、兴趣爱好、参加社团情况、婚姻状况、家庭结构等；价值观包括生活态度、生活方式、对品牌的认同、业余时间的分配、消费支出结构、人际交往情况等；消费行为包括购买频率、最近一次购物的时间、消费金额、商品等级、付款记录、公司与客户联系情况（联系时间、建议提供的产品和服务种类及价格、付款条件）等。

（2）企业客户数据。

企业客户的数据主要包括企业的基本信息、业务状况、交易状况、负责人信息等。企业的基本信息应包括企业的名称、地址、电话、历史沿革、发展规模、经营范围、经营理念等；业务状况包括企业的市场份额、销售业绩、优劣势等；交易状况包括企业的信用状况、与客户的关系及合作态度、客户对企业及竞争对手的评价、客户的意见与建议等；负

---

① 即客户（Customer）、成本（Cost）、便利（Convenience）及沟通（Communication）。

责人信息指企业的法人代表、高层管理者的详细情况。

> **课堂实训**

企业收集的客户数据是不是越丰富越好？为什么？

除客户信息外，收集一些有助于企业决策的宏观和微观数据也是有必要的。例如，目标地区的人口规模、人口结构、人口增长趋势、家庭与就业情况、收入支出水平、市场信息及行业动态、竞争对手信息、国家的产业政策和规章制度等。在企业进行市场推广时，营销工作的第一步便是要知道一个城市的总人口及各年龄段人口的分布情况，从中可以得到该城市的潜在销售规模，人口统计资料便成为企业市场营销最基本的总体环境信息来源。

企业收集客户数据需要成本，因此在建立客户数据库时需要根据数据库营销的目标事先确定好所要收集的客户数据范围。例如，在新华信数据库营销案例中，确定了潜在客户数据库中应包含潜在客户的联系方式、促销活动参与情况、购买计划等七个方面的信息。

2. 数据从哪里采集

采集客户信息可通过直接渠道和间接渠道完成。

（1）直接渠道。

直接采集客户信息的渠道，主要来自客户与企业的各种接触机会。如从客户购买前的咨询开始到售后服务，包括处理投诉或退换产品，这些都是直接收集客户信息的渠道。

第一，在调查中获取客户的个人基本信息、态度与行为等方面的信息。调查人员通过面谈、问卷调查、电话访问等方法得到第一手的客户资料，也可以通过仪器观察被调查客户的行为来记录客户信息。

第二，在营销活动中获取客户个人信息。在大众传媒（报纸、杂志、广播、电视、网站等）上投放广告，邀请客户通过一定方式（电话、电子邮件等）给予回复；在商品上附上回函明信片，请客户填写之后寄回，以赠品或售后服务作为回报。此外，启动频繁市场营销计划、实行会员制等都是收集客户信息的有效途径。

第三，从中间商、销售人员处获取客户评价信息。中间商与销售人员直接面对客户，在服务过程中，客户通常能够直接并且毫无避讳地讲述自己对产品的看法和期望、对服务的评价和要求、对竞争对手的认识，以及其他客户的意愿和销售机会，其信息量之大、准确性之高是其他条件下难以实现的。

第四，从客户投诉中收集客户意见和建议。客户投诉是企业了解客户信息的重要渠道，企业可将客户的投诉意见进行分析整理，同时建立客户投诉的档案资料，为改进服务、开发新产品提供依据。

第五，在销售网点收集客户交易信息。销售终端是直接接触最终客户的前沿阵地，通过面对面的接触可以收集到客户的第一手资料。例如，目前超市普遍设置了结账扫描仪，并且利用前端收款机收集、存储大量的售货数据，而会员卡的发放也可以帮助超市记录单个客户的购买历史。

第六，通过博览会、展销会、洽谈会等获取客户交易意愿方面的信息。由于这些活动互动性强、客户群集中，因此可以成为迅速收集客户信息、达成交易意向的场所。

第七，网站和呼叫中心是收集客户个人信息、偏好和行为的重要渠道。随着电子商务的繁荣，客户越来越多地转向网站去了解企业的产品和服务，在电商平台收藏商品、加入购物车并完成交易，因此，企业可以通过客户访问网站进行注册的方式，建立客户档案资料。

第八，从企业内部信息系统获取客户资料。如客户订单、销售额及销售分布情况、客户付款的情况等。

（2）间接渠道。

第一，通过各类报纸、杂志、电视、广播、网络媒体对企业客户的有关报道获取信息。

第二，通过政府有关机构获取信息，如通过工商行政管理部门掌握企业客户的注册情况、经营范围、经营历史等；通过银行等金融机构了解客户的资金状况。

第三，与专业的数据库营销公司合作。基于客户数据库的重要作用，在国内一线大城市，如上海、北京、广州，已经出现了很多专业的数据库营销公司。当前，个人隐私受法律保护，不允许买卖客户信息，未经消费者同意或请求企业不得擅自发送营销短信。目前专业的数据库营销公司普遍采用的是许可式的数据库营销方式，即所掌握的数据都是经客户许可、可以公开的数据。

企业应根据所要收集数据的性质与特点来选择有效的收集方式。例如，在新华信数据库营销的案例中，确定了三类潜在客户：①三年前买过 F1 款汽车并且可能计划换车的客户；②符合新款汽车客户特征定义，在最近一年参与过 F1 款汽车促销活动但至今未购车的潜在客户；③符合新款汽车典型客户特征定义的潜在客户。针对第一类情况，企业根据"购车年限大于三年"和"有购车意愿"两个条件从现有车主数据库中筛选出潜在客户；针对第二类情况，企业从历年的促销数据文件中查找潜在客户；第三类则是从外部的几个数据库营销公司的客户数据库中，将"客户特征"作为检索条件，筛选出符合要求的潜在客户。

3. 数据清洗

（1）补充缺失信息、核实数据真实性。企业从各个渠道来源获取的数据不一定完整，也不一定全部真实，企业应该安排人手通过电话调查、复核、资料逻辑比较等方式补充客户资料，监测客户资料的真实性，及时清除不良数据和无效数据。

（2）统一数据格式。客户数据库的来源比较广泛，数据文件格式、呈现形式会存在不一致的情况。例如，新华信数据库营销案例中，客户数据文件格式有 Excel、Access、Dbf 等；对于性别的记录，有的以"M"和"F"来表示，有的以"1"和"0"来表示，在建立客户数据库时必须进行标准化处理。

(3)数据求精。数据库营销这一精准营销方式,主要针对目标客户进行,因此针对收集的客户资料,企业要根据事先确定的目标客户的生理、心理、行为等特征进行筛选和分类;可以根据目标客户特征的吻合度,将收集到的客户资料分为A、B、C三类。例如,某化妆品的目标客户是年收入10万元以上、大专及以上学历、追求时尚的25～35岁白领女性,则客户数据库中年收入10万元以下的、大专以下学历的、25岁以下或35岁以上的、蓝领职位的女性客户可以被归纳为C类客户,不将其纳入此次数据库营销的范畴。

4. 数据更新

客户数据库中的数据需要不断更新,及时反映客户的变化趋势。在B2C情形下,企业可以根据客户俱乐部、优惠券反馈、抽奖活动记录及其他促销活动收集来的信息来不断增加和完善客户数据,使数据库适应企业经营需要。若数据库长期得不到更新和维护,很可能会出现大量的无效数据,大大降低数据库的价值。例如,企业的客户是流动的,客户的年龄和社会角色是变化的,新生儿家庭在三年后就要从"母婴数据库"中剔除,不再向其寄送奶粉促销资料,但如果五年后这个家庭又有了第二个孩子,则需要重新将其录入"母婴数据库"。如果某社区超市发现所在社区的居民在几年前以单身年轻人为主,如今出现了大量的三口之家,那么社区超市就要对会员系统中的这些客户重新"打标签",同时超市中要增加家庭用品以及面向婴幼儿的玩具、食物等的数量和品种,以满足这些新家庭的需求。

4.3.2 客户数据分析与挖掘

数据库营销的目标一般包括提高营销效率、建立和维护客户关系、创造可持续的竞争优势等方面。为了实现这些目标,企业需要采用各种数据分析和数据挖掘方法,以便从客户数据资料中产生有价值的发现。

(1)计算客户价值。除了本书第3章介绍的计算客户终生价值的方法、RFM分析法等,还可以采用德尔菲法、回归分析法等构建客户价值评估模型,计算出数据库营销目标客户群体的价值。客户价值既可以直接作为营销推广的依据,也可以为后续进行客户分类打好基础。

(2)客户价值分类。客户分类是开发针对性营销推广策略的基础。企业可以从单一维度对客户进行分类,例如,ABC分类法仅根据客户价值对客户进行区分。企业还可以从两个及以上的维度来区分客户,如CLP分析法就是根据客户的当前价值和未来的增值潜力来进行分类;在新华信数据库营销案例中,汽车厂商根据客户价值和购车意愿对客户进行分类。在确定分类区间时可以采用频数分析、聚类分析、均值分析等方法按既定规则将客户分为高价值、中等价值、低价值若干类别。

(3)客户需求分类。客户需求信息具有很高的营销价值。例如,通过交叉分析可以发现客户特征与需求间的相关性,假如我们对客户的年龄属性和商品风格偏好进行交叉分析，若卡方检验的结果表明两者显著相关，则可以进一步研究不同年龄段的客户在风格偏好上的具体差异，为个性化营销内容设计提供指导。还可以通过购物篮分析发现客户的购买偏好，假设清单中80%的商品都是超市的特价商品，就可以将其纳入价格敏感型或实惠型客户群；如果追踪某客户的购买历史数据，发现他常常购买有机食品、运动装备、保健品等，我们就视之为注重健康一族。

（4）客户行为分类。客户历史行为记录有助于预测客户的未来行为。例如，对客户的购买时间进行趋势分析，可以判断客户需求的周期、流失的可能性；综合分析客户的消费金额和购物清单，可以判断向上销售和交叉销售的可能性等。这些信息都有非常高的营销价值。

知识拓展

特易购（Tesco）的客户细分

英国跨国零售集团Tesco根据消费者的生理、心理、行为等特征，将所有客户划分为年轻学生、家庭主妇、注重健康者、运动爱好者、实惠偏好者等八十多个客户群体。通过细分群体，Tesco可以实现以下目标：

（1）制定更有针对性的价格策略，仅将某些价格优惠提供给高价格敏感度的客户；

（2）根据数据库反映出的消费结构来确定采购的品种和数量，使采购计划更具选择性；

（3）针对不同细分群体，设计不同的奖励和刺激消费计划，这种个性化的促销活动效果显著，例如，Tesco优惠券的使用率达20%，远高于行业平均水平；

（4）详细的客户信息使得Tesco可以为客户提供更贴心的服务；

（5）测试不同细分群体对营销活动的反应等。

4.3.3 个性化营销推广

一对一沟通是数据库营销的重要特点，但对于具有海量客户的企业来说，对每一个具体客户实施一对一个性化的推广服务并不现实，大多数情形下，企业都是借助客户数据分析来细分客户群体，针对不同客户群体采用不同的推广策略。

（1）对不同客户实施不同的推广策略。不同的客户群体有不同的购买心理和行为，我们应该根据他们在心理、行为上的差异设计不同的推广策略。例如，在零售业，对价格敏感度高的客户群寄送特价优惠券，对注重情调的客户群体组织浪漫的聚会，对重视健康的人群寄送新到的有机食品样品，对刚有宝宝的家庭则推荐宝宝食品、用品组合套餐等。在通信业，对高端商务客户可采用积分奖励送培训券、财经书籍，或者提供机场贵宾室服务、享受健身俱乐部优惠等延伸服务；对打工族则力推低价长途套餐，开展订套餐送大奖活动；对学生群体则开展短信/彩铃创作大赛等多种推广活动。在餐饮业，对老客户实施忠诚奖励计划，如就餐满五次送一次免费就餐，满十次送三次就餐；对游离型客户和新客户可开展"来就送菜肴一盘""现场打9折"等活动；对注重营养的客户赠送一些养生之道的书籍；对注重美丽的女士推荐能美容养颜的食品等。只要企业注重数据库营销，重视不同客户的心理、行为特征，一定会设计出因人而异的、能与客户互动的各类推广策略，受到持续个性化关照的客户会成为企业的忠实客户。

（2）与客户沟通，要善于采用新的推广媒介和手段。推广的常规手段包括买赠、抽奖、积分奖励、免费试用、特价、优惠券等，企业应该根据客户群的特征有针对性地创新运用。以客户的生日为例，这是许多客户内心希望被重视的日子，如果在这一天企业给予客户热情的问候并推出特别的优惠，将会感动客户。如零售店推广："生日来购物所有商品8折，还送鲜花"；美发美容店："生日免费美发/美容，以示祝贺"；电影院："生日免费看电影"；餐饮店："今天来就餐，免费送蛋糕，餐费折上折"；电信："今天打电话，接听免费，拨打5折收费"，等等。只有开展数据库营销的企业才可以精确地锁定客户生日并在当天进行营销推广。

4.3.4 数据库营销效果评估

通过汇总客户的反馈，来评估本次数据库营销效果的评估，具体方法包括成本效益分析、市场活动产生的影响分析等。营销效果评估可以帮助营销人员重新审视营销目标和方案，为下一次的营销方案设计提供依据。同时每一次的数据库营销都会形成新的客户数据，将每位客户对数据库营销的反应添加至客户数据库中，从而为更加准确地分析和预测客户行为打下基础。由此，将形成一个闭环的营销体系。

◎ 阅读材料

A 公司数据库营销实例

（一）项目背景

A 公司是多个国际高端名车品牌的代理商，也是一家集汽车营销服务、汽车电子研发与制造以及海上运动、休闲、度假产业于一体的综合型集团企业。为了成功地向高端用户推广 A 公司代理的 CC 品牌旗下车价在 80 万元左右的进口车新车型，A 公司需要找到一批对此车型感兴趣、有认知的高端潜在客户，然后对这群客户进行有效的精准营销。由于 A 公司并未建立起此类客户数据库，于是选择将这一项目外包给一家声誉好的、专业的、专注于数据库营销的 R 公司。

（二）项目目标

在广州市针对目标人群开展数据库营销，确保高端客户的质量和营销效果。目标人群确定为以下几类：拥有价值 30 万元以上轿车的车主，别墅的业主，营业额为 2 000 万元以上企业的所有人，营业额为 5 000 万元以上企业的 CEO、总经理或 CFO 等。

（三）项目运作方式

1. 数据筛选。在 R 公司的高端客户数据库中筛选出与 A 公司现有车主构成及消费行为特征最为相似的客户群体。

2. 客户挖掘。通过呼叫中心与前面筛选出的客户群体进行电话沟通，进一步对所选出的客户群体进行深度挖掘，筛选出最适合 A 公司进行直接营销的终端潜在客户名录。

3. 直接营销。将沟通中感兴趣的客户群体作为直接营销的目标群体，向他们发送新车的宣传册。

4. 对目标客户进行持续跟进。

（四）项目成果

对外呼叫人数为 6 885 人，其中感兴趣的人数为 685 人，挖掘成功率约 10%，项目投入为 12 000 元，每条有价值信息的费用比率为 17.52 元（12 000 元/685 人 = 17.52 元/人）。

伴随信息科技的高速发展，数据库的收集、组建、维护、管理，数据深度分析软件的应用，短信/电子邮件群发等新的沟通平台的普及，数据库营销的各类技术障碍在逐渐清除，且费用越来越低，大至通信、金融、保险等大型公司，小至一些餐饮、美发小店，越来越多的敢于接受新事物的企业正在开展数据库营销。

4.4 大数据与 CRM

4.4.1 什么是大数据（Big data）

21 世纪，全球数据呈现爆炸式的增长态势，各行各业都投身于大数据的商业分析之中，大数据甚至成为各个行业重要的生产因素和竞争的关键。各个机构对大数据给出了自己的定义。高德纳集团认为大数据是只有那些具有更强的决策力、洞察力和流程优化能力的新处理模式才能够适应的，且具有海量、高增长率和多样化特征的信息资产。麦肯锡全球研究院对其给出的定义是：一种规模大到在获取、存储、管理、分析等方面大大超出了传统数据库软件工具能力范围的数据集合，具有数据体量大、数据类别多、价值密度低、处理速度快四大特征。

1. 数据体量大

截至目前，人类生产的所有印刷材料的数据量是 200PB（1PB = 1024TB）。当前，一般的个人电脑容量为 TB 量级，而一些大企业的数据量接近 EB（1EB = 1024PB）量级。

2. 数据类别多

数据被分为结构化数据和非结构化数据。以往的数据多以文字为主，但在社会发展过程中，文字已经无法满足人们对数据的解读需求，从而相继出现了图片、视频、地理位置等信息，这对数据处理能力提出了更高的要求。

3. 价值密度低

通常，价值密度的高低与数据总量的大小成反比。在大量的数据中，并不是所有的数据都是有价值的，真正有价值的部分往往所占比例不超过10%甚至更低。例如，一段长达数小时的监控视频，里面有价值的信息可能仅是其中几分钟甚至几秒钟的画面。

4. 处理速度快

大数据的数据处理遵循"1秒定律"，可以从各种类型的数据中快速获得高价值的信息。谷歌的搜索服务就是一个典型的大数据运用，根据用户的需求，谷歌实时从全球海量的数字资产（或数字垃圾）中快速找出最可能的答案呈现给用户。

需要注意的是，数据并不是信息，而是有待理解的"原材料"，对这些"原材料"理解的程度决定了所获取的有效信息有多少，进而决定了由"原材料"转换成的信息带来的商业价值有多少。

4.4.2 大数据的 CRM 价值

高德纳集团曾于2013年做过一项有关企业使用大数据的调查，报告显示：56%的企业不知道如何从数据中获取价值，41%的企业无法将这项技术与公司战略结合起来，34%的企业缺乏大数据的处理能力，33%的企业难以整合多样的数据资源，9%的企业的基础架构遭遇挑战，还有23%的公司不知大数据为何物。如何最大限度地挖掘大数据中的商业价值，对于许多企业来说都是一个难题。然而，随着全球数字化、网络宽带化、互联网应用于各行各业，累积的数据量越来越大，将会有越来越多的企业发现，可以利用大数据技术更好地服务客户、发现新商业机会、拓展新市场和提升管理效率。

大数据在客户关系管理中的价值主要表现在：

1. 准确分析客户行为特征和需求

对客户行为特征和需求的分析是实现精准营销的重要依据。只要企业能积累足够的客户数据，就能分析出客户的喜好与购买习惯，甚至做到"比客户更了解客户"。

◎ 阅读材料

高德地图知道用户想吃什么

高德地图是国内一流的免费地图导航产品，也是在基于位置的生活服务方面功能齐全、信息丰富的手机地图。高德地图除了其精准的地图定位和导航功能，还在地图上标示出各种场所的种类、位置、电话、交通线路等信息。如果用户在搜索栏输入"网吧""餐厅""咖啡""医院"等关键词，地图上就会筛选出目标区域内所有的同类场所。高德美食频道的人性化特色十分突出。通过关键词搜索，消费者就能查到附近的餐厅、咖啡店等场所,甚至连推荐的菜品、餐厅评分、营业时间、联系方式、人均消费额等内容,都能让用户在第一时间掌握。例如,当自助烤肉很火的时候,许多人都在搜索"某某自助烤肉",于是用户在输入关键词时,名字还没有打完,就会出现许多条商家信息,并且在地图上对搜索结果进行智能排序,为用户推荐距离当前地点最近的烤肉店。高德地图在提供生活服务方面的成功之处,在于它对用户生活习性的准确把握。所谓"知己知彼,百战不殆",当你真正了解一个人的习惯,了解他生活中的每一个细节时,他的需求自然就能被你准确把握。

资料来源:文丹枫,朱海,朱德清,2015. IT 到 DT 大数据与精准营销[M]. 沈阳:万卷出版公司.

2. 设计受欢迎的产品和服务

投客户所好是任何品牌在市场竞争中必备的战术。客户的评价数据是企业改进产品设计、产品定价、客户服务等的重要依据,也是实现产品创新和服务创新的重要途径。

◎ 阅读材料

普拉达(PRADA)的试衣间

PRADA 是意大利著名的时尚品牌,在全球各地都有零售店,其产品主要有男女成衣、皮具、鞋履、眼镜、香水等。PRADA 在纽约的一家旗舰店中,店里的每件衣服上都有射频识别(RFID)码。这种识别码的作用是,每当一位客户拿起一件衣服进试衣间时,RFID 会被试衣间的自动感应装置识别,并将数据传至 PRADA 公司总部。就这样,每一件衣服在哪个城市的哪家旗舰店、什么时间被拿进试衣间、在试衣间停留了多长时间等数据信息都会被公司存储起来加以分析。在其他服装公司看来,如果有一件衣服的销量很低,传统的做法是直接下架。而 PRADA 总部会利用 RFID 传回来的数据进行更加深入的分析。如果数据显示这件衣服被拿进试衣间的频率很高,但销量却上不去,那就说明这件衣服在款式、外形设计上是很吸引客户的,但衣服在穿着上的设计却并不合理,可能存在大小不合适、衣服某处有不明显的瑕疵等。于是,PRADA 总部就根据这些信息所反馈的问题,进行反复斟酌与研究,找出缺陷并进行修改。也许在某个细节的微小改变就会重新创造出一件非常流行的产品。

3. 客户精准定位

网络营销中,很多企业投入资金后没有获得理想的营销效果,其中有个重要的原因就是没有做到对客户进行精准的定位。客户精准定位就是要找到符合产品和服务定位的客户,最大限度地满足客户需求,实现营销效果的最大化。客户定位,就像是给客户"画像",也就是企业通过收集与分析客户的社会属性、生活习惯、消费行为等主要数据之后,完美地抽象出一个客户的商业全貌。客户画像可以被看作是企业应用大数据技术的基本方式,它为企业提供了足够的信息,能够帮助企业快速找到精准的客户群体。

◎ 阅读材料

京东如何为用户画像？

（一）为什么要做用户画像？

京东是一家大型全品类综合电商，一亿多活跃用户和海量的商品产生了从网站前端浏览、搜索、评价、交易到网站后端支付、物流、收货、客服等多维度全覆盖的数据体系，复杂的业务场景和逻辑使得信息的处理挖掘显得十分重要。用户画像就是把数据转化为商业价值的技术。京东大数据记录了用户长期的网络行为，用户画像技术能够根据这些数据来还原用户的属性特征、社会背景、兴趣喜好，甚至还能揭示用户内心需求、性格特点、社交人群等潜在属性。了解了用户各种消费行为和需求，精准刻画人群特征，并针对特定业务场景进行用户特征不同维度的聚合，就可以把原本冷冰冰的数据复原成栩栩如生的用户形象，从而指导和驱动业务场景的搭建和落地，发现和把握蕴藏在细分的海量用户中的巨大商机。

（二）如何进行用户画像？

从逻辑上说，用户画像是从具体的业务场景出发，结合数据表现，归纳出基准的规则或方法，然后通过反复迭代的学习过程，生成符合既定约束条件的最优化方案，再把此方案泛化推广到类似的场景中去。在京东用户行为日志中，每天记录着数以亿计的用户行为信息。京东可通过对用户行为数据的分析和挖掘，发掘用户的偏好，逐步勾勒出用户的画像。用户画像通常通过业务经验和建立模型相结合的方法来实现，其中有些画像偏重于业务经验的判断，有些画像偏重于建立模型。

以业务经验结合大数据分析为主勾画的人群，此类画像由于与业务紧密相关，更多的是通过业务人员提供的经验来描述用户偏好。例如：根据业务人员的经验，基于用户对销售额、利润、信用等方面的贡献，建立多层综合指标体系，从而对用户的价值进行分级，生成用户价值的画像。产品经理可以根据用户价值的差异采取针对性的营销策略，也可以通过分析不同价值等级用户的占比，思考如何将低价值的用户发展成高价值的用户。再比如，通过用户在下单前的浏览情况，业务人员可以区分用户的购物性格。有些用户总是在短时间内比较了少量的商品就下单，他的购物性格是冲动型；有些用户总是在反复不停地比较少量同类商品最后才下单，他的购物性格是理性型；有些用户总是长时间大量地浏览了很多商品最后才下单，他的购物性格是犹豫型。对于不同购物性格的用户，京东可以推荐不同类型的商品，针对冲动型用户可推荐最畅销的同类商品，对理性型用户推荐口碑最好的商品。

以建立模型为主勾画人群，首先要找出此品类已有的用户，然后通过这些用户的行为、偏好、画像等信息对用户细分，挖掘其独有的特征，最后通过这些特征建立模型定位出该品类的潜在用户。例如，如果要建立有小孩家庭的模型，不能仅仅根据是否购买过母婴类商品这一个用户行为来判断，因为这次购买有可能是替别人代买或者送礼物。所以要判断这个用户所购买的母婴类商品是否是给自己买,需要根据用户下单前的浏览情况、收货地址、对商品的评价等多种信息建立模型,判断出该用户家庭是否有小孩,再根据购买的商品标签,比如奶粉的年龄段、童书适应年龄段等信息,建立孩子成长模型,在孩子所处的不同阶段进行精准营销。

资料来源:京东大数据.京东用户画像技术曝光!大数据在京东的典型应用![EB/OL].[2022-05-10].http://www.thebigdata.cn/JieJueFangAn/12352.html.

4. 个性化精准推荐

精准推荐就是以海量数据挖掘、分析为基础,收集用户的行为信息,通过多种算法进行精准推荐,不断提高推荐质量,使网站的浏览者变为购买者,使潜在客户变为现实客户。

◎ 阅读材料

今日头条的个性化精准推荐

今日头条是一款基于数据挖掘的推荐引擎产品,是国内领先的新闻客户端,其最大的特点是懂用户,能够实现个性化推荐,做到真正的千人千面,推荐算法是这款产品的核心。正是精准推荐,使得今日头条在2015年底时已拥有三亿的积累用户,日活用户超过三千万。针对这些用户每天所推送的今日头条内容都不一样。今日头条会根据用户特征、场景和文章特征做个性化推荐。

第一,用户特征。比如用户的年龄、职业、兴趣、短期的点击行为等。

第二,场景。推荐是一个情景化的事。例如,有些用户在早上习惯于看科技新闻,周末晚上会看搞笑视频,那么可以在早上和周末晚上向这些用户作相应的推荐。如果检测到用户在使用wifi的网络环境,就可以向他推荐更多视频。

第三,文章自身特征。例如,这篇文章有哪些主题词、可以贴上哪些标签、热度如何、是不是被很多媒体转载、其时效性如何、相似文章推荐的情况如何等。

4.5 客户隐私问题

4.5.1 个人隐私保护现状

隐私权(Right to Privacy)是一个国家公民的基本权利之一,是一种不被干涉的、对自我信息掌控的权利,既关系到个人尊严,也可能涉及经济利益。随着客户信息数据的大规模采集越来越普遍,社会对个人隐私问题更加关注。我们生活在一个相互联系的社会,生活和工作中都要与各种不同的机构或个人打交道。商家可以通过各种途径获得个人资料：我们的银行储蓄账户、开立的信用卡服务、购买的保险单、就业时的相关登记手续、医疗卫生服务、社会福利、涉及的司法案件、税收、营业执照……更为普遍的是，我们在互联网上难免会留下痕迹，这些都是可能泄露个人资料的环节。每天，有大量未经所有者许可的个人信息在被使用，企业与企业之间也在不时交换着对双方有用的信息，消费者无法预知，也无法控制自己的个人信息何时何地被何人使用。而且，信息技术的发展又会促进企业间分享和交换各种数据的能力，这将进一步加剧个人隐私权被侵犯的问题。

数据库营销中的客户隐私指的是客户对其个人数据被收集、使用的控制能力。数据库营销的基本前提是价值交换——企业收集和分析客户信息，然后为客户提供更适合的产品、服务和促销方式。曾有机构调研发现：现在有越来越多的消费者为了获得更好的服务体验，愿意将个人信息告知给商家。例如，我们在驾车或骑行前往一个陌生地点时，会习惯性地打开手机上的地图应用软件，解锁定位功能，让 GPS（全球定位系统）能随时监测到我们位置的变化，以便获得最佳的位置服务；我们在微博、朋友圈发布衣食住行方面的内容时，有时会主动发送所在的地理位置，因为这给了我们更好的社交体验。与此同时，个人信息被不当收集和使用的情形也非常多。一项对手机应用程序的调查发现，被调查的 1 200 个应用程序中，85% 的应用都没有解释为什么要使用个人信息，其中，在 59% 的应用程序中用户无法找到隐私信息选项。《人民日报》曾经报道过图片美化软件要求获取通话记录，历史小说阅读软件要求读取用户位置等现象。显然，这些软件的服务内容与它们想要获取的个人信息之间并没有很强的相关性，自然会引发用户的强烈反感。多年来，央视的 3·15 晚会曝光了大量侵犯客户隐私权的案例（见下方的阅读材料），这些案例中，一些公司和个人将人工智能、机器学习、大数据挖掘等新技术应用在窃取用户隐私等违法违规行为上，网络欺诈手法和套路不断翻新且日益智能化、低成本化和隐蔽化。《中国网络空间安全发展报告（2015）》指出，国内外个人信息泄露事件频发，非法采集、窃取、贩卖和利用网络个人信息的黑色产业链不断成熟壮大，呈现产业化、集团化、跨境化、智能化的趋势。《中国网络空间安全发展报告（2019）》指出，个人数据泄露、虚假信息、加密数字货币等给网络监管带来了新的难题。个人信息保护已经成为社会各界广泛关注的重大社会现实问题。

◎ **阅读材料**

央视 3·15 晚会曝光的与客户隐私相关的案例

2012 年，央视 3·15 晚会曝光招商银行、中国工商银行、中国农业银行的员工以一份十元到几十元的价格大肆兜售个人征信报告、银行卡信息，导致部分用户银行卡账号被盗。央视指出：我国 2009 年通过的《刑法修正案》专门增设了个人信息保护的相关条款，其中明确规定国家机关或者金融、电信、交通、教育、医疗等单位的工作人员，将获得的公民个人信息出售，或者非法提供给他人，情节严重的处三年以下有期徒刑或拘役。另外，窃取或以其他方法非法获取上述信息，情节严重的处三年以下有期徒刑或拘役。

2013年，央视3·15晚会曝光了手机应用软件泄密用户隐私的问题。有研究机构曾对三百多款安卓系统下的手机应用软件进行了为期半年的监测，发现58%以上的手机应用软件都有隐私信息泄露的问题，大部分软件把信息传送给软件开发商、广告商以及不知名的第三方网站。手机软件可以轻而易举地偷偷获取用户的手机型号、地理位置、行为信息等，将用户的地理位置精确到某一幢楼的某一个房间，甚至调取手机通讯录里的内容。用户只要打开手机，个人信息就会在用户不知情的情况下源源不断地流向软件开发商。

2014年，央视3·15晚会曝光大唐高鸿数据网络技术股份有限公司给手机预装软件获利及依靠植入恶意程序扣费的现象。该公司开发的"大唐神器"是专门针对手机经销商设计的软件，经销商在安装"大唐神器"后，可以将软件自动下载安装在手机上，购买使用了这些用"大唐神器"预装软件手机的用户，一旦打开这些预装软件，其个人信息就会被传送到大唐公司的服务器。当时"大唐神器"已经遍布全国各地，拥有4 604家加盟代理商，每个月能安装100万部以上的手机，已经安装的软件超过了4 600万个。央视披露，2013年新出现的手机恶意程序的数量比2012年增加了3倍，达到了70万个。这些安装在手机中的病毒以对用户进行远程控制、隐私窃取、恶意扣费为主要目的，让人震惊的是这些恶意病毒程序无孔不入，在手机出厂、消费者应用时都可被植入。

2015年，央视3·15晚会曝光了恶意的免费wifi盗取用户信息的问题。通过恶意的免费wifi进行上网操作，会暴露手机型号、信息内容等，若接发了电子邮件可能会导致账号和密码的泄露。用户用邮箱绑定的支付信息，用邮箱注册的网站登录信息，以及私人邮件、商业文件，甚至于在虚拟网盘里存放的一些隐私照片、通讯录，都会被轻而易举地盗取。央视建议：为了保证个人信息安全，在公共场所尽量不要使用不需要密码的免费wifi，尽可能使用商家提供的带有密码的wifi，另外在手机支付账户或者发送邮件的时候最好关闭手机的wifi功能，使用手机的数据流量进行操作。

2016年，央视3·15晚会曝光了手机应用软件运行后台的安全隐患。晚会现场观众的手机都连上无线网络，然后打开自己常用的一两个消费类软件，比如打车、订餐、购物的软件，浏览过去下的订单和消费记录。令人惊讶的是，现场的大屏幕上现场观众的居住地址、姓名、电话号码、身份证号、银行卡号以及具体的消费信息都显示了出来。若将用户通过手机应用软件操作的所有信息截获并进行组合，一个人的衣食住行、生活习惯甚至个人隐私，就可能被人掌握。信息泄露主要有两方面的原因：一是无线网络登录加密的等级较低，或者路由器本身就存在安全漏洞，容易被黑客入侵和截获无线路由器所传输的数据；二是因为手机上有些软件没有按工业和信息化部有关规定的要求，对信息数据采取必要的保护措施，使得黑客能从所截获的数据中提取到用户姓名、出生日期、身份证号码、住址等敏感数据。建议消费者养成良好的网络使用习惯，比如设置复杂度较高的登录密码，在官网或正规的应用商店下载软件等。同时，软件开发商应对涉及用户个人信息的数据进行加密存储和传输，切实承担起保护用户信息安全的责任。

2017年，央视3·15晚会曝光科视视光技术公司以体检之名收集学生信息的问题。河南一家无资质、无医学背景、无认证的"三无体检队"——科视视光技术公司，进入河南各城市的几百所中小学为学生做视力检查，要求所有的学生填写"视力异常登记表"，已获取十三万多条学生和学生家长的信息，之后谎称自己为"郑州市中小学近视防治中心"骗取家长信任，在没有医疗机构执业许可证、没有眼科医生的情况下进行角膜塑形镜的验配。

2019年，央视3·15晚会曝光"缺德的智能骚扰电话"。一些公司将探针盒子放在商场、超市、写字楼等附近，该设备可以自动搜索手机无线网络信号，识别用户手机的MAC地址，然后将其转换成IMEI号，进而转换成手机号码。通过这种方式，公司获取了大量的手机号码信息，这些信息经过大数据精准匹配，就能对用户进行精准画像。公司利用这些信息通过智能机器人拨打骚扰电话，据调查，一个机器人一天可以拨打5 000个电话。为逃避监管，一些机器人研发公司利用硬件透传技术伪装号码和通话记录，这极大增加了监管部门追踪信源和获取证据的难度。

2020年，央视3·15晚会曝光手机软件中的SDK插件窃取用户隐私的问题。有些SDK插件会读取手机设备的IMEI、IMSI、运营商信息、电话号码、短信记录、通讯录、应用安装列表和传感器信息，然后将这些数据传输到指定的服务器存储起来。由于SDK能够收集用户的短信和应用安装信息，一旦用户的网络交易验证码被获取，有可能会遭受严重的经济损失。

2021年，央视3·15晚会曝光了三类非法获取用户信息的问题。①科勒卫浴、宝马等多家知名品牌门店安装人脸识别摄像头。消费者在进入这些门店后，会被摄像头抓取并自动生成编号，以后再去哪家连锁店，去了几次，都会被知道。人脸信息属于个人独有的生物识别信息，一旦泄露，将严重威胁用户的财产安全、隐私安全等。②智联招聘、前程无忧、猎聘等平台大量个人简历遭泄露。这些平台的企业账户付费后可以不受数量限制地下载包含姓名、电话和邮箱地址等关键信息的完整简历。而企业账户可以通过网上购买直接获取，或者通过伪造的资质申请获取。③有些手机软件以"病毒""垃圾""内存严重不足"等安全提示诱导老年用户下载安装所谓的"手机管家""清理大师"等软件，这些软件表面上是清理手机垃圾，实则是窃取信息，老年用户被打上"容易被误导和诱导"的群体标签，经常被推荐低俗广告、成为诈骗目标。

2022年，央视3·15晚会揭示了免费wifi陷阱、骚扰电话和儿童智能手表中隐藏的安全风险等问题。①号称可以免费获取wifi信号的应用程序，不但无法连接wifi，而且会默认植入一些恶意应用程序，这些程序会高频次自启动运行，窃取用户隐私信息，弹出推送广告。②骚扰电话黑色产业链中，有公司抓取用户网上浏览行为，通过读取手机MAC信息，获取大量用户手机号码，然后通过大数据匹配该手机号码主的偏好内容，电话营销/销售公司（简称为电销公司）根据用户偏好设计话术，为电销公司提供外呼系统和线路的公司，则帮其隐藏主叫号码规避运营商的监管。③电商平台热卖的低配版儿童智能手表操作系统老旧，没有权限管理要求，无须用户授权，恶意程序就可以获取定位、通讯录、录音、摄像头等权限，远程控制手表，轻松获取孩子的地理位置、活动轨迹、通话录音、图片视频等。而在操作系统新的智能终端，有些应用程序会强制向用户索要权限来换取服务，一旦用户妥协，给出权限，开发商就可能通过这种权限源源不断地获取个人信息。

在互联互通的网络时代，个人信息的采集和记录十分普遍，这为拓展网络应用提供了条件，同时也对个人信息安全提出了更高要求。互联网营销的精准与高效不能建立在随意收集、违法获取、过度使用、非法侵害个人信息权益的基础上。

传统上，个人信息的使用采用知情许可的方式，由个人授权企业合理使用。有些企业可能会采取欺骗的方式，不合理地使用或者转售个人信息。香港八达通卡有限公司（以下简称"八达通公司"）出售客户信息获利的事例，就属于这种情况。

◎ 阅读材料

八达通公司使用客户信息是合法的吗？

八达通卡是一种非接触式智能卡，在中国香港被广泛用于公共交通和商业支付中。截至2022年，市面流通的八达通卡已超过3 300万张。根据八达通公司推出的"日日赏"计划，客户申请该优惠计划时必须同意向八达通公司提供个人数据，作为八达通卡有限公司、附属公司、联属公司及商业伙伴推广产品及服务使用。如未能提供正确数据，则无法享受"日日赏"服务。八达通卡在"个人资料申明"中也提到：在卡主不反对的前提下，公司可将用户资料用于推广和直销。

2010年，陆续有八达通卡客户收到信诺环球保险有限公司的推广电话，怀疑个人信息被泄露，但该公司在公开回应中称旗下公司从未向任何机构出售客户个人资料。很快，有公司前雇员透露"八达通公司曾将会员资料（包括客户姓名、电话、身份证号和出生日期等）对外销售给信诺保险用作电话推销，保险公司要求电话推销员隐瞒信诺环球雇员身份，自称代表八达通"。

当年7月14日，八达通公司首度承认将200万名"日日赏"客户资料提供给商业伙伴，但未透露详情。八达通公司发言人表示，客户阅毕条款、填妥申请表就代表公司已征得客户同意，有权将其数据提供给商户使用；公司也与商户签订协议，推广期结束后便要将资料销毁。

7月21日，香港特区个人资料私隐专员公署主动介入调查，就此事展开听证。次日，特区金融管理局按照银行业条例，责令八达通公司呈交报告，说明是否将客户个人资料转交第三者。7月26日听证会后，八达通公司承认自2002年开始将用户资料转售给6家公司；更向信诺等2家保险公司出售近200万名客户的个人信息，共获利4 400万港元。

八达通公司以"客户资源共享"的借口为滥用客户信息的行为辩护。该公司负责人强调在用户加入优惠计划时已经明示要求用户提供相关资料供公司做日后推广行销使用,这是行业普遍做法。但该公司将客户信息与其他公司共享并获利的做法,仍然被认为是非法的。该公司总裁陈碧铧也因此事辞职。

资料来源:于惊涛,肖贵蓉,2016. 商业伦理理论与案例(第2版)[M]. 北京:清华大学出版社.

企业在收集个人信息时,经常使用的方法是提供小额优惠或者设置技术障碍,在冗长的说明中列出"消费者如不明确反对,即代表同意将个人资料提供给公司使用"。这种隐秘收集用户信息的做法违背了隐私仅保护的相关法案,遭到了消费者的强烈反对。一些公司被迫响应客户要求,对信息收集过程进行调整。例如,谷歌公司曾因在服务中秘密收集用户信息而在多个国家被提起诉讼,之后修改了Google Buss服务中的信息设置程序,让用户信息收集选项变得更醒目。

维克托·迈尔-舍恩伯格(Viktor Mayer-Schönberger)和肯尼思·库克耶(Kenneth Cukier)在所著《大数据时代》(*Big Data*)一书中指出,大数据时代的信息使用规则需要变革,隐私权的保护应当从过去的"用户许可"转变到"使用者承担责任"模式。信息使用者必须对使用大数据的风险和潜在危害进行评估。他们还指出,在大数据时代保护个人隐私权应当适用公开、公正和可反驳三个原则。所谓公开和公正原则是指信息的使用者必须公开用于分析预测的数据和算法系统,这一系统应经公正的第三方专家认可;可反驳原则要求明确提出个人可以对大数据预测进行反驳的具体方式。

☞ **实践观察**

CRM 小笑话

客服:东东比萨店,您好!请问有什么需要我为您服务的吗?

客户:你好,我想要……

客服:先生,请把您的会员卡号告诉我。

客户:16846146 * * *

客服:陈先生,您好,您是住在泉州路一号12楼1205室,您家电话是2646 * * * *,您公司电话是4666 * * * *,您的手机是1391234 * * * *。请问您想用哪一个电话付费?

客户:你为什么知道我所有的电话号码?

客服:陈先生,因为我们联机到CRM系统。

客户:我想要一个海鲜比萨……

客服:陈先生,海鲜比萨不适合您。

客户：为什么？

客服：根据您的医疗记录，您的血压和胆固醇都偏高。

客户：那……你们有什么可以推荐的？

客服：您可以试试我们的低脂健康比萨。

客户：你怎么知道我会喜欢吃这种的？

客服：您上星期一在中央图书馆借了一本《低脂健康食谱》。

客户：好……那我要一个家庭特大号比萨，要付多少钱？

客服：99 元，这个足够您一家 6 口吃了，您母亲应该少吃，因为她上个月刚刚做了心脏搭桥手术，处在恢复期。

客户：可以刷卡吗？

客服：陈先生，对不起。请您付现款，因为您的信用卡已经透支了，您现在还欠银行 4 807 元，而且还不包括房贷利息。

客户：那我先去附近的取款机取款。

客服：陈先生，根据您的记录，您的银行卡已经超过今日取款限额。

客户：算了，你们直接把比萨送我家吧，家里有现金。你们多久会送到？

客服：大约 30 分钟。如果您不想等，可以自己骑车来。

客户：为什么？

客服：根据 CRM 系统的 GPS 车辆行驶自动跟踪系统记录，您有一辆车号为 SH67883 的摩托车，目前您正骑着这辆摩托车，位置在解放路东段华联商场右侧。

客户：我……（一串粗话）。

客服：陈先生，请您说话小心一点，您曾在 2002 年 4 月 1 日用脏话侮辱警察，被判了 10 天拘役，罚款 2 000 元，如果您不想重蹈覆辙，就请您礼貌回复。

客户：……

客服：请问还需要什么吗？

客户：没有了，再送 3 罐可乐。

客服：好的。不过根据您的 CRM 系统记录，您有糖尿病，您在 6 月 12 日曾去第三医院做过检查，您的空腹血糖值为 7.8（140），餐后两小时血糖值为 11.1（200），糖化血红蛋白……

客户：算了，我什么都不要了！这份比萨也不要了！

客服：谢谢您的电话光临，下星期三是您太太的生日，您不想预订一份生日比萨吗？提前一周预订可以享受八折优惠。如果方便的话，您可以登录本店的网站：http://www.xpizza.com，您还可以……

> **课堂活动**：上面这则小笑话充分展示了客户数据使用与个人隐私保护间的冲突。选择两位学生分角色扮演客户服务人员和客户，完成对话，然后请学生谈谈自己的感受。
>
> **思考**：企业在使用客户数据时应注意哪些问题？

4.5.2 个人隐私保护途径

如何构建信息安全体系，保护用户隐私，是企业未来发展过程中必须面对的问题。安全技术水平的提高、法律法规的完善，以及企业和个人用户对数据运用的正确认识缺一不可。

1. 政策法规的完善是构建信息安全环境的重要保障

据《中国网络空间安全发展报告（2019）》，截至2018年，已经有90多个国家和地区出台了数据安全相关法律法规，但各国法律的严格程度、执行方式以及处罚力度存在较大差异。一是在个人数据保护方面，以欧盟《通用数据保护条例》（General Data Protection Regulation，GDPR）为代表的个人数据保护立法成为全球关注的热点，深刻影响着数字经济产业的发展。2018年2月，澳大利亚《数据泄露通报法案》（Notifiable Data Breach，NDB）开始实施，若发生可能造成"严重损害"的数据泄露事件，相关机构和组织应以最快速度通知在该事件中个人信息受到影响的个人。5月，GDPR生效，用户数据的保护范围进一步扩大，规定全球任何为欧盟居民提供服务的企业均受该条例管辖，设置的罚金数额巨大，明确要求互联网公司必须获得用户同意才可以使用用户数据，用户可要求将所有个人数据删除。6月，美国加利福尼亚州通过了全美最严厉的隐私保护法案——《2018年加州消费者隐私法案》（California Consumer Privacy Act of 2018），增强用户对隐私和数据的控制权。7月，印度"BN Srikrishna"数据保护委员会向电子和信息技术部提交了《2018年个人数据保护法（草案）》（The 2018 Personal Data Protection Bill〈draft〉）。该草案列出了数据保护的范围、处理个人和敏感个人数据的依据、数据处理的主要权利、管理印度境外数据传输的规定，并提出建立印度数据保护局。8月，巴西时任总统米歇尔·特梅尔（Michel Temer）签署《通用数据保护法》（LGPD）。该法案旨在保护个人和企业的数据安全，防止在未经相关同意的情况下将个人和企业的姓名、电话号码和地址等信息用于商业目的。11月，澳大利亚议会通过《2018年"我的健康记录"修正案（加强隐私法案）》，允许用户可在任何时候永久删除他们的健康记录，系统运营商数字卫生署不会保留任何存档或备份，删除的信息将无法恢复。同月，加拿大《个人信息保护与电子文件法》（The Personal Information Protection and Electronic Documents Act，PIPEDA）正式生效，规定了公司应如何在商业活动中处理用户信息，并且要求在收集、使用或披露个人信息时必须获得用户同意。发生个人信息数据泄露时，公司必须及时通知用户，否则将面临行政处罚，每次违规的罚款额最高可达10万加元。

《中华人民共和国消费者权益保护法》第二十九条中明确规定：经营者收集、使用消费者个人信息，应当遵循合法、正当、必要的原则，明示收集、使用信息的目的、方式和范围，并经消费者同意。经营者收集、使用消费者个人信息，应当公开其收集、使用规则，不得违反法律、法规的规定和双方的约定收集、使用信息。经营者及其工作人员对收集的消费者个人信息必须严格保密，不得泄露、出售或者非法向他人提供。经营者应当采取技术措施和其他必要措施，确保信息安全，防止消费者个人信息泄露、丢失。在发生或者可能发生信息泄露、丢失的情况时，应当立即采取补救措施。经营者未经消费者同意或者请求，或者消费者明确表示拒绝的，不得向其发送商业性信息。

《中华人民共和国个人信息保护法》

我国于2017年6月1日正式施行《网络安全法》，2021年9月1日正式施行《数据安全法》，2021年11月1日正式施行《个人信息保护法》。自此，我国形成了以《网络安全法》《数据安全法》《个人信息保护法》三法为核心的网络法律体系，为数字时代的网络安全、数据安全、个人信息权益保护提供了基础制度保障。

在实践层面，我国政府近年来不断完善治理体系，提高治理能力、现代化水平，改进监督技术和手段，把监管和治理贯穿全过程。

中央网信办深入开展2021年"清朗"系列专项行动，指导主要网站平台取消各种明星榜单以及相关超话社区榜单，有效遏制因榜单排名滋生的应援打榜、刷量投票、数据造假等乱象。重拳整治"饭圈"乱象，指导主要网站平台解除网络名人账号虚假粉丝关注关系75.9亿对，处置各类恶意营销账号1.36亿个，有力打击了互联网用户账号违法违规行为。聚焦直播、短视频、动漫动画、游戏等平台，累计查删涉未成年人有害信息近199万条，关闭和注销违法违规平台900余家，下架App 300余款，整治未成年人网络环境。

2021年，工业和信息化部重点聚焦违规调用手机权限、超范围收集个人信息等问题，整治手机App开屏弹窗关不掉、乱跳转的现象，开展了12批次App技术抽检，通报了1 549款违规App，下架514款拒不整改的App，大力推进App专项整治工作。

国家市场监督管理总局部署开展2021网剑专项行动，督促平台删除违法商品信息113万余条，责令停止平台服务的网店2.5万个，查处涉网案件2.2万件，着力解决网络痛点难点问题。2022年3月，最高人民法院发布了《最高人民法院关于审理网络消费纠纷案件适用法律若干问题的规定（一）》，并于3月15日起施行。该规定对于网络消费合同权利义务、责任主体、网络直播营销、外卖餐饮等大家普遍关注的问题做出了一系列规定。

2. 企业的数据应用理念和用户的数据安全意识是构建信息安全环境的基础

企业要尊重消费者的隐私权，真正用好数据分析技术，分析挖掘其中的价值，并以此来指导决策，而不是通过贩卖用户个性化隐私来获利。顺丰速运于2013年推出了一项名为"虚拟地址"的服务。收件客户无须提供详细地址，运单收件地址填写附近顺丰服务网点或合作便利店的地址即可，当快件到达指定网点后，顺丰速运会以短信方式通知客户，客户凭短信和有效证件前往网点自取快件。这种服务模式由于很好地保护了消费者的隐私而受到了赞许和欢迎。

企业在使用个人数据时，在自觉遵守相关法律制度的前提下，应该尽量避免与公众产生关于隐私权保护问题的纠纷。具体做法有：

（1）尊重消费者，用诚实、公正的方法获取其个人数据，获得他们允许使用其个人数据的承诺，并保留证据。

（2）对于不愿意让企业持有其个人数据并发送消息的人，可以考虑放弃，并且每次在发送信息时，都应设置"退订"方式，给予消费者可以选择不再接收此类信息的便利。

（3）严格控制数据的使用范围，设置内部人员数据使用权限，保障数据的安全性。

（4）如果在数据使用上需要与其他企业进行合作，应谨慎选择对象，在合同中明确对方使用数据的权责，避免对方对数据的滥用等。

互联网时代，个人要加强信息安全的意识。例如：若非必要，不在网络上透露个人关键性的真实信息；重要账户应单独设置复杂程度高的密码；在办理一些事项或参加一些活动时，若需要使用身份证复印件，应加签注，以防止被人利用；在丢弃快递包装前，应抹去快递单上的个人信息痕迹，避免个人真实信息的泄露等。

课堂实训

（1）你是否收到过网络店铺或电商平台发送的营销推广邮件？如果收到过，是否得到过你的授权？（2）你对这些邮件持何种态度？（3）企业为了避免产生客户信息使用风险，在实际运营中应遵循哪些原则？

3. 数据安全技术是保护数据安全的主要措施

在数据存储、传输环节对数据进行各种加密处理，是解决信息泄露的主要措施。对关键数据加密后，即使数据被泄露，数据的盗取者也无法从中获得有价值的信息。目前数据加密保护技术主要包括数据发布匿名保护、社交网络匿名保护、数据水印等。除了对数据进行加密处理，也有一些可以用在数据使用过程以及发生数据泄露之后的保护技术，如风险自适应的访问控制、数据溯源等，这些技术可以有效地减少数据安全事故带来的损失。

◎ **补充阅读**

eBay 在大数据中挖掘商机

eBay 是全球最大的拍卖网站，拥有近 2 亿名的用户，网站的商品清单项目达 3 万多类，几乎每秒都要处理数千美元的交易，每天处理的数据量达 100PB。早在 2006 年，eBay 就成立了大数据分析平台。基于大数据分析，eBay 每天要回答的问题有很多，比如，"昨天最热门的搜索商品是什么"，为了回答这个简单的问题，eBay 需要涉及处理 50 亿的页面浏览量。为了准确分析用户的购物行为，eBay 定义了成百上千种类型的数据，并以此对用户的行为进行跟踪分析。那么，eBay 是如何利用这些数据来促进业务创新和利润增长呢？

（一）为用户"画像"

以一个常见的情景为例：一位年轻的女性早上 10 点在星巴克浏览 eBay 网站，eBay 应该推送给她什么样的商品呢？事实上，影响用户购物的因素有很多，比如时间，用户在早晨 10 点、中午 12 点，或是晚上 7 点，浏览的商品是不同的；还有地点，用户在餐厅、在家里会浏览和搜索不同的内容；此外，用户的年龄、当时的天气等都会对购物产生影响。eBay 要做的，就是学习不同情景下的不同购物模式，并推送给用户最想要的商品。

eBay 具体的做法有：从用户以往的浏览记录里"猜"她想要什么样的商品；或者从设定的成百上千种情景模型中计算出用户可能的需求；或是对照另一位有着相似特点的用户，看看该用户当时买过什么样的商品，从而推断出这位早上 10 点在星巴克的年轻女性的潜在需求。在综合各种因素后，eBay 的后台需要在短短几秒内将商品页面推送给用户。这也意味着，eBay 的系统需要有非常快的运算速度。

（二）为商家提供"情报"

eBay 会基于用户行为数据给商家提供各式各样的"情报"：

（1）eBay 会告诉制造商用户正在网上搜索什么商品，或是各种出口行业的数据。如果一个中国的商家希望将产品卖到澳大利亚，eBay 可以通过数据分析预测：他一个月大约可以卖出多少产品，定价应该在什么范围内，市面上还有多少商家在卖同样的产品，他的市场占有率大概是多少，等等。

（2）eBay 会根据自身或其他电商网站的交易情况，向商家建议其应该销售的品类，同时凭借平台上产生的各种信息来扮演"品质管理"的角色。例如，商家在 eBay 上销售多种产品，其中部分产品会出现问题，eBay 会尝试在交易量很少的时候就根据退货率、买家评论等把可能的问题及时检测出来，提醒卖家加强对供应商的监督，督促供应商改进品质，或是修改商品的描述，或者将商品下架。如果没有这种服务，商家会在交易量大的时候才发现问题，此时已经产生难以弥补的损失。在理想状态下，这种品质管理系统会形成一个大数据的循环，帮助卖家减少退货，销售更多的商品。

（3）eBay 试图计算出商家的补货频率。海外仓储是商家非常头痛的问题，一旦计算失误，便可能造成库存积压或缺货，如果用户在 eBay 下单后发现商家缺货，商家将会面临严重的惩罚。为避免这种风险，eBay 会通过以往的数据，分析出商家的大概销量，以及按照过去销货速度确定补货时间。这些数据分析，对于商家开拓新的销售品类非常管用。因为通常情况下，商家需要四五个月，才能摸清楚一种货物的淡旺季销量，以及该货物在各个地区的受欢迎程度。

（三）试错与挑战

和其他在线交易平台一样，eBay 对假货十分敏感。公司试图通过大数据技术，让系统"智能"地识别出假货。但"网络打假"的工作难度很大。假货常常以各种形态出现在网络上，以劳力士（Rolex）手表为例，卖假货的商家可能在单词中增加一个空格，也可能将其中两个字母互换位置，甚至名称里根本不出现劳力士，只是通过图片展示出劳力士手表的样子。eBay 上品牌众多，形形色色的假货充斥其中，单是靠在商品名称或描述里抓关键词，根本抓不住假货。eBay 通过数据分析建立起一种模型或规则，如果商家的交易符合这种规则或特征，就有可能是在卖假货。例如，当一个卖家的商品卖得很便宜，卖得很快，但后面的抱怨和退货很多，系统就会把这个"可疑"的模式识别出来，然后再由工作人员去判断。通过这种方式，eBay 有效地鉴别出不少假货商家。这种分析方法的弊端在于只能在事后将问题查出来，而无法做到事先预测。除了分析的滞后性，eBay 当下的分析模型也并不完美。无论是"猜"用户，还是分析商家在 eBay 上的生意，eBay 经常会出现猜错的情况。这对 eBay 未来提升数据分析能力提出了更高的要求。

资料来源：21 世纪经济报道. 揭秘大数据玩家 eBay：猜出你的购买欲［EB/OL］. ［2022-05-10］. http://tech.sina.com.cn/i/2014-09-08/04339599754.shtml.

➡ 本章小结

数据库营销可以测试每位客户对营销活动的反应，通过一对一沟通维护客户关系，基于这两个特点，数据库营销在寻找目标客户群体、预测和发现市场机会、避免正面竞争、提高营销效率和提高客户忠诚度等方面具备了很强的优势。数据库营销价值受到了市场关注，越来越多的企业开始了数据库营销的尝试。数据库营销通常要经过建立客户数据库、对客户数据进行分析和挖掘、基于分析结果进行个性化营销推广、对数据库营销的效果进行评估等四个步骤。然而，客户数据的巨大价值使得不少企业误入歧途，人工智能、机器学习、大数据挖掘等新技术被用在窃取用户隐私等违法违规行为上，世界范围内出现了大量侵犯客户隐私的问题。个人信息保护需要多方助力，目前我国已经出台了《个人信息保护法》，该法对于个人信息的使用作了明确规定，实践层面也在加大监管力度。数据库营销一定要在法律规范下运行。

➡ 思考题

1. 什么是数据库营销？数据库营销有何意义？
2. 数据库营销的过程分为哪几个步骤？
3. 什么是大数据？大数据具有哪些商业价值？

实训项目　数据库营销实施过程

实训目的

（1）帮助学生理解和掌握数据库营销的实施步骤；

（2）训练学生系统全面分析问题的能力。

背景材料

英国北方剧院如何进行数据库营销？

20世纪80年代，英国所有剧院的营销方式主要是张贴海报和分发传单，这种促销常常无法令剧院经理们满意。例如，一部电影首映时理想的入座率是80%以上，如果仅仅依靠海报和传单，除非营销工作做得非常充分、时机把握非常恰当，才可能实现这一目标，而要做到这一点并不容易，因此，剧院营销的投资回报总是很低。为了突破这种困境，剧院的经理们相聚在一起商讨如何改变剧院营销的现状。

当时，各个剧院都有自己的数据库，但这些数据库并未得到有效的利用。1988年位于英国北方的各个剧院共同做了一个决策，就是将各自的数据库合并，并且将剧院所在区域的其他休闲景点的数据库也纳入其中，这使得整个数据库集合中的人数超过了100万。

北方剧院数据库收集了占观众人数50%的信用卡登记人的基本情况、交易历史、观影类型、演出场次、座位等级等信息。基本情况包括性别、年龄、姓名、地址及是否是团体登记。

北方剧院开始利用数据库对客户进行分类。在按照观影类型对客户进行分类后，经理们发现数据分析的结果与他们的预期相差很大，有些结果甚至很难理解。例如，经理们认为音乐爱好者会对即将播出的音乐剧感兴趣，对其他类型的电影可能兴趣不大，但事实却并非如此，数据库分析发现传统音乐剧和阿加莎·克里斯蒂写的侦探小说所改编的电影之间有着较强的相关性，也就是说，喜欢看音乐剧《不幸的简》的观众往往也喜欢看阿加莎·克里斯蒂写的侦探小说所改编的电影。

近来，经理们又聚在一起为来年制定一些目标，包括更好地将目标群体集中于较高价值的客户，激活那些有一段时间没来剧院的老客户。

资料来源：〔英〕艾伦·塔普，2011. 数据库营销［M］. 黄静，译. 北京：机械工业出版社．

实训任务

（1）北方剧院还可以收集哪些数据？这些数据从哪里获取？可以产生哪些营销价值？

（2）北方剧院从数据收集、数据分析到结果输出的过程中，可能会遇到哪些问题？

（3）北方剧院的客户数据库还可以在哪些方面发挥作用？

实训步骤

（1）个人阅读。老师督促学生针对实训任务完成阅读，在课堂上由老师或学生对案例学习要点及相关背景进行简单陈述。

（2）分组。在老师的指导下，以3～5人为单位组成一个团队，要求学生分别扮演组长、记录人、报告人。

（3）小组讨论与报告。课堂上各小组围绕实训任务展开讨论。老师要鼓励学生提出有价值的问题，要求每个小组将讨论要点或关键词抄写在黑板指定位置并进行简要报告。

（4）师生互动。老师针对学生的报告与问题进行互动，带领学生对关键知识点进行回顾，并追问学生还有哪些困惑，激发学生的学习兴趣，使学生自觉地在课后进一步查询相关资料并进行系统的回顾与总结。

实训提交材料

每组提交一份《小组讨论与报告记录》。

实训资料获取方式

关注微信公众号"CRM学习与研究"，回复"小组讨论模板"后自动获取链接。

第 5 章　一对一营销

学习目标

(1) 理解一对一营销的含义
(2) 理解一对一营销的核心思想
(3) 掌握一对一营销的特点
(4) 理解和掌握一对一营销的战略流程
(5) 正确认识一对一营销的批判性观点

案例导入

海通证券推出一对一个性化服务

就在券商们纷纷围绕网上交易资源展开激烈争夺之时，海通证券另辟蹊径，推出了为客户提供一对一个性化服务的"个性化主页"（www.htsec.com）。

海通证券网是国内第一家应用 BroadVision 个性化软件产品的券商网站，宗旨是为客户提供更为亲切、舒适、全面的个性化服务。海通证券网利用 BroadVision 中用户个人情况追踪功能，根据基本信息、投资风格等项目来进行客户注册。注册后，客户即可创建一个个人主页，通过定制列出自己的投资组合和自选股，这样就能够轻松监控自己的股票了。客户还可以创建警示系统，当股票价格达到预先设定的目标时，系统就会通过 Inbox、电子邮件或无线设备提醒投资者。网站还可分析客户的个人资料向符合条件的客户提供相应的信息服务。

新版海通证券网将客户作了详细的划分，客户分为浏览客户、注册客户、海通客户、机构客户等；网站信息也作了相应的划分，不同的客户可以看到不同的信息。比如，如果你是一个初级投资者，海通证券网将为你推送有关证券投资的基本知识，以便客户快速入门；如果你是一个中高级投资者，海通证券网将为你推送有关证券投资的技术理论知识，而且海通证券网还根据客户的个人信息、投资风格等内容将信息作了交叉分类，以便每个客户看到自己需要的信息。

资料来源：唐璎璋，孙黎，2002. 一对一营销［M］. 北京：中国经济出版社．
思考：在你熟悉的网站或 App 中，有哪些服务内容体现了一对一营销的理念？

5.1　一对一营销的含义

一对一营销（One-to-One Marketing）是人类历史上最古老的商品交换方式，自人类社会产生商品交换以来，一对一营销就开始出现并不断得到发展。近代的一对一营销理论由唐·佩珀斯（Don Peppers）与马莎·罗杰斯（Martha Rogers）提出，二人合著的《一对一未来》《一对一企业》《一对一实战手册》《一对一经理人》在全球各地以14种语言出版。一对一营销的思想从20世纪90年代开始，受到了商界的推崇，随着互联网及IT技术的发展，其实用价值得到了充分的体现。

> **课堂实训**
>
> 一位老太太去水果摊买苹果，你认为老太太的需求是什么？
> 提示：老太太为谁买苹果？要买什么样的苹果？为什么要买苹果？老太太有没有别的选择？……

一对一营销是一种CRM战略，它为企业和个人间的互动沟通提供具有针对性的个性化方案。具体来说，就是营销者通过与每一位客户进行一对一沟通，明确及把握每一位客户的需求，并为其提供满足需求的不同方式，以更好地实现企业的利益。一对一营销的最终目标是提升整体客户忠诚度，并实现客户终生价值最大化。

5.2　一对一营销的核心思想

一对一营销理论中所蕴含的核心思想主要有：

1. 提高客户占有率

客户占有率又称为客户的钱包份额、客户份额，即企业在一位客户的同类消费中所占份额的大小。例如，某学生一年中在网络上购买图书的开支约1 000元，其中有700元的图书都是在当当网上购买的，那么，当当网对该学生的客户占有率就是70%。企业除了将营销重点放在投入更多资金与精力在整个市场上以提升总的营业额，还应考虑如何增加每一位客户的营业额——也就是在一对一的基础上提升对每一位客户购买额的占有率。

2. 关注客户终生价值

一对一营销聚焦于客户终生价值，也就是企业与客户保持关系的整个过程中客户为企业所带来的利润。据《哈佛商业评论》报道，满意客户中会有65%～85%的客户选择替代品和竞争对手的商品，而高度满意或高度忠诚的客户却很少改变购买渠道。大部分企业的年均客户流失率高达25%，如果企业能将客户流失率减少5%，利润将会有25%～

85%的增长。这是因为老客户的购买额和购买频率往往高于新客户，同时保持老客户的成本也远低于开发新客户的成本。因此，一对一营销会从长远的角度来认识客户价值，会更加注重保留老客户，与客户建立一种更长远、更忠诚的企业—客户关系。

3. 与客户建立学习型关系

要与客户维持稳固的关系，就必须建立学习型关系，也就是与客户每接触一次，企业对客户就多一些了解，客户提出要求，企业据此改进产品和服务，为其提供量身定制的产品或服务，记录这些产品或服务的特殊规格和要求，然后继续与客户互动，加深对客户需求的理解。这种周而复始的过程提升了企业服务客户的能力，使客户更加忠诚于企业的产品与服务，更加忠诚于企业的品牌，降低客户转向竞争者的可能性。

5.3 一对一营销的特点

与其他市场策略相比，一对一营销将使企业的竞争理念、竞争方式与竞争内容，以及追求的目标发生完全的改变。这些变化主要反映在以下几个方面：

1. 营销者由追求市场占有率变为追求客户占有率

以追求市场占有率为竞争目标的企业，其发展方向是在一定时期内获取更多的客户，为此，营销者必须努力保持产品的独特性，并尽可能利用效率高的大众媒体广泛宣传，以吸引更多的购买者。例如，在逢年过节时商家进行大促销，使当期客流量增加，但是如果竞争对手也开展类似的促销活动，那么促销效果会大打折扣，此外，大促销会增加营销费用，而突然增加的客流会对商家的管理带来一定的挑战，也可能会对日常的客流形成一定冲击。

以追求客户占有率为竞争目标的企业，除了市场占有率，其发展方向更多的是力争保留老客户，使客户满足于本企业的产品和服务，在较长时间内尽可能多地从本企业购买需要的产品和服务。为此，企业必须尽量与每一位有价值的客户进行良好的沟通，满足他们的个性化需求并尽可能稳定地保持与每一位客户的密切联系，与客户达成多笔交易，提高企业的客户占有率。

不可否认，利用大众媒体进行单向沟通的成本往往要比单独与每一位客户进行沟通的成本要低。但是，大众媒体产生的是广种薄收的效果，一对一沟通则是以精耕细作追求较高的单个客户的回报，若综合考虑企业的当期利益和长期利益，就会发现努力与每一位客户对话，寻找与每一位特定客户相关信息的做法是值得的。事实上，随着信息技术的飞速发展，沟通与信息处理手段不断更新，相应的成本费用在不断下降。

总而言之，传统的营销是以产品和服务为中心，一次关注一种产品和服务，满足一类基本的客户需求，然后挖掘市场，尽可能多地找到有这种需求的客户。一对一营销以客户为中心，一次关注一位客户，尽可能多地满足这位客户的需求，提升对每一位客户的占有率。实行传统营销的公司的成功方向是赢得更多的客户,而实行一对一营销的公司的成功在于更长久地留住客户。

2. 营销管理由注重产品差别化转向注重客户差别化

传统的营销管理最重要的工作之一就是保持产品的差别化,为此,有些企业设计了尽可能多花色品种的产品,并为此加大宣传力度。为了将产品信息有效地传递到目标群体,就要对购买者的购买行为模式进行推测,以选择合适的传播媒体。然而,当下市场中购买者的行为模式往往表现得比产品种类更多、更复杂,无论企业产品的花色品种如何繁杂,总会存在不能满足的个性化需求。

一对一营销理论认为,每位客户不再是作为大众中的一员而是作为一个可以完全自由决策的、独特的个体而存在。因此,在充分考虑客户价值的前提下,正视客户的差异、有效区分每一位客户是一对一营销的重要工作内容。

客户的差异化主要表现在两个方面:一是每位客户对于企业来说,价值是不同的。根据二八定律,企业约80%的收益来自约20%的客户,企业应向重要的客户提供较普通客户更为优质的产品和服务;二是不同的客户有着不同的需求,企业应识别不同客户的需求特点,为客户提供差异化的产品和服务。

以联想为例,联想针对大客户与零散客户的策略是不一样的。

(1)产品设计差异。零散客户在购买笔记本电脑时更为看重外观、性能以及适合中小办公环境的一些功能,而联想的大客户,如银行、学校、政府机关等,极为看重系统的稳定性、数据的安全性等。因此,联想为大客户和零散客户设计的产品是不同的。

(2)营销方式差异。对于零散客户,联想的主要营销方式是在大众媒体上打广告,设计有竞争力的定价策略;对于大客户,则主要是通过直邮向客户传递产品信息,结合客户的实际应用情况,与客户进行面对面的深入探讨,设计出符合客户要求的个性化产品。

(3)生产供应方式不同。对于家庭类零散客户,联想按照标准配置进行量产;对于企事业单位、政府机关类的大客户,则是按单生产,因为这些大客户在信息化系统建设方面的特点和需求都是有差异的。

(4)服务方式不同。对于家庭类零散客户,技术人员会对他们进行简单的培训和产品维护。但是对于购买了几十台甚至几百台电脑的大客户来说,他们购买的不仅仅是电脑产品,更是信息化管理的解决方案,在项目初期,联想需要向大客户派驻技术工程师,了解客户需求,提供安装、测试、培训等服务,在项目中后期则要积极提供定期维护等服务,在客户需要时及时上门帮助其解决实际使用中的问题。

必须指出的是,重视老客户并不意味着不发展新客户。一对一营销理论认为,由于企业老客户的需求得到了持续的、充分的满足,他们有可能向其周围人群做出积极的宣传,成为企业新客户的介绍者,从而出现"客户生客户"的现象,使企业的客户群体不断扩大。

3. 营销管理的组织结构将由产品管理型演变为客户管理型

产品型组织结构（Product Structure）是指以公司主要产品的种类及相关服务的特点为基础，设立若干产品部，每个产品部都是一个利润中心，拥有一套完整的职能组织机构，由公司任命一名副总裁挂帅，负责该产品或产品线在该区域范围内的生产、营销、开发和计划等，并直接向公司总经理报告。传统的营销中，企业往往是根据市场调查的结果进行产品开发，即首先了解细分市场中客户的需求，然后开发出能满足客户需求的产品，并将其提供给目标市场的客户。为此，营销者必须把握好目标市场，围绕产品对其价格、渠道及促销进行有效决策。传统营销中企业营销活动是以企业的产品管理为中心的。因此，企业的每种产品都有相应的管理者，他们的主要任务就是将其负责的产品以尽可能高的收益、尽可能多地卖出去。在产品型组织结构下，企业不易发掘客户对其他产品的需求，如果客户表达出交叉购买的兴趣，客户就需要同企业的其他产品部门重新接触，从而影响到客户体验，不利于交叉销售。

客户型组织结构（Customer Structure）是指围绕企业的客户群体进行业务部门划分的组织结构，每个客户部门都是一个利润中心，负责整个业务流程。一对一营销中，营销管理围绕客户展开，企业的每一位客户都设有直接的管理者。由于客户的人数比营销人员要多得多，每一位客户管理者往往要管理许多客户。所以，每位管理者都有自己的客户数据库，并与自己客户数据库中的每一位客户建立良好关系，以最大限度地提高客户占有率和客户终生价值。联想就是典型的客户型组织。联想把大客户分成政府、教育、公共事业、交通、金融、电信、制造七个行业，通过市场研究梳理出大客户名单，建立客户数据库，然后在全国各地设立客户经理和代理商，给每位客户经理和代理商都分配了一定数量的客户，由于每位客户都被专门的客户经理和代理商锁定，因此，每位客户由谁来管理、由哪个渠道来管理，企业一目了然。客户型组织有利于企业开发现有客户的潜在价值，强化对客户深层次服务的能力，许多服务型的企业，如银行、保险公司、咨询公司等都选择以客户群划分的方式来搭建自己的组织结构。

4. 由强调规模经济转变为强调范围经济

规模经济是指通过扩大生产规模而引起经济效益增加的现象。传统的运营管理中，企业为了追求低成本必然强调规模经济，而为了获得规模经济又迫使企业去追求高的市场占有率。然而，随着市场竞争的加剧，市场中的消费者日益追求个性化、多样化，规模经济下的标准化大量生产在今天已不能适应许多领域生产的要求。

范围经济是企业通过扩大经营范围，增加产品种类，生产两种或两种以上的产品而引起的单位成本的降低。通过多样化的经营方式获取范围经济是当前市场环境下许多企业的共同选择。但是，一对一营销并不是企业简单地为目标客户提供多样化的产品和服务，而是基于一对一沟通下对每一位客户信息的了解，根据客户的反馈来提供量身定制的产品和服务。实现一对一沟通下的个性化定制，对营销者的信息沟通能力提出了极高的要求：一方面，企业与客户的沟通应该是双向的，企业能通过媒介将独特的信息内容传递给每位特定客户；另一方面，沟通成本能为企业所接受。也就是说，一对一营销的实施要解决沟通技术和沟通成本两个方面的问题，传统的大众媒体显然无法满足这项要求。但在进入20世纪90年代后，计算机产业及信息技术高速发展，适合企业与客户间一对一沟通的工具越来越多，同时，一对一沟通的成本也大幅降低。也就是说，企业已经具备了通过一对一沟通中获取的客户信息实现交叉销售、向上销售从而产生范围经济的条件。

一对一营销给我们的重要启发在于，我们过去常常将资源和精力放在如何提高自己的市场占有率上，却没有注意到这样一个事实：市场资源本身不但有横向的宽度，还有纵向的深度。当横向维度上的价值挖掘越来越困难的时候，纵向维度上的价值挖掘势必成为一个新的发展方向。如果说，我们过去在"广种薄收"模式下想要增产，靠的是增加土地的数量；而今天我们需要学会的，是如何在有限的土地资源上挖掘出更多的价值来，如通过间作套种、绿色农业、生态旅游基地等形式全方位地开发土地价值。种田是这样，企业经营也同样如此。

5.4 一对一营销的战略流程

一对一营销的执行和控制是一个相当复杂的机制，它不仅意味着每个面对客户的营销人员要时刻保持态度热情、反应灵敏，而且它要求能识别、追踪、记录客户的个性化需求并与其保持长期的互动关系，最终能提供个性化的产品和服务，并运用针对性的营销策略组合去满足其需求。所以，一对一营销的基础和核心是企业与客户建立起一种新型的学习关系，即通过与客户的一次次接触而不断增进对客户的了解；利用这种新型学习关系，企业可以根据客户提出的要求以及对客户的了解，生产和提供完全符合客户特定需要的客户化产品和服务。即使竞争对手也进行一对一的关系营销，客户也不会轻易离开，因为客户需要再次花费大量时间和精力才能使竞争对手对他有同样程度的了解。

一对一营销战略又称为IDIC战略，分为识别客户（Identify）、对客户进行差异化分析（Differentiate）、与客户保持互动（Interactive）和提供客户化产品与服务（Customize）四个阶段。

5.4.1 识别客户

识别客户主要包括两个方面的内容：①获得企业客户的信息资料，了解客户的特征与偏好；②每次客户与企业联系的时候，企业要能认出每位客户，然后把那些不同的数据、特征连接起来，构成对每一个具体客户的完整印象。

对于准备实行一对一营销战略的企业来说，首先就是要挖掘出一定数量的且大部分是具有较高服务价值的企业客户，建立自己的客户数据库，并与客户数据库中的每一位客户建立良好关系，以最大限度地提高每位客户的服务价值。企业必须掌握客户尽可能多的信息资料,没有理解的客户个人资料就不可能实现一对一营销。这就意味着,企业对客户资料要有深入、细致的调查和了解。

企业可以将自己与客户每一次联系的信息都记录下来,例如客户购买的数量、价格、采购的条件、特定的需要、业余爱好、家庭成员的名字和生日等。可以这样认为,企业必须从每一个接触层面、每一条能利用的沟通渠道、每一个活动场所及公司每一个部门和非竞争性企业收集来的资料中去认识和了解每一位特定的客户。当然,不能狭隘地将一对一营销的对象认为是产品和服务的最终消费者。比如说,有一家专门从事制造业的企业,但这家企业不直接销售自己的产品,那么它就完全可以遵循一对一营销的原则与营销渠道中的企业和产品需求链中的每一个成员建立起一对一的关系。

识别客户最重要的还在于建立企业与客户沟通的统一平台,企业应将电话、传真、网站、无线接入等多种交流渠道进行高度集成,使企业中的每个部门都能够共享企业的客户信息。世界有名的丽兹-卡尔顿豪华酒店连锁集团,将"倾听"作为酒店营销人员必须具备的核心要素,任何人得知客人的偏好,都可以通过前台服务人员记录到"客人偏好表"中,然后客户偏好就会进入所有分店的名为"客人历史"的计算机文件中。每天晚上,文件被传输到连锁店数据库,以保证每家丽兹-卡尔顿连锁店都能获得客户的偏好信息。每天早上,工作人员根据酒店的预订名单查看"客人偏好表",然后采取各种必要措施迎接客人的到来。

企业在搜集和共享客户信息的基础上,实现"从哪里结束就从哪里开始",使企业的客户无论通过何种渠道、在何种地点和时间与企业的任何工作人员进行交流时,企业都能够识别出该客户,都清楚已经与客户交流了哪些内容以及对客户的问题作了哪些处理,使得企业与客户的每一次交流都能从企业与客户上一次接触的内容开始,这将极大地提升客户服务体验。例如:一个客户今天访问一家企业的网站,明天走进旗下商店,下周又打咨询电话给企业,他需要被企业作为同一个客户对待,而不是三次独立事件的当事人。

5.4.2 对客户进行差异化分析

客户差异化主要体现在两个方面:一是不同的客户代表不同的价值水平;二是不同的客户有不同的需求。因此,一对一营销理论认为,在充分掌握了企业客户的信息资料并考虑了客户价值的基础上,应该合理区分企业客户之间的差别。

对客户进行差异化分析的意义主要表现在三个方面:①可以使企业的一对一工作有的放矢,即集中企业有限的资源从最有价值的客户那里获得最大的收益,毕竟企业不可能用同样的精力与不同的客户建立服务关系,也不可能从不同的客户那里获取相同的利润。当然,这个原则有一个例外情形,就是企业在应用自动化技术与客户进行互动时,由于自动化互动过程的边际成本几乎接近于零,此时,企业只重视最有价值的客户,或是重视所有客户的不同需求,都几乎没有什么差别;②企业可以根据现有的客户信息,重新设计生产行为,从而对客户的价值需求做出及时的反应;③企业对现有的客户群体进行一定程度的差别化，将有助于企业在特定的经营环境下制定适当的经营战略。乐高集团（Lego Group）就是根据是购买者各自的特定需求来进行客户群体细分和个性化营销的。例如，7岁男孩中有的偏爱角色扮演，喜欢把自己装扮成他刚刚用积木建好的宇宙飞船的船长；有的喜欢根据玩具产品中随附的参考示意图思考如何进行搭建。乐高集团对爱好角色扮演的男孩提供与其乐高玩具配套的录像带和故事书；对爱好搭建积木的男孩提供更多的参考图，甚至单独提供一套参考图书目录。

5.4.3 与客户保持互动

通常情况下，不同的客户有着不同的个性与需求，如果企业以统一的模式去服务，不可能获得每位客户的满意。要打造高的客户满意度，就必须建立和客户沟通的渠道，形成良性互动。其中，重要的不在于企业对多少数量的客户有了解，而在于对每一位客户了解的程度有多深。要应用这个观念就必须与客户进行交互式的沟通，所以对话应是双向的，意见的交流必须来自主客双方。通过双向沟通媒介以及信息回馈机制将获得远比进行市场调查更多的信息。

课堂实训

一对一营销理论的提出者佩珀斯和罗杰斯在《一对一未来》中写道："那些利用高度个人化的资料直接达成促销目的的做法并不是真正的一对一营销。"你认为这一观点的依据是什么？

与客户保持互动有两个必备的要求：①企业必须是一个成功的"量身定制者"，能够将客户的需求融入产品设计或服务过程；②客户信任企业，愿意付出努力提供需求信息。客户的主动权越大，对话就会变得越丰富和有益。如果客户能从互动中获得令其满意的个性化产品和服务，他就会更加积极地与企业进行互动，更加忠诚于企业。

5.4.4 提供客户化产品与服务

从强调产品差异到重视客户差异，响应客户需求，为客户提供量身定制的产品和服务，是一对一营销的最后一步，也是最关键的一步。它要求企业能根据客户的需求来调整产品和服务内容。譬如奔驰和劳斯莱斯按照富豪们对于豪华、气派、安全、个性等方面的要求为他们设计出风格各异的轿车。企业如能提供这种量身定制的弹性，将能塑造出产品与服务的独特性，成功地与竞争对手的产品和服务区分开来，成为维护客户忠诚度的关键。

企业为客户量身定制产品和服务可以是大批量地定制，也可以是小批量地定制，通常这种定制流程需要预先将产品分解为若干部分，每个部分设计出数种或数百种模块，客户根据个人偏好对各个部分的模块进行选择，然后由企业根据客户的要求将各个模块组合在一起，最终制成符合客户个性化需求的产品和服务。当然，定制还包括产品包装、商品的物流配送、结账方式,甚至包括销售人员的匹配。总之,根据不同价值、不同需求的客户的喜好设计定制他们想要的产品和服务,凸显专门化、个性化特征,满足客户的价值感和尊崇感就是量身定制的目的。

日本自行车制造商松下公司在客户来到自行车商店购买产品时,利用特制的车架度量客户的要求,并迅速将客户所需的特定规格、式样传真到工厂。工厂则将收到的客户的特定需求输入计算机,3 分钟后计算机描绘出自行车的蓝图,并引导机器和工人具体制作。两个星期之内,客户就可以骑上这辆为他量身定制的自行车。松下公司可以提供 199 种颜色、18 种型号、11 231 862 种样式给客户,而且尺寸还可以因人而调整。当然,自行车价格差别也很大,每辆价格从 545 美元到 3 200 美元不等。

一对一营销战略流程的四个步骤在实施过程中是环环相扣、紧密相连的,其中,识别客户和客户的差异化分析是企业的"内部解析",而企业与客户的互动以及企业通过定制满足客户个性化需求则是企业的"外部努力",是消费者能够实实在在体验到的。"内部解析"是"外部努力"的前提和基础,"外部努力"则是"内部解析"的目的和延伸。可以这样认为,"四步走"战略为任何一个准备尝试或已经开始实施一对一营销的企业指明了方向。

5.5　一对一网络营销矩阵[①]

随着互联网的兴起,一对一营销的理念更是在网络的应用中大显身手,使企业可以更方便地管理客户信息、实现关系互动。企业可以拥有多样化的渠道来收集和处理有关客户的资料,最终使企业比以前更能满足客户的需要,具体体现在以下方面:

- 应用网络技术,企业可以应用一对一的理念良好地管理客户关系;
- 支持各种渠道的营销、销售和服务,包括影像、声音和互联网等;
- 使客户通过不同渠道也能获得一致的信息;
- 可处理客户过去所有的记录(包括交易、喜好和习惯),建立一对一的关系;
- 可从客户过去的记录中抽取有用的信息,并通过所有渠道协助员工处理和客户之间的往来;
- 有自助式的界面,方便客户使用;
- 让客户随时随地通过自己喜欢的渠道获得所需信息;
- 让客户通过自己喜欢的渠道和企业接触。

表 5.1 是在网络上应用一对一营销理念的具体建议:

[①] 唐璎璋,孙黎,2002. 一对一营销[M]. 北京:中国经济出版社.

表 5.1　一对一营销理念的应用

网络科技	应　用
交互式网站	• 通过与网站或网站上功能的互动，让消费者了解公司组织架构、产品或服务 • 与每一个消费者进行私人对话 • 通过提供有益的网络浏览经验提升消费者对公司的满意度和忠诚度
电子邮件	• 通过电子报或者电子邮件公告，维持持续性的公司经营或营销活动的传播 • 消费者无须访问公司网站也可以与公司进行接触 • 以其他公司的电子邮件通知信函或电子新闻信函作为电子邮件营销的媒介
网站个性化	• 更进一步了解每一个消费者或细分目标市场 • 提供个性化的建议，尤其是在公司的服务对象涵盖多个市场区域，或者提供多样化的产品或服务时 • 将各个程序自动化，例如对客户的建议、客户管理以及交叉销售 • 依据使用者个人数据采用个性化广告，向每一位使用者提供独特的网络经验 • 实行会员制与忠诚度计划，为付费的高级用户提供高水平的服务
推进策略	• 维持企业组织与市场的持续性沟通 • 寻找不通过企业网站也可以接触到消费者的途径 • 为互联网以及企业网络这两个不同的目标市场创造不一样的渠道 • 根据使用者的个人数据，将广告的焦点放在个人身上，传达给每一个客户独特的信息
网络社群	• 建立一个在使用者间或与企业代表（管理层、业务人员或客户服务人员）的在线公开讨论区 • 增加网站浏览流量以及网站浏览时间 • 提升消费者对网站与品牌的忠诚度
广告	• 提升网络用户对网站的认知与回应 • 从事目标化与一对一的广告策略，以使广告运用达到最佳状态 • 设计响应导向或交易导向的网络广告
网站使用追踪/使用分析	• 评估网站的整体表现或者网站某一部分功能的表现 • 更深层地了解网站的浏览者或客户 • 将网站使用者的个人数据或其他数据库数据与网站数据作整合
数据库整合	• 将其他后端的历史或最新资料，如产品/服务信息、客户信息、交易资料、货品运送数据以及客户管理资料等，与网站进行整合 • 在网站上执行数据库营销策略 • 根据获利率或网站使用频率等分类方式进行消费者区隔，并且针对未来网站更新或交易活动建立"预测模型"

◎ 补充阅读

海尔定制 Hello Kitty 洗衣机"爆场"背后的秘密

从 2015 年开始,"互联网+""工业 4.0"等概念接踵而来,中国制造业越来越强烈地感受到满足消费者个性化需求的重要性,其中尤以家电行业的体会最为深刻,各种"色彩家电""年轻化家电"实际上正是众多家电企业为迎合不同消费者需求打造的个性化产品。

2015 年,海尔携手苏宁全球首发 Hello Kitty 洗衣机系列新品,为苏宁易购 4·18 大促专供 20 万台现货。消息一出,从家电行业到消费领域,从圈内人士到 Hello Kitty 粉丝群,惊呼声一片,短短几天内便有超过 13 000 人在平台完成预约。

(一)定制卖的不是"眼球",而是用户需求

表面上看,海尔首发的三款 Hello Kitty 定制洗衣机之所以反响强烈,是因为其出色的外观设计博得了大量粉丝及年轻消费人群的"芳心",这固然是其中一个原因,但是仔细分析过后,便不难发现海尔 Hello Kitty 定制洗衣机对目标人群的定位非常精准——陪伴孩子成长的年轻妈妈、有少女情节的 80 后和 90 后人群、忠实的 Hello Kitty 粉丝,而海尔能牢牢抓住这三类人群的心思,则是对用户消费习惯数据分析的结果。据海尔定制负责人王晓虎介绍,Hello Kitty 定制洗衣机在一个月内就完成了从研发到上市的整个流程,整个过程都是开放的,有大量用户参与了产品创意设计。Hello Kitty 全系洗衣机除了外观出众,还允许用户根据需求自主从云端下载"运动洗""丝袜洗"等不同的洗涤模式,以及完全智能化的衣物识别等功能,让用户实现更加简单的洗衣过程。

从海尔"众创汇"平台到互联工厂,海尔已经在定制服务方面搭建起共创共赢的生态圈模式,引进多方资源来共同满足用户需求。基于这种开放灵活的定制机制,海尔定制众创汇平台已相继推出带有 Hello Kitty 元素的冰箱、空调,以及专为孕婴人群打造的贝享挂机空调等定制版创意家电。靓丽的外观设计加上优秀的产品功能体验,满足了全品类家电用户的需求,引爆了更多定制精彩。

Hello Kitty 定制系列产品的成功,说明家电定制的概念绝非是以改造外观来博取关注,而是在外观设计之余带给用户优秀的产品功能体验,满足用户的个性化需求。

(二)私人定制的活力来自内部驱动

海尔建立了一套完整的交互机制,让用户可以通过社区式的平台自由发声,提出诉求,发起创意,在这个开放的环境下,用户、设计师、第三方资源商之间能够进行零距离交流,从源头上实现了根据用户需求创造家电。此外,升级后的海尔定制众创汇平台还允许用户通过手机端与来自全球的设计师、优秀资源进行交互,完成更为复杂的定制需求。由于已经实现了前端到后端的连接,海尔定制众创汇平台上的创意可以直接进入海尔互联工厂投产,而且整个制造过程都是可视化的,用户可以获得全流程最佳定制体验。正因如此,诸如海尔子母洗衣机、二代净水洗热水器、贝享挂机空调这样个性鲜明的家电才能够

从创意最终变成现实,让更多人得以享受互联网时代的科技成果。

由此可见,家电定制的价值不仅仅体现在将家电满足生活需求提升到满足用户情感需求的高度,更在于可以使用户和企业建立一种和谐的互利关系。正如海尔定制平台努力构建的生态圈,让用户资源、设计资源、解决方案资源和科技资源能够在开放的理念下,协同完成一个作品。当私人定制成为现实的时候,也就意味着家电定制时代的全面来临。

资料来源:网易家居. 海尔定制 Hello Kitty 洗衣机"爆场"背后的秘密[EB/OL].[2022-05-10]. https://home.163.com/16/0420/00/BL29LLV000104JIB.html.

➡ 本章小结

一对一营销是一种 CRM 战略,它为企业和个人间的互动沟通提供具有针对性的个性化方案。具体来说,就是营销者通过与每一位客户进行一对一的沟通,明确及把握每一位客户的需求,并为其提供满足需求的不同方式,以更好地实现企业的利益。一对一营销理论中蕴含的核心思想主要有提高客户占有率、关注客户终生价值和与客户建立学习型关系。与其他市场策略相比,一对一营销将使企业的竞争理念、竞争方式与内容,以及追求的目标发生极大的改变。这些变化主要反映在以下四个方面:①营销者由追求市场占有率变为追求客户占有率;②营销管理由注重产品差别化转向注重客户差别化;③营销管理的组织结构将由产品管理型演变为客户管理型;④由强调规模经济转变为强调范围经济。一对一营销的战略流程又称为 IDIC 战略,分为四个阶段:识别客户、对客户进行差别化分析、与客户保持互动、提供客户化产品与服务。一对一营销与数据库营销在知识点上存在一定的重叠。例如,两者都注重客户占有率,都需要通过一对一的沟通维持与客户的关系,都是基于客户数据分析来确定个性化的营销推广方案。不同之处在于,一对一营销更偏重于通过沟通理解客户需求,数据库营销则强调了客户数据库的应用价值。

➡ 思考题

1. 什么是一对一营销?一对一营销的核心思想是什么?
2. 一对一营销有何特点?
3. 一对一营销的战略流程分为哪几个阶段?

实训项目1　正确理解一对一营销

实训目的

（1）帮助学生辩证看待一对一营销；

（2）训练学生系统全面分析问题的能力。

背景材料

一对一营销理论自提出以来虽然广受好评，但同时也面对着一些质疑：

质疑1：通过客户过去的偏好不一定能准确推测出客户未来的需求。

质疑者的依据主要有以下几点：①客户的有些购物行为属于冲动、非理智型的购物，不具备可重复性；②许多终端消费者有求新、求变的趋向，如果只是根据其过去的偏好去设计产品和服务，企业很可能会被市场抛弃；③影响客户购买行为的因素非常多，也存在一定的随机性。因此，依靠通过一对一互动建立的客户数据库去挖掘客户的购物规律是十分困难的。

质疑2：被客户需求数据牵着鼻子走的企业缺乏创意和持续发展的活力。

质疑者的依据有以下几点：①客户不一定能清晰地表达自己的需求。营销学家斯蒂芬·布朗（Stephen Brown）曾在发表于《哈佛商业评论》上的一篇文章中批评过对消费者明示的需求亦步亦趋的企业，他认为消费者都是短视的，甚至于他们根本不知道自己究竟想要什么，因此他们的真实需求只有企业充分发挥创造性才能挖掘出来。苹果创始人乔布斯认为消费者没有义务去了解自己的需求，消费者只知道自己抽象的需求，如好吃的食物、好看的衣服、让人舒服的服务等，企业需要把抽象的需求具体化，把潜在的需求显现化，把缓慢的需求紧迫化，把片面的需求全面化，把次要的需求重要化。②从客户数据库中挖掘出的客户需求数据只能反映过去，企业无法据此设计出卓越的产品和服务。在企业与客户的互动过程中，无论是根据客户的购买历史数据，还是根据客户的投诉、建议等，反映的都是老客户明示的需求、表现出的偏好和对现存产品与服务的态度。一旦有竞争对手以非凡的远见，推出超越客户现有期望的产品，企业就会陷入老客户背叛的险境。因此，企业的未来应维系在客户没有表达出来的模糊需求上，特别是那些潜在客户的模糊需求上，探求这些客户需求并加以满足才是真正的客户导向。正是这些客户数据库中不可能存在的东西，才能指引企业的未来之路，保证企业的持续发展。

质疑3：一对一营销无法满足客户所有的需求。

质疑者认为，无论是根据客户的需求去定制产品和服务，还是交叉销售，一对一营销都没有充分考虑企业能力的限制，而实际上，并不是任何个性化的需求企业都能够满足。

事实上，企业要满足超出企业现有经营范围的客户需求，必须拓展自己在现有价值链上的能力，甚至打造全新的价值链。但任何企业的资源都是有限的，都会受到各种技术壁垒、资金壁垒的限制，所以一对一营销即使挖掘出了客户的所有需求，也不一定能全部满足这些需求。

质疑4：提升客户占有率需要通过向上销售和交叉销售实现，意味着企业要提供多样化的产品和服务，这将对企业的品牌效应产生稀释作用。

一对一营销强调客户占有率，而不是市场占有率。要提高客户占有率，主要是通过交叉销售和向上销售使企业的每位客户购买更多的产品。品牌的生命力凝聚于它对目标客户群体所提供的比较一致的价值，也就是建立在品牌价值定位之上，而不是分散于提供给每位客户的不同价值中。企业为提高客户占有率势必会扩大经营范围，在差异化发展的同时，很可能会偏离品牌定位，分散和模糊企业的形象，品牌的价值也会遭到稀释。片面追求客户占有率将很可能把企业推上不归路。

质疑5：一对一营销会增加营销成本，但不一定增加客户让渡价值。

一对一营销认为，企业在充分了解客户偏好、与其建立学习型关系之后，可以更好地服务于客户，提升客户体验，增加客户让渡价值。然而，在建立学习型关系的漫长过程中，需要客户与企业共同的投入，以便企业深入了解客户的习惯与偏好，这种时间和精力的投入于客户而言无疑是一种成本，客户是否有兴趣和耐心与企业共同完成这个过程是不一定的。此外，一对一营销要求区分客户，为客户设计个性化的服务，增加客户让渡价值。设想这样一种情景：当一位经常搭乘航班的乘客登机后，空姐根据客户数据库的提示，在乘客没有提出要求前为其端上一杯他爱喝的饮料、送上一本他常看的杂志。这种做法听起来很人性化，但也可能并不能增加客户体验到的价值。比如，抑或该乘客的喜好已经发生了变化，也许该乘客更看重航班是否准点和飞行的安全性，而并不在意这些服务细节。通过这个例子我们可以看出，实施一对一营销，使企业把大量精力投入那些客户并不一定重视的细枝末节，或者那些并不能明显增加客户让渡价值的方面，将极大地增加企业的经营成本，却不一定能增加客户让渡价值，客户满意度也不一定能得到提升。

针对上述质疑，一对一营销理论的捍卫者认为质疑者对一对一营销理论的理解过于极端，还有偷换概念的嫌疑。

实训任务

（1）立足于一对一营销理论的相关阐述，针对每一种质疑，从正反两方面进行充分的讨论，分析这些观点是否正确，论证逻辑是否严密。

（2）就"一对一营销理论有何价值"这一问题进行讨论。

实训步骤

（1）个人阅读。老师督促学生针对实训任务完成阅读，在课堂上由老师或学生对案例学习要点及相关背景进行简单陈述。

（2）分组。在老师的指导下，以5～8人为单位组成一个团队，要求学生选出组长、记录人、报告人。

(3)小组讨论与报告。课堂上各小组围绕实训任务展开讨论。老师要鼓励学生提出有价值的问题,要求每个小组将讨论要点或关键词抄写在黑板指定位置并进行简要报告。

(4)师生互动。老师针对学生的报告与问题进行互动,带领学生对关键知识点进行回顾,并追问学生还有哪些困惑,激发学生的学习兴趣,使学生自觉地在课后进一步查询相关资料并进行系统的回顾与总结。

实训提交材料

每组提交一份《小组讨论与报告记录》。

实训资料获取方式

关注微信公众号"CRM学习与研究",回复"小组讨论模板"后自动获取链接。

实训项目 2　一对一营销角色扮演

实训目的

(1) 帮助学生深入理解一对一营销理论；

(2) 锻炼学生在一对一沟通中把握客户需求的能力；

(3) 训练学生的决策能力、语言表达能力、应变能力和解决实际问题的能力。

实训任务

一对一营销角色扮演[①]

参与者每 3 人一组开展活动，活动中设客户、服务人员和观察员三个角色，服务人员通过与客户一对一的沟通来了解客户的需求。具体角色设计如下，分配给各个小组：

(1) 游客和旅行社工作人员；

(2) 银行的客户和银行工作人员；

(3) 广告设计部门的客户和广告设计部门工作人员；

(4) 某食品博览会的参展客户和博览会工作人员；

(5) 家电商场的客户和家电商场工作人员；

(6) 网上订餐的客户和餐馆工作人员；

每组除客户和服务人员外，设置观察员，观看两方的表演，并评价服务人员沟通的技巧和效果。

示例：

以游客和旅行社工作人员这一组为例说明如何开展角色扮演活动。

游客角色说明

情景：你最近成功地签了一笔大订单，高兴之余，决定和家人一起进行一次"梦幻旅游"。你决定去当地的一家旅行社就如何选择旅游线路和你的想法展开讨论。

活动指导：在表演过程中，不要主动向旅行社工作人员提供关于你的信息，而是等他提问。如果他向你提出了一个简单的问题，只需用"是"或"否"来回答就可以了。不要详细描述，除非他向你提出了开放性问题。在表演的最后部分，旅行社工作人员重述他对你的需要的理解，但他并不给你提供解决方案。

---

① 〔英〕格拉汉姆·罗伯茨·菲尔普斯，2011. 客户服务培训游戏 [M]. 派力，译. 北京：企业管理出版社.

准备：1. 考虑你喜欢什么类型和风格的旅行，以及哪些因素会给你留下深刻的印象并让你再次选择这家旅行社？

2. 列出你可能要提出的问题。

旅行社工作人员角色说明

情景：你的客户最近刚刚签了一笔大单子，接下来客户一家决定进行一次"梦幻之旅"。他们来到你所在的旅行社，就如何选择线路和其他想法展开讨论。

活动指导：你自认为是一名能够提供高质量服务的工作人员。在角色扮演中要集中精力尽可能多地获得关于客户的需求信息。在考虑提问范围时，可以假设你是一名客户，自己的需要和兴趣会集中在哪些方面，你希望工作人员向你提出什么样的问题。在表演的最后部分，总结并重述你对客户需求的理解，但不必为客户提供解决方案。

准备：1. 写出你在这次合作中的开场白。

2. 思考客户会产生什么样的需要和期望，考虑他们在选择度假产品时会优先考虑哪些因素。你怎样鼓励他们和你预订登记？

3. 构思可能会帮助你发现客户真正需求的问题。

4. 考虑客户可能会产生怎样的感受。

5. 你如何描述那些感受？

6. 阅读"观察工作表"，看看观察员如何评价你的技巧。

实训步骤

（1）个人阅读。老师督促学生认真阅读和领会实训内容和要求。

（2）分组。每3人一组，每组沟通决定角色分配。个别小组可以4人组队，每队设2个观察人员。

（3）角色准备。观察人员设定准备时间。客户和服务人员背对背各自独立思考和填写"实训报告"中的第1、第2、第3题。

（4）角色扮演。客户和服务人员表演沟通过程，观察员观看两方的表演，并判断服务人员沟通的技巧和效果。

（5）现场观摩、讨论与点评。所有小组结束表演后，从3个小组中分别确定1名客户、服务人员和观察人员，进行一对一沟通的表演，其他学生进行观摩。对话背景为服务人员所在小组选定的情景。表演结束后，由观察员进行现场点评。然后，观摩的学生针对沟通过程进行讨论和分析。最后由老师进行点评。

（6）总结。客户、服务人员和观察员完成实训报告的填写。

实训提交材料

每组提交一份《一对一营销实训报告》。

实训资料获取方式

关注微信公众号"CRM学习与研究"，回复"一对一角色扮演PDF"后自动获取PDF链接；回复"一对一角色扮演WORD"后自动获取WORD链接。

第6章 客户满意

■ 学习目标

(1) 掌握客户满意的概念、分类和意义
(2) 理解客户满意度的衡量指标
(3) 掌握监测客户满意度的方法
(4) 正确看待和处理客户抱怨
(5) 了解客户满意度的影响因素
(6) 理解满意度—重要性矩阵

案例导入

海底捞的服务

四川海底捞餐饮股份有限公司成立于1994年3月20日,是一家以经营川味火锅为主、融汇各地火锅特色于一体的大型直营连锁企业。公司以独特、纯正、鲜美的口味和营养健康的菜品,赢得了客户的一致推崇和良好的口碑。自成立之日起,海底捞始终秉承"服务至上、客户至上"的理念,以创新为核心,改变传统的标准化、单一化的服务,提倡个性化的特色服务,致力于为客户提供周到的用餐服务,赢得了广泛的社会赞誉。

- 去海底捞吃饭,刚靠近店门口,所有员工都会和你打招呼,让你倍感亲切;
- 驾车刚到门口,就有人代替泊车了,等到结账时,会有人主动询问:"是否需要帮忙提车?"
- 当客户在海底捞等位区等候的时候,热心的服务员立即送上炸虾片、水果以及豆浆、柠檬水、薄荷水等,还提醒可以在此打牌、下棋和免费上网;
- 点菜时服务员会嘱咐客户可以点半份,以免浪费;
- 客户落座后服务员会帮助穿上围裙,一来避免食物或菜汤不小心溅到衣服上,二来避免弄得衣服上满是火锅的味道;
- 如果客户打个喷嚏,就会有服务员送来一碗姜汤;
- 如果客户戴眼镜,就会有服务员送上眼镜布,用来擦拭镜片上的蒸汽;
- 如果客户把手机放在餐桌上,就会有服务员送上可封口的塑料袋,用来装手机,以免被溅上汤水；
- 有长头发的女士来用餐，海底捞会提供橡皮筋和小发夹，防止头发沾到食物；
- 海底捞的服务员可以免费带孩子玩一会儿，还可以帮忙喂饭，让父母安心吃饭；
- 海底捞门店经常响起服务员为客户合唱的《生日快乐》歌，服务员还会为过生日的客户免费赠送蛋糕；
- 海底捞在餐后会送一个果盘，如果你要求服务员再给一个果盘，他们都会面带笑容地说："没问题"，并再次奉上果盘；
- 在海底捞无论是点菜、加菜，还是索要什么，服务员总是一路小跑地、充满热情并面带微笑地迅速为客户办妥。

正如海底捞的老板张勇所说，海底捞提供"地球人拒绝不了"的服务。这就是海底捞的制胜秘诀，并且已经成为海底捞的独特竞争优势，使其在短短二十几年内发展成为全国知名的大型连锁餐饮企业。

思考：（1）你喜欢海底捞提供的上述服务吗？为什么？
（2）你认为哪些因素会影响客户的满意度？
（3）你认为海底捞在客户服务方面还可以作哪些调整或提升？

6.1 客户满意的概念和分类

6.1.1 客户满意的概念

20世纪90年代以来，客户满意（Customer Satisfaction）已成为全球各类组织的一种全新企业文化和管理哲学。ISO 9000族标准（2015版）将"增强组织在满足客户及相关方需求和期望以及实现产品和服务满意的义务和承诺意识"作为质量管理目标，把"以客户为关注焦点"列为质量管理的首要原则，凸显出客户满意对现代组织质量管理的重要性。该标准将客户满意定义为"客户对其明示的、隐含的或必须改造的需求或期望被满足程度的感受"，并认为"组织应当理解客户当前和未来的需求，满足客户要求，并争取超越客户期望。客户抱怨是一种满意程度低的最常见的表达方式，但没有抱怨并不一定表明客户很满意；即使客户的要求或愿望得到满足，也不一定能确保客户很满意"。

学术界关于客户满意的研究最早见于20世纪30年代，一些学者在社会学和实验心理学领域对满意理论展开了探索，认为满意与自尊、信任、忠诚有关。20世纪50年代，企业发现性能好的产品不一定能满足客户的需求，同时，仅靠开发新客户难以维系企业的发展，保留老客户并满足其需求才是企业生存发展的关键。在这种背景下，"产品导向"的营销理念逐渐为"客户导向"的理念所取代。但此时，客户满意只是实践层面企业的一种经营管理思想，尚未形成明确的学术概念。

1965年，美国学者卡多佐首次将客户满意理论引入营销领域，学术界由此掀起了研究客户满意的热潮。理查德·奥里佛认为："客户满意是消费者的实践反应，它是对产品和服务性能、产品和服务本身的评价，反映了消费者的一次消费经历的愉悦水平。"亨利·阿赛尔认为："客户满意度取决于商品的实际消费效果和消费者预期的对比，当商品的实际效果达到消费者的预期时，就会令客户满意，否则，就会导致客户不满意。"科特勒认为："客户满意度取决于个人通过对产品的可感知效果与他的期望值相比较后所形成的愉悦或失望的状态。"所谓客户期望，是指客户在购买、消费产品和服务之前对产品和服务的价值、品质、价格等方面的主观认识或预期。所谓客户感知，是指客户在购买或消费过程中对企业提供的产品和服务的感觉。有些消费者可能有过这样的经历：打电话给一家电器厂商的维修部门，让他们来维修发生故障的电器，他们答应第二天上午10点登门服务，但在约定时间却没有到达，经过反复的催促终于前来排除故障。在这种情况下，尽管客户的需求得到满足，但是客户的期望却没有被满足。

总的来说，客户满意是一种心理活动，是客户的需求被满足后形成的愉悦或失望的状态；而客户满意度就是客户满意程度的度量，由客户对产品和服务的期望值与客户对购买的产品和服务所感知的实际体验两个因素决定。当客户的感知没有达到期望时，客户就会不满、失望；当感知与期望一致时，客户是满意的；当感知超出期望时，客户会觉得"物超所值"，而感到很满意。

通常，不满意的客户将不会再购买企业的产品，一般满意的客户一旦发现有更好或更便宜的产品后也会很快地更换品牌，只有高度满意的客户才有可能成为企业的忠诚客户。因此，现代企业把追求客户的高度满意、培养客户对品牌的高度忠诚作为自己的经营目标。

6.1.2 客户满意的分类[①]

客户满意可分为物质满意、精神满意和社会满意三个层次。

(1) 物质满意层。物质满意层是客户在对企业提供的产品核心层的消费过程中所产生的满意。物质满意层的影响因素是产品的使用价值，如功能、质量、设计、包装等，它是客户满意中最基础的层次。

(2) 精神满意层。精神满意层是客户在对企业提供的产品形式和外延层的消费过程中产生的满意。精神满意层的影响因素是产品的外观、色彩、装潢、品味和服务等。

(3) 社会满意层。社会满意层是客户在对企业提供的产品的消费过程中，所体验到的社会利益维护程度。社会满意层的影响因素是产品的道德价值、政治价值和生态价值。产品的道德价值是指在产品的消费过程中，不会产生与社会道德相抵触的现象；产品的政治

---

① 杨莉惠，李卫平，潘一萍，2006. 客户关系管理实训［M］. 北京：中国劳动社会保障出版社.

价值是指在产品的消费过程中不会导致政治动荡、社会不安等后果；产品的生态价值是指在产品的消费过程中不会破坏生态平衡。

客户满意的三个层次是一个有机整体，其关系如图 6.1 所示。

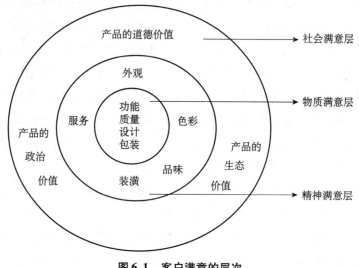

图 6.1　客户满意的层次

6.2　客户满意的意义

客户满意对于企业的发展来说至少具有以下几个方面的意义：

1. 客户满意是企业取得长期成功的必要条件

根据美国客户事务办公室（U. S. Office of Consumer Affairs）提供的调查数据：①平均每个满意的客户会把他满意的购买经历告诉至少 12 个人，在这 12 个人中，在没有其他因素干扰的情况下，有超过 10 个人表示一定会光临。②平均每个不满意的客户会把他不满意的购买经历告诉 20 个人以上，而且这些人都表示不愿接受这种恶劣的服务。近年来，以 Web 2.0 为代表的新一代互联网技术迅猛发展，改变了传统的信息传播方式，基于互联网的社会化媒体给予了用户极大的参与空间，人们利用博客、微博、论坛等平台分享信息、意见和各类观点，其传播效率较传统媒体呈几何级数提高。一个满意或不满意客户的"声音"借助社会化媒体可能被几百甚至上万的人"听到"，其中无疑蕴含着大量的商机，同时也存在爆发未知风险的可能，而且品牌越强势，其传播的广度和强度就会越大，受网络口碑的影响也会越大。因此，互联网时代下，企业不得不重视客户满意，可以说，客户满意是企业持续发展的基础，是企业取得长期成功的必要条件。

2. 客户满意是企业获取竞争优势的重要手段

客户及其需要是企业生存和发展的基础，能否比竞争对手更好地满足客户的需要，决定了企业能否成功。随着互联网时代的到来和市场竞争的加剧，客户可以查询到大量的产品信息，同时比以往有了更多的选择，在这样的背景下，竞争的关键是给客户提供更加满意的产品和服务体验。如果企业不能满足客户需要，而竞争对手能够使他们满足，那么客户很可能会选择离开，转而投奔那些能让他们满意的企业。因此，只有能够让客户满意的企业才能在激烈的竞争中获得长期的、起决定作用的优势。谁能更好地、更有效地满足客户需要、让客户满意，谁就能够建立竞争优势，从而战胜竞争对手、赢得市场。

在电子商务中，信息流、资金流的活动都可以通过计算机在网上完成，唯独物流要经过实实在在的运作过程，无法像信息流、资金流那样被虚拟化。于是，作为电子商务组成部分的物流便成为决定电子商务效益的关键因素。在电子商务中，如果物流滞后、效率低、质量差，则电子商务经济、方便、快捷的优势就不复存在。所以完善的物流系统是决定电子商务生存与发展的命脉。2011年4月，京东集团获得了15亿美元的融资并准备将其全部投向仓储物流，在2011年CCTV中国经济年度人物颁奖礼上，时任京东集团CEO的刘强东面对媒体提问时答道："物流是电子商务销售过程非常重要的一环，也是电子商务公司能够与用户接触的唯一一环，占电子商务核心要素的比例超过60%，所以我们这样做是正确的。"而京东之所以如此看重客户体验，并视其为京东的核心竞争力，是因为电子商务中客户体验对于客户满意以及口碑效应有着极其重要的影响。正如著名企业家福特所说："最有效、最能满足客户需求的企业，才是最后的生存者。"

3. 客户满意是实现客户忠诚的基础

客户忠诚通常被定义为重复购买同一品牌的产品或服务，不为其他品牌所动摇，这对企业来说是非常理想的。从客户的角度来说，曾经带给客户满意经历的企业意味着可能会继续使客户再次满意，或是降低消费的风险和不确定性。因此，企业如果上次能够让客户满意，就很可能再次得到客户的垂青。但如果没有令客户满意，则很难获得忠诚的客户。

现实中，客户往往因为一个心愿没有得到满足，就不再光顾该企业，暂且不论失去一位客户的各种负面效应或其他间接损失，单是失去一位老客户的直接损失就非常大。正因为如此，某企业评估一位忠诚客户的终生价值是8 000美元，并以此来教育员工失误一次很可能就会失去全部，要以8 000美元的终生价值而不是一次20美元的营业额来接待每一位客户，提醒员工要时时刻刻让客户满意，才能确保企业得到客户的终生价值。

可见，客户满意是客户忠诚的基础，是留住老客户的最好方法。卡多佐首次将客户满意的观点引入营销领域时，就提出客户满意会带动再购买行为。科特勒也认为，留住客户的关键是客户满意。

6.3 客户满意度的衡量

6.3.1 客户满意度的衡量指标

客户满意度是衡量客户满意程度的指标,由该指标可以直接了解企业或某品牌在客户心目中的满意程度。客户满意度的衡量指标可以分为单个客户满意度的衡量指标和总体客户满意度的衡量指标两类。

1. 单个客户满意度的衡量指标

(1) **重复购买的次数**。客户是否继续购买某企业或某品牌的产品或服务,是衡量客户满意度的主要指标。如果客户不再购买该企业或该品牌的产品或服务而改购其他品牌的产品或服务,无疑表明客户对该企业或该品牌的产品或服务很可能是不满意的。在一定时期内,客户对产品或服务的重复购买次数越多,说明客户满意度越高,反之则越低。

(2) **购买挑选产品或服务的时间**。客户在购买产品或服务时,挑选的时间越短,表明客户对该企业产品或服务的满意度越高,反之,则可能越低。

(3) **购买额**。购买额是指客户购买某企业或某品牌的产品或服务的金额多少。一般而言,客户对某企业或某品牌的购买额越大,表明客户对该企业或该品牌的满意度越高,反之,则表明客户满意度越低。

(4) **客户生命周期**。这一指标衡量了客户与企业进行业务往来的时间跨度。大多数情况下,客户生命周期越长,意味着客户满意度越高,忠诚度也越高。

(5) **对待企业竞争对手产品的态度**。客户对企业竞争对手表现出越来越多的偏好,则表明客户对该企业的满意度下降。

(6) **对产品价格的敏感度**。客户对某企业或某品牌的产品或服务的价格敏感度或承受能力,可以反映客户对某企业或某品牌的满意度。当某企业或某品牌的产品和服务的价格上调时,客户如果表现出很强的承受能力,那么表明客户对该企业或该品牌非常满意;相反,如果出现客户的转移与叛离,那么说明客户对该企业或该品牌的满意度并不高。

(7) **对产品质量事故的敏感程度**。客户对某企业或某品牌的满意度越高,对其出现的质量事故也就可能越宽容,反之,则越不宽容。

2. 总体客户满意度的衡量指标

(1) **客户保持率**。客户保持率是一定时期内客户总数中留下来的客户所占的比重,它反映了企业使客户持续满意的能力以及企业在市场中的竞争能力。当客户满意度调查反映企业的客户满意得分上升,而客户保持率却下降时,表明虽然企业的服务水平并未下降,但竞争对手却以高于企业的速度提高了服务水平,从而抢走了企业的客户,企业应当以更快的速度提升服务水平,减少这种损失。

(2) 客户流失率。一般而言,客户流失率越高,表明客户满意度越低;客户流失率越低,表明客户满意度越高。

(3) 客户回头率。客户回头率,又称为重复消费率或重复购买率,是指企业的客户中再次购买的客户数量占总客户数量的比重。客户回头率越高,说明客户的总体满意度越高。

(4) 投诉率。客户的投诉是客户不满意的具体表现,投诉率是指客户在购买或者消费了某企业或某品牌的产品或服务之后所产生投诉的比例,客户投诉率越高,表明客户越不满意。但是,这里的投诉率不仅包括客户直接表现出来的显性投诉,还包括存在于客户心底未予倾诉的隐性投诉。研究表明,客户每四次购买中会有一次不满意,而只有5%的不满意客户会投诉,另外95%的不投诉客户只会默默地转向其他企业。所以,不能单纯以显性投诉来衡量客户的满意度,企业要全面了解投诉率,还必须主动、直接征询客户,这样才可能发现存在的隐性投诉。

(5) 美誉度。美誉度是客户对企业的认可和赞赏的程度。对企业持积极肯定态度的客户,一般对企业提供的产品或服务感到满意。其满意的态度,或直接来源于过去的交易事项,或由其他满意者相互传达而建立。以美誉度为测试指标,可以知道企业在客户心目中的受认可程度。

(6) 市场占有率。企业的销售量或销售额在市场同类产品中所占的比例越高,说明市场对企业产品的满意度和认可度越高。

除上述指标外,平均重复购买次数、平均购买时间等也可以用来衡量总体客户满意度。

客户满意度是一种暂时的、不稳定的心理状态,为此,企业应该经常进行客户满意度测试。比如,可以经常在现有客户中随机抽取样本,向客户询问:对企业的产品和服务是否满意?如果满意,达到了什么程度?对哪些方面感到满意,对哪些方面感到不满意?对改进产品和服务有什么建议?这些测试结果将为企业提升客户满意度提供参考。

6.3.2 客户满意度指标体系

瑞典早在1989年就率先建立了国家层次上的客户满意度测评指标体系,美国、德国、英国、日本等国家相继建立了具有本国特色的国家客户满意度测评体系,以此作为衡量经济增长质量的客观经济指标。我国于2005年出台《商业服务业顾客满意度测评规范(草案)》,并于2007年正式颁布《商业服务业顾客满意度测评规范》(SB/T 10409-2007)及相关行业标准(如SB/T 10425-2007等)。一般情况下,批发和零售业、住宿和餐饮业及居民服务和其他服务业开展的客户满意度测评,参照《商业服务业顾客满意度测评规范》进行。商业服务业客户满意度测评指标体系核心内容(一级指标)即为客户满意度指数。二级指标包括8个指标,用于测量客户在接受特定服务前后的有关感受,其中客户满意度的原因指标有5个,结果指标有3个。三级指标共29个,如表6.1所示。

表 6.1　商业服务业客户满意度三级测量指标

一级指标	二级指标	三级指标
客户满意度指数	原因指标 企业/品牌形象	企业/品牌总体形象、企业/品牌知名度、企业/品牌特征显著度
	客户预期	总体质量预期、可靠性预期、个性化预期
	产品质量感知	总体产品质量感知、产品质量可靠性感知、产品功能适用性感知、产品款式感知
	服务质量感知	总体服务质量感知、有形性质量感知、可靠性质量感知、保证性质量感知、响应性质量感知、关怀性质量感知
	价值感知	给定质量下对价格的评价、给定价格下对质量的评价、与同层次竞争对手相比之下对价格的评价
	结果指标 客户满意度	总体满意度、实际感受同预期服务水平相比下的满意度、实际感受同理想服务水平相比下的满意度、实际感受与同层次竞争对手相比下的满意度
	客户抱怨	客户抱怨与否、客户投诉与否、投诉处理满意度
	客户忠诚度	接受服务的可能性、向他人推荐的可能性、价格变动忍耐性

建立客户满意度测评指标体系的目的是了解客户的期望和要求，了解客户关注的焦点问题，同时有效测评客户的满意度。在建立过程中必须以客户为中心，选择可测量的指标，突出与竞争对手的比较并迎合市场的变化。

6.4　客户满意度的监测方法

ISO 9001（2015 版）明确指出组织应对客户满意度进行监测，应该确定获取、监测和评价客户满意度的方法。企业收集客户意见、了解客户满意度的方法主要有四种：客户投诉与建议处理系统、客户满意度调查、神秘客户法和客户流失分析。

6.4.1　客户投诉与建议处理系统

以客户为中心的企业应当为客户投诉和提出建议提供方便，如海尔、华为、京东等，都开设有客户服务专线电话，为客户投诉、提建议、发牢骚敞开了大门。再如，许多饭店和旅馆都备有不同的表格，请客人诉说他们的喜好和不满。医院在走道上设置建议箱，为住院病人提供意见卡。这些信息为企业带来了大量的创意，使企业能更快地采取行动，解决问题，如 3M 公司声称它的产品改进方案有 2/3 来自客户的意见。更重要的，客户投诉与建议处理系统能及时处理客户不满，弥补企业的失误，提高客户满意度。在互联网时代，论坛、博客、微博等社交类应用大量涌现，每一个消费者都有了话语权，企业要紧跟形势，建立多种渠道及时发现和处理客户的意见和建议，真诚地与客户沟通，使客户投诉与建议处理系统成为企业消除客户不满情绪、提高客户满意度、收集客户信息、提炼创意的重要渠道。

◎ 阅读材料

搜狗官方微博处理客户抱怨、提升客户满意度

某用户在使用笔记本电脑时突然出现蓝屏，该用户只是一位普通的电脑使用者，遇此情形以为是电脑中毒或被木马入侵，于是以安全模式进入 Windows Vista 系统，启动杀毒软件、安全卫士，同时又卸载了一些程序，但是蓝屏问题依然没有解决。

该用户认真研读蓝屏时屏幕上显示的内容，提示可能是搜狗浏览器驱动文件出错，该用户卸载该程序后，蓝屏现象消失。电脑正常工作了几个月后，某天再次出现蓝屏，该用户于是根据上次的经验，卸载了电脑中的另一个搜狗产品——搜狗输入法，蓝屏问题再次得到解决。

这连续的两次蓝屏事件使这位用户对搜狗产品感到非常失望，于是发了几条有关的微博，宣泄自己的不满。令这位用户感到非常意外的是，搜狗官方微博迅速与他取得了联系，向其了解情况，并安排技术人员通过微博私信和 QQ 与该用户进行沟通。技术人员向该用户索要了蓝屏文件，及时就蓝屏问题向用户道歉，建议该用户到官方网站进行相关产品的下载，承诺不会再出现此类问题，并提出用户有任何问题都可以向其申请帮助。原本一肚子气的用户在搜狗及时、认真、负责地处理此事后，怒气很快平息，并按技术人员提供的链接地址重新下载和安装了相关产品。

6.4.2 客户满意度调查

正如前面所述，多数客户产生不满时，会默默转向其他企业，因此，仅仅依靠投诉与建议处理系统，企业是无法全面了解客户满意度的。一项在新加坡商场中所做的调查表明，当客户对劣质服务不满意时，会有以下反应：70%的购物者将到别处购买；39%的人认为去投诉太麻烦；24%的人会告诉其他人不要到提供劣质服务的商场购物；17%的人将会写信投诉；9%的人会因为劣质服务责备销售人员。上述结果说明并不是所有不满意的客户都会去投诉，因此，企业不能用投诉率来衡量客户满意程度，而应该开展周期性调查，获得有关客户满意度的直接衡量指标。

通过客户满意度调查，企业可实现以下目标：

(1) 测定企业过去与目前经营管理水平的变化，分析本企业与竞争对手之间的差距。

(2) 了解客户的想法，发现客户的潜在要求，明确客户的需要、需求和期望。

(3) 明确企业的期望，以达到客户满意并提高客户满意度，有利于制定新的质量或服务改进措施，以及新的经营发展战略与目标。

（4）明确为达到客户满意，企业在今后应该做什么，是否应该转变经营战略或经营方向，从而紧跟市场变化。

（5）增强企业的市场竞争能力和盈利能力。

企业可以在现有客户中抽取样本，向其发送问卷或打电话询问，以了解客户对产品、服务或企业的看法和态度等。在这些获取客户满意度信息的测试中，调查问卷或测试量表一般从以下两方面进行设计：一是首先列出所有可能影响客户满意度的因素，然后按照重要程度由最重要到最不重要排列，最后选出企业最关心的几个因素，让受访者帮助判断这些因素的重要程度；二是让受访者对选出来的那些重要因素的满意度做出评价。客户满意度测评的本质是一个定量分析的过程，即用数字去反映客户对评价对象的态度，对这类问题的测量一般采用"李克特五级量表"，该量表由一组陈述组成，每一陈述有"非常不同意""不同意""不一定""同意""非常同意"五种回答，分别记为1、2、3、4、5分，具体到客户满意度调查，就是要求客户就企业某一方面的表现进行评价，分别设计"非常不满意""较不满意""一般""比较满意""非常满意"五种选项，分别记为1、2、3、4、5分。表6.2为京东商城推出的物流服务评价表。

表6.2　京东商城物流服务评价表

评价对象	非常不满意 1	较不满意 2	一般 3	比较满意 4	非常满意 5
快递包装					
送货速度					
配送员服务					

◎ 阅读材料

浙江HL（集团）股份有限公司（HL牌衬衫）客户满意度调查问卷[①]

尊敬的客户：

您好！

HL牌衬衫是闻名于华东市场的产品，上市多年来深受广大客户的喜爱和欢迎。为了更好地服务客户，我们HL牌衬衫进行"客户满意度"调查，请您根据自己的了解和体验做出如实的评价。

浙江HL（集团）股份有限公司
2013.9

1. 请您填写下列个人情况：

性别：○男　○女

年龄：○30岁以下　○30—40岁　○41—50岁　○51—60岁　○61岁及以上

[①] 江晓东，2014. 市场调研实验的SPSS操作教程［M］. 上海：上海财经大学出版社.

文化程度：○初中　○高中　○中专　○大专　○大学及以上

职业：○国企员工　○外企员工　○民营企业员工　○公务员　○教师
○医务人员　○个体经营者　○学生　○离退休人员　○其他

个人月收入：○小于1 500元　○1 500—3 000元　○3 001—5 000元
○5 001—8 000元　○大于8 000元

2. 您认为HL品牌的知名程度是：（单选）

○很有名气　○较有名气　○一般　○没有名气　○没听说过

3. 您对HL品牌的认可程度是：（单选）

○很有好感　○较有好感　○一般　○不太有好感　○无好感

4. 您认为HL品牌和产品的特色是：（单选）

○很有特色　○有较多特色　○有一定特色　○特色不明显　○毫无特色

5. 您认为HL品牌和产品的类型或档次属于：（单选）

○时髦高档型　○略有时尚中档型　○实惠型　○价廉物美型　○低档廉价型
○普通型

6. 若将HL品牌和产品的风格拟人化，您认为它属于：（单选）

○天真的幼儿　○阳光男孩　○发育不良的少儿　○纯朴的村姑
○青春活泼的姑娘　○拘谨呆板的姑娘　○风姿绰约的贵妇　○古板保守的老太
○气质高贵的贵妇　○风华早逝的过气明星　○风华正茂的青年　○暮气沉沉的老人

7. 您对HL牌衬衫的哪些广告宣传印象较深？（最多选2项）

○电视广告　○书报广告　○户外广告　○商店橱窗广告　○服装杂志广告
○新闻报道

8. 您近两年购买HL牌衬衫的次数为：（单选）

○1次　○2—3次　○4—5次　○5次以上

9. 您喜欢在什么场所购买HL牌衬衫？（可多选）

○HL专卖店　○大型百货商场　○大卖场HL专柜　○超市HL专柜　○就近的商店

10. 除HL牌衬衫外，您和您家人还穿用过哪些其他品牌的衬衣？（可多选）

○雅戈尔　○开开　○保罗　○虎豹　○司麦脱　○名勋　○其他_____

下列部分问题的答题方法是：最差的评价分值最低，最好的评价分值最高。

11. 在穿用HL牌衬衫前，您认为它的质量是：　　　　　　1 2 3 4 5 6 7 8 9 10

12. 在穿用HL牌衬衫后，您感到它的实际质量情况是：　　1 2 3 4 5 6 7 8 9 10

13. 在穿用HL牌衬衫前，您认为它发生质量问题的可能性是：1 2 3 4 5 6 7 8 9 10

14. 在穿用HL牌衬衫后，您感到它发生质量问题的实际情况是：1 2 3 4 5 6 7 8 9 10

15. 在穿用HL牌衬衫前，您认为它的特色能满足您需求的程度是：

　　　　　　　　　　　　　　　　　　　　　　　　　　　1 2 3 4 5 6 7 8 9 10

16. 在穿用 HL 牌衬衫后，您感到它的特色能满足您需求的实际情况是：

  1 2 3 4 5 6 7 8 9 10

17. 根据 HL 牌衬衫的现行价格，您认为它的质量水平是： 1 2 3 4 5 6 7 8 9 10

18. 根据 HL 牌衬衫的产品质量，您认为它的价格是： 1 2 3 4 5 6 7 8 9 10

19. 您对 HL 牌衬衫的产品质量和服务水平的总体满意程度为： 1 2 3 4 5 6 7 8 9 10

20. 与您穿用的期望相比，您认为 HL 牌衬衫的总体满意程度为：1 2 3 4 5 6 7 8 9 10

21. 与您心目中理想的衬衫相比，您认为 HL 牌衬衫的总体质量是：

  1 2 3 4 5 6 7 8 9 10

22. 与世界级著名品牌相比，HL 品牌的综合差距是： 1 2 3 4 5 6 7 8 9 10

23. 您对 HL 牌衬衫的产品质量和服务水平是否有过抱怨？○没有抱怨 ○有抱怨

 如果有过抱怨，那么抱怨的程度为： 1 2 3 4 5 6 7 8 9 10

24. 您对 HL 牌衬衫的产品质量和服务水平是否有过投诉？○没有投诉 ○有过投诉

 如果有过投诉，您对公司处理投诉的过程和结果的满意程度为： 1 2 3 4 5 6 7 8 9 10

25. 如果有过抱怨或投诉，主要的原因是：（可多选）

 ○产品质量 ○款式 ○颜色 ○包装 ○价格 ○服务质量 ○其他_____

26. 您继续购买或穿 HL 牌衬衫的可能性是： 1 2 3 4 5 6 7 8 9 10

27. 您向亲戚朋友推荐 HL 牌衬衫的可能性是： 1 2 3 4 5 6 7 8 9 10

28. 您如果想再购买 HL 牌衬衫，但当它的价格上涨多少时，您会改变主意，购买其他品牌的衬衫呢？（1 代表 2%，2 代表 4%，3 代表 6%，以此类推）

  1 2 3 4 5 6 7 8 9 10

29. 如果您原来不想再购买 HL 牌衬衫，但当它的价格下降多少时，您会改变主意，愿意继续购买呢？（1 代表 2%，2 代表 4%，3 代表 6%，以此类推） 1 2 3 4 5 6 7 8 9 10

30. 您对浙江 HL 集团（股份）有限公司新品种开发的满意程度是：

  1 2 3 4 5 6 7 8 9 10

31. 您对 HL 牌衬衫包装的满意程度为： 1 2 3 4 5 6 7 8 9 10

32. 您对 HL 牌衬衫颜色的满意程度为： 1 2 3 4 5 6 7 8 9 10

33. 您认为 HL 牌衬衫的优势是什么？（最多选 2 项）

 ○产品质量好 ○穿着合体 ○做工精良 ○型号齐全 ○用料讲究 ○款式新颖

 ○品牌知名 ○价格合理 ○广告宣传好 ○包装好 ○服务质量好

34. 据您了解，HL 牌衬衫存在的主要质量问题是什么？（可多选）

 ○尺寸不准确 ○缝线开裂 ○纽扣易掉 ○面料有瑕疵 ○洗后易皱

 ○款式单调 ○做工粗糙 ○穿着不合体 ○其他_____

35. 促使您选择购买 HL 品牌而不是其他品牌衬衫的第一因素是：（单选）

 ○品牌 ○产品质量 ○款式 ○价格 ○服务质量

 ○他人推荐 ○广告宣传 ○其他_____

36. 您或者您的家人今后购买 HL 牌衬衫数量的趋势是：（单选）
○上升　○持平　○下降
37. 您是否听过"海螺不吹亦是歌，绿叶无语一片情"这句话？
○是　○否
38. 您对 HL 品牌的建议（自由问答）：_____
您的电话（用于可能的回访，谢谢配合）：_____
访问时间：_____　地点：_____　访问员：_____

6.4.3 神秘客户法

"神秘客户法"最早由肯德基、诺基亚、摩托罗拉、飞利浦等一批跨国公司为管理连锁分部而采用。他们专门雇用、培训一批人，让他们伴装客户、秘密潜入店内进行检查评分。这些伴装购物者还会故意找些麻烦以考察企业的销售人员能否将事情处理好。有的企业不仅雇用伴装购物者，而且管理者本人也会时不时地离开办公室，到企业和竞争对手那里购物，亲自体验被当作客户的经历。由于这些"神秘客户"来无影、去无踪，而且没有时间规律，这就使连锁店的经理、雇员时时感受到某种压力，丝毫不敢懈怠，从而提高了员工的责任心和服务质量。对于管理者来说，还有一种不同寻常的方法是：以客户的身份向自己的企业打电话提出各种问题和抱怨，看看企业职员是如何处理这些问题的。

"神秘客户"这种暗访方式之所以能为企业的管理者所采用，是因为"神秘客户"在购买商品和消费服务时，观察到的是服务人员无意识的表现。从心理学和行为学角度来看，人在无意识时的表现是最真实的。"神秘客户"是从客户的角度看待问题，她在消费的同时，也和其他消费者一样，对商品和服务进行评价，对发现的问题与其他消费者有同样的感受。根据上述服务质量的特性，"神秘客户"弥补了内部管理过程中的一些不足。一个好的"神秘客户"有如竖在企业客户面前的镜子，使企业的管理者不至于"不识庐山真面目，只缘身在此山中"，从而不断地从客户的反馈中提升自身的服务素质。

◎ 阅读材料

麦当劳的神秘客户访问制度

在国内，麦当劳是最先采用神秘客户法进行调查的企业之一，其目的是监督和提升餐厅的服务质量，遵循"服务至上"的原则，最终使餐厅达到最佳盈利状态。为了让神秘客户的调查结果更为直观地呈现给管理人员，一般会为神秘客户提供调查表。调查表的内容大致可分为三个部分，即一般资料的填写、餐厅卫生环境的考察、服务人员服务质量的考察。

（一）一般资料的填写

在调查表的开头部分，标题"麦当劳神秘客户调查表"的下方，要填写调查的一般资料。包括：①暗访员的姓名；②调查的时间段；③该段时间餐厅的入座情况；④店内服务人员的数量；⑤观察所用的时间；⑥调查店面的全名。

（二）餐厅卫生环境的考察

这一部分的内容可包括：

①门口一米外是否有垃圾？　　　　　　　　　　　　　　　　　　　　是／否

②出入口的门的推拉是否顺畅？　　　　　　　　　　　　　　　　　　是／否

③挂在墙上的招牌是否残旧或有污渍？　　　　　　　　　　　　　　　是／否

④玻璃窗上的海报是否张贴整齐且为最新的海报广告？　　　　　　　　是／否

⑤厨房的出口外是否堆满了纸盒？　　　　　　　　　　　　　　　　　是／否

⑥地板是否干净且不残旧？　　　　　　　　　　　　　　　　　　　　是／否

⑦写出对餐厅环境的总体评价和建议（不少于200字）。

（三）服务人员服务质量的考察

这一部分的内容可包括：

①在你进入餐厅时，服务人员是否即时对你说出欢迎语（如欢迎光临）？　是／否

②如果你是第一位客人，服务人员是否立刻向你举手示意并注视着你？　是／否

③服务人员的仪表是否整洁？　　　　　　　　　　　　　　　　　　　是／否

④服务人员的工作牌是否清晰？　　　　　　　　　　　　　　　　　　是／否

⑤服务人员是否能根据你的指示完成点餐的程序？　　　　　　　　　　是／否

⑥在点餐的过程中，服务人员是否专心完成其工作？　　　　　　　　　是／否

⑦服务人员是否向你推介公司的新产品？　　　　　　　　　　　　　　是／否

⑧在点餐的过程中，服务人员是否一直向你保持微笑以及眼神接触？　　是／否

⑨服务人员在完成点餐后是否再次确认食品是否齐全？　　　　　　　　是／否

⑩写出对服务人员的总体评价和建议（不少于200字）。

6.4.4　客户流失分析

客户流失的原因，通常表现在以下几个方面：

（1）人员流动导致客户流失。这是客户流失的重要原因之一，特别是公司的高级营销管理人员的离职变动，很容易导致客户的流失。营销人员的离职率多年居高不下，在他们离职的背后，往往伴随着客户的大量流失。

（2）竞争对手夺走客户。客户，尤其是优质客户，是各家企业争夺的对象。任何一个品牌或者产品都有软肋，若被竞争对手抓住机会，则可能丧失客户资源。

（3）市场波动导致客户流失。任何企业在发展中都会遭遇震荡，比如高层不和、资金紧张、意外事故、危机事件等，都会导致市场出现波动，这时候，有些嗅觉灵敏的客户就可能倒戈。

（4）服务细节的疏忽导致客户不满。例如，由于企业服务不到位，大客户感觉没有受

到足够的重视，从而放弃合作。

（5）诚信问题使客户失去安全感。企业向客户随意承诺条件，结果无法兑现，或者返利、奖励等不能及时兑付给客户，令客户担心企业的诚信而选择离开。

（6）苛刻的市场政策令客户不堪重负。"店大欺客"是营销中的普遍现象，一些大品牌对供应商、经销商等提出苛刻的条件，导致合作伙伴不堪重负而离去。

（7）价格无法达成一致。客户认为企业提供的价格偏高，这是导致客户流失的重要原因之一。

（8）产品无法满足客户的需求。企业如果不能把握客户的需求，无法坚持创新和持续为客户创造价值，就会被市场抛弃。

（9）客户自身的原因。如客户经营不善导致破产，客户调整发展战略导致与企业的关联业务缩减甚至被砍，客户偏好发生转移等。

上述原因中，企业自身产品的质量、价格、服务等问题是导致客户不满的主要原因，对客户流失的影响程度也最高。企业应通过客户流失分析找到某时间段内客户流失的具体原因，然后提出针对性的对策，改善客户流失问题。

客户满意度的调查过程就是搜集信息的过程。一般来说，获取信息的渠道有正式和非正式两种，正式信息渠道主要是公开、程序化的渠道，如客户投诉系统、客户满意度问卷调查即属此类；非正式信息渠道是非公开的、隐蔽的渠道，如神秘客户法。正式信息渠道的优点是程序化，缺点是耗时较长，另外由于面子、情感等因素的作用，客户即使有不满也不愿表达。非正式信息渠道的优点是快速，能得到来自客户的最隐秘的信息，缺点是非程序化，存在将个别客户意见普遍化的倾向。企业要灵活运用这两条渠道，以非正式信息渠道弥补正式信息渠道的不足。

6.5 客户抱怨管理

6.5.1 客户抱怨的内涵

客户抱怨是一个复杂的心理和行为过程，是客户对企业的产品和服务等感到不满时的一种反应。客户抱怨又称为客户投诉，可分为隐性和显性两种。例如，不满意客户默默转投他处就是一种隐性投诉，通过呼叫中心抱怨服务人员的无礼态度就是一种显性投诉。任何企业皆有失误之处，很难让每一位客户都满意，再优秀的企业也难免有不满意的客户存在，因而会有不满意的客户投诉。很多企业不愿听到客户的不满和抱怨，尽量避免任何消极的反馈，以为没有客户的投诉，就万事大吉。其实客户的不满及抱怨并不可怕，关键是如何正确看待、管理客户的不满及抱怨，并从客户抱怨中挖掘出对企业的价值，如及时发现并修正产品和服务中的失误，化客户的不满为满意甚至忠诚；从客户抱怨和投诉中发现新的商机，从而使企业避免流失客户、再次获得客户。

> **课堂实训**
>
> 客户不满时，有的会选择打投诉电话，更多的则是直接放弃该品牌，请分析：
> （1）为什么有的客户会选择显性投诉，有的客户会选择隐性投诉？
> （2）客户投诉会对企业产生什么影响？
> （3）企业应如何看待客户投诉？

6.5.2 客户抱怨处理原则

一般而言，企业在处理客户抱怨时应遵循以下原则：

（1）重视客户抱怨。有的企业在遇到客户投诉或抱怨时，负责处理抱怨的人员并不能从客户的角度理解他们的诉求，他们不重视客户反映的问题，甚至敷衍客户，希望蒙混过关。这种处理方式虽然表面上将客户"应付"过去了，但多数情况下导致的结果是使显性投诉演化成了隐性投诉。在社会化媒体风行的今天，还可能会引发舆论危机，给企业造成巨大的声誉损失。企业相关人员处置客户抱怨失当，根本的原因是企业只看到了客户投诉的负面影响，而没有意识到其中可能蕴含的价值，或是未将正确的客户抱怨认识传达给员工，未设定规范的客户抱怨处理流程。

（2）分析客户抱怨的原因和诉求。只有了解客户抱怨的原因和具体的诉求，在制订解决方案时才会找到正确的切入点。客户抱怨的原因通常与产品质量、服务态度、服务水平等因素相关，有时会同时涉及多个方面。比如，一个客户在某商场购物，他对购买的产品基本满意，只有一点小问题，提出来替换产品，可是售货员不太礼貌地拒绝了他，于是他开始抱怨，投诉产品质量问题。在这件事情中，他的抱怨虽由产品质量引起，但导致矛盾激化的因素却是售货员的服务态度。了解了客户抱怨的原因，还需要弄清楚客户的具体诉求是什么，这些诉求是否合法合规，是否符合交易时的约定。

（3）及时帮助客户解决问题。对于客户的抱怨应该及时处理，拖延时间只会使客户的抱怨变得越来越强烈，使客户感到自己没有受到足够的重视。客户的诉求如果是符合规定的，就不应该推诿，也不应人为制造障碍。客户抱怨的问题即使并非企业的责任，在企业条件允许的情况下，也应该积极帮助客户应对。例如，客户抱怨产品质量不好，企业通过调查，发现主要原因在于客户的使用方法不当，此时，企业应注意沟通技巧，避免引起客户心理不适，并及时告诉客户正确的使用方法，而不能简单地认为此事与企业无关，就不予理睬。因为即使企业产品确实没有质量问题，但消极应对的态度可能会引发客户新的抱怨。

（4）记录客户抱怨与解决的情况。前来抱怨或投诉的客户，一般会因为对产品质量或服务态度不满而情绪波动。企业及时记录客户的抱怨内容，有助于客户在倾诉的过程中，梳理事情发展过程，逐渐平息情绪，同时也便于企业了解和核实经过，确定合适的解决方案，有利于企业总结和分析客户投诉的问题，判断这些问题的严重性和改进的可行性。

（5）追踪调查客户对于抱怨处理的态度。处理完客户抱怨后，企业应与客户积极进行沟通，了解客户的态度和看法，这种追踪调查能够帮助企业掌握抱怨处理效果的相关信息，找到最合适的处理各类问题的方法，提升客户抱怨管理水平；同时还能表达企业对客户的重视，有利于增强客户信任与客户忠诚。

课堂实训

针对以下情景，如果你负责处理客户抱怨，你会如何处理？并说明理由。

有一个客户购买了一部手机。大概过了 7 个月，客户找来，说坏了，屏幕没有显示。拿到维修部门，维修部门发现是电池漏液导致电路板腐蚀，只能更换电路板。但是更换电路板需要返回厂家，可是恰恰这款产品厂家已经停产了。于是客户要求索赔，退钱。

这个企业的工作人员说："我们给你调换一个，你可以选另外一款同等价格的手机。"客户说："不行，一定要退钱。"

后来发现，电池漏液造成电路板腐蚀不完全是这个客户的原因，和产品有一定的关系。

经理没有答应客户退钱的诉求，没想到这个客户特别难缠，天天闲着没事，就每天跑到企业闹，影响企业的正常工作。

企业没办法了，就跟客户签了一个保密协议：客户可以退货，但不能把处理结果告诉其他客户。

6.5.3 客户抱怨处理流程

客户抱怨的处理一般可以分为三个阶段：

第一阶段：关系解冻阶段。即按照"先处理心情、再处理事情"的方式舒缓双方的紧张关系，平息客户的激动情绪。具体做法包括：①向客户致歉。在客户投诉的第一时间，尽管事情尚无定论，企业仍须对客户在消费过程中产生的不悦而道歉。②让客户远离"抱怨源"。无论客户抱怨的是企业的有形产品还是服务人员，都应让其暂时离开与回避。③认真倾听和认同客户感受。大部分情况下，抱怨的客户需要耐心、忠实的听众来宣泄自己的情绪，喋喋不休的解释只会令客户更加不满。面对客户的抱怨，应保持专注，积极地运用非语言沟通，促进对客户的了解。比如，用眼神关注客户，使他感受到被重视；在客户讲述的过程中，不时点头，鼓励客户表达自己的真实想法，让客户感到自己得到了理解和支持。从客户倾诉的信息中找出客户抱怨的真正原因和期望的结果，将其作为抱怨处理的依据。

《中华人民共和国消费者权益保护法》

第二阶段：处理问题阶段。即理性地处理客户反映的问题，针对企业提供的产品和服务的不足，根据客户的诉求，为客户提供可以接受的解决方案。可供企业选择的方案有：①退货，或为客户更换产品和服务，或提供维修服务。《中华人民共和国消费者权益保护法》第二十四条第一款规定："经营者提供的商品或者服务不符合质量要求的，消费者可以依照国家规定、当事人约定退货，或者要求经营者履行更换、修理等义务。没有国家规定和当事人约定的，消费者可以自收到商品之日起七日内退货；七日后符合法定解除合同条件的，消费者可以及时退货，不符合法定解除合同条件的，可以要求经营者履行更换、修理等义务。"②适当给予客户经济补偿。例如，网络店铺未能按约定时间发货，补偿买家无门槛购物券；向不满意的客户赠送小礼品、折扣券等。③再次致歉并承诺改进产品和服务。在双方达成和解后，企业再次表达歉意有助于维护客户关系，改进的承诺表明了企业对客户的尊重和解决问题的诚意，能够增进客户信任。

第三阶段：后期跟进阶段。①认真讨论客户反映的问题，如果是产品设计和质量影响到了客户体验，则将这些意见反馈到相关部门，为改进产品提供思路；如果是服务问题，则探讨相关管理制度是否存在缺失和不合理之处，同时要加强员工培训，提高企业的服务水平。②向客户反馈企业内部的相关处理举措，向客户表达感谢，并欢迎客户在未来继续关注企业成长，提出意见建议，使客户感受到来自企业的尊重和重视，感觉自身价值得到了体现。

通过上述处理，大部分客户关系可以得到修复，甚至有可能建立起更持久的客户忠诚。

☞ **实践观察**

如何处理客户投诉

一日，某商场的客户服务中心接到一起客户投诉。客户张女士说从商场购买的晨光牌酸牛奶中喝出了苍蝇。

投诉的内容大致是：张女士在商场购买了晨光牌酸牛奶之后，马上去了附近的一家餐馆吃饭。吃完饭，张女士随手拿出酸牛奶让儿子喝，自己则在一旁跟朋友聊天。突然孩子大叫："妈妈，这里面有苍蝇。"张女士望过去，发现酸奶盒已经被孩子用手撕开了，而盒子里有一只苍蝇。张女士当即火冒三丈，带着小孩来商场投诉。

负责处理此事的是一位值班经理，值班经理对张女士说："既然有问题，那就带小孩去医院检查，有什么问题我们负责！"客户听到后，更是火上浇油，大声喊："你负责？好，现在我让你去吃10只苍蝇，我带你去医院检查，我来负责好不好？"边说边在商场里大喊大叫，并口口声声说要去消费者协会投诉，引来了许多客户的围观。

思考：如果你是客户服务中心处理客户投诉的负责人，你会如何应对呢？

6.6 客户满意度的影响因素

6.6.1 客户满意度的卡诺模型

影响客户满意度的因素有很多,其中卡诺模型可以对客户满意度的影响因素做出合理的解释。卡诺模型是由日本的卡诺博士(Noriaki Kano)提出的,卡诺将客户需求分为基本型、期望型和兴奋型三类,这三类需求分别对应绩效指标中的基本因素、绩效因素和激励因素,会对客户满意度产生不同的影响。

1. 基本型需求

基本型需求是客户认为在产品和服务中应当具备的功能。当产品和服务完全满足了客户的这些基本需求时,客户不会感到特别满意,因为他们认为这是产品和服务应有的基本功能;但是,如果产品和服务没有满足这些基本需求,客户就会感到非常不满。例如,消费者认为手机应满足以下基本需求:语音通话质量良好、信号覆盖广、操作系统兼容、待机时间长、运行速度快等。如果手机具备这些功能,用户满意度不会提高,因为客户认为这些功能是必须要有的,而一旦其中的某些功能手机并不具备或表现不佳,客户就会感到很不满意,甚至放弃品牌。

2. 期望型需求

期望型需求是指这些功能并非产品必须具备,这些服务内容并非企业必须提供的,但客户却对产品的这些功能或服务内容抱有期待。此类需求若得到满足,客户满意度会显著提高;若得不到满足,客户就会感到不满。例如,用户期望智能手机应提供网页浏览、文档功能、手写输入、多点触摸、多媒体播放、拍照、GPS导航等功能。这些功能实现得越充分,客户满意度往往就越高。

3. 兴奋型需求

兴奋型需求是指产品和服务具备客户意想不到的功能,超越了客户的期望,给客户带来了惊喜。如果产品和服务满足了客户的兴奋型需求,客户会相当满意,忠诚度得以提升;如果没有提供此类功能,客户也不会不满。例如,三星曲面屏智能手机的侧面可以根据不同的联系人显示不同的颜色,例如将恋人的来电或信息设为粉色,将老板的来电或信息设为黑色。这一功能给用户带来了极好的体验,超越了用户的预期,客户满意度自然显著提升。

卡诺模型是一个典型的定性分析模型,通过此模型可以帮助企业了解不同层次的客户需求,识别对客户满意度至关重要的因素。

6.6.2 影响客户满意度的因素

根据科特勒给出的定义,客户满意度是客户期望和客户感知效果比较的结果。客户期望属于客户心理范畴,感知效果则既取决于企业提供的产品和服务,又取决于客户的感知水平,还取决于当时双方关系的情景。因此,分析客户满意度的影响因素可以从客户期望与企业表现两个角度去进行。

1. 客户期望

客户期望是客户在购买产品和服务之前对产品和服务的价值、品质、价格等方面的主观认识或预期。客户获得这些信息的渠道包括客户以往的消费经历、他人的介绍、企业的宣传等。

(1) 客户以往的消费经历。客户在购买某种产品和服务之前往往会结合他以往的消费经历,对即将要购买的产品和服务产生一个心理期望值。如客户过去吃一份快餐要 10 元,那么他下次去吃快餐可以接受的价格就在 10 元左右。如果同样的快餐价格高出 10 元很多,就会导致客户不满;如果价格比 10 元优惠,则会给客户带来愉悦感。

(2) 他人的介绍。根据从众心理理论,当人们缺乏进行某项活动的知识、必须从其他途径来获得行为引导时,会将他人作为行动的参照。因此,我们在网上购物时会关注商品的购买数量和已购买者的评论,如果买家数量很多,并且评论大多为正面时,就会对该商家的产品和服务产生较高的期望;反之,若购买量小,或有一定数量的负面评论,就会对该商家产生不好的印象,降低购买欲望。

(3) 企业的宣传。企业的宣传主要包括广告、产品的外包装说明、员工的介绍等。客户会根据企业的宣传在心中对企业的产品和服务产生一个期望值。例如,药品的广告宣称服用三天见效,那么药品的服用者也就期望三天见效;如果广告宣称是服用三周见效,那么药品的服用者也就期望三周见效。肆意夸大自己的产品和服务,会让客户产生过高的期望值,适当的宣传则会使客户期望趋于理性。

2. 企业表现

企业表现主要分为五个方面:

(1) 产品因素。产品因素包含四个层次的内容:①产品的比较优势。如果与竞争对手同类产品在功能、质量、价格等方面相比有明显的优势,则容易获得客户满意。②产品的消费属性。客户对高价值的耐用消费品要求很高,一旦客户满意,客户忠诚度将会很高。客户对价格低廉、一次性使用的产品要求较低。③产品的服务属性。由于服务标准极具个性化,因此当产品中包含的服务成分较多时,获取客户满意的难度较大。对于不含服务的纯产品则只要达到了一定的标准,客户就容易满意。④产品的外观因素。例如,如果产品的包装、款式等设计方便客户使用并能体现其地位,就会令客户满意。

(2) 服务体系。这个层次包括外围的和支持性的服务,这些服务有助于核心产品的提供。如运输和记账系统、定价政策、实用性和便利性、服务时间、信息沟通、储存系统、维修和技术支持、求助热线等。

(3) 沟通能力。企业与客户的良好沟通是提高客户满意度的重要因素。企业与客户的沟通包括售前咨询、售中交流和售后沟通三个阶段。能反映企业沟通能力的指标有:员工的服务态度、服务技能、服务速度、沟通渠道的通畅性等。

（4）情感因素。客户对企业的情感是通过企业与客户不断地沟通建立起来的。企业在处理客户抱怨时真诚的态度、在服务细节上令客户感受到的温暖等都能强化客户对企业的信赖。如果客户没有与企业建立情感，就没有形成真正的客户关系。

（5）品牌形象。企业是产品与服务的提供者，其规模、效益、形象、品牌和公众舆论等内部或外部表现的东西都会影响消费者的判断。如果企业给消费者的形象是很恶劣的，很难想象消费者会考虑选择其产品。

6.6.3 提高客户满意度的途径

影响客户满意度的因素有客户的期望值和客户感知价值，客户感知价值又取决于客户感知所得与客户感知所失的差值大小。因此，提高客户满意度的基本逻辑应该是：管理客户期望，增加客户感知价值。

管理客户期望应考虑：提高期望值有利于吸引客户购买；期望值定得太低，客户满意度高，但销售量小；期望值定得太高，客户满意度低，客户重复购买得少。增加客户感知价值的途径有三个：①增加客户感知所得；②减少客户感知所失；③在增加客户感知所得的同时，减少客户感知所失。

其实影响客户感知价值的因素有很多，但这些因素对企业客户满意度的影响大小取决于其重要程度，因此分析提高客户满意度的途径时应考虑满意度—重要性矩阵。也就是在满意度调查收集的信息中，考虑两个维度：一是产品/服务的各主要因素对客户的重要程度；二是客户对各主要因素的满意度评价。这两个维度构成满意度—重要性矩阵，如图6.2所示。

图 6.2 满意度—重要性矩阵

（1）急需改进因素。如果客户对急需改进的因素期望过高，而企业在这些方面的表现比较差，一旦问题得不到解决，就会导致客户的流失。这些因素是企业提高客户满意度的切入点，必须重点改进。

（2）竞争优势因素。客户对优势因素的期望较高，而企业在这些方面的表现也非常好，企业要继续保持并发展这些优势因素。

（3）次要改进因素。不占优势地位的因素，是目前客户和企业都忽略的区域，客户期望较低，企业在这些方面的表现比较差，但是它可以挖掘出提升客户满意度的机会点。

（4）锦上添花因素。这些因素对整体客户满意度的影响程度较低，企业在这些方面的表现也比较好，但它对企业的实际意义不大，不需要花太大的精力，只要维持现状就可以了。

◎ 补充阅读

客户说好才是真的好，格力空调再夺客户满意度第一

中国质量协会和全国用户委员会发布2015年空调产品满意度测评，格力空调以84.4分的成绩获空调品牌客户满意度最高分，这标志着格力空调已连续五年蝉联客户满意度第一。在"客户满意度""忠诚度""整体品牌形象""行业感知质量"这几项指标的测评中，格力空调在国内外12个品牌里稳居第一。

据了解，此次调查由中国质量协会卓越用户满意度测评中心实施，旨在持续了解空调行业主要产品的满意度水平，给广大用户提供消费依据，也为空调企业提供产品和服务质量参考信息。该调查指标涵盖品牌形象、感知质量、感知价值、满意度、抱怨和忠诚度，具体包括产品质量、服务质量、故障率、故障解决率等方面。

那么，格力空调是如何夺得客户满意度第一的呢？

（一）严把质量关，不断进行技术创新

客户满意度连续五年蝉联行业第一，这是消费者和市场对格力空调最有力的认可，也是格力空调在核心领域深耕细作所取得的累累硕果。有"技术控"之称的格力空调，在科研投入上坚持"按需分配，不设上限"的原则，目前已有了扎实的技术积累，成功研发了光伏直驱变频离心机、磁悬浮离心机、永磁同步直变频离心机等12项国际领先的技术。此外，格力空调还三次荣获科技领域的至高荣誉——国家科学技术进步奖，格力空调的科技实力可见一斑。在2016年2月16日广东省委、省政府召开的全省创新驱动发展大会上，格力空调再获殊荣：其研发的"双级高效永磁同步变频离心式冷水机组"获得广东省科学技术进步一等奖。种种荣誉纷至沓来，格力空调用自身的强劲实力展示了"核心科技"，也掷地有声地诠释了"中国制造"的创新形象。

在此次客户满意度调查中，产品质量和故障率是其中的关键指标。格力空调能以较大的优势居行业第一位，其过硬的产品质量发挥了相当大的作用。格力空调推行以"严、实、新"为核心的质量文化，贯彻"没有售后服务的服务是最好的服务"的理念。在这种高质量意识和严质量管理下，格力空调的产品质量可靠性稳步提升，产品售后故障率连续十年降幅20%以上。

（二）围绕客户需求，不断完善售后服务

在售后服务上，格力空调也是举措不断。2005年，格力空调打破空调行业"整机一

年保修，主要零部件三年保修"的国家标准，推出"整机六年免费保修"，同行纷纷宣布跟进。2011年3月，格力空调再开行业先河，推出"变频空调一年免费包换"政策。2012年3月，格力空调宣布自2012年1月1日起，格力变频空调实施"两年免费包换"，免费包换从1年升级到2年。此举不仅体现了格力空调对消费者的责任心，而且凸显了其在产品质量和售后服务领域的实力。有业内人士表示，格力空调提出售后"零服务"，折射出对其产品的充分自信，表明格力空调的产品质量已经达到完美境界。

对于企业来说，客户的认可无疑是对其最好的褒奖，直观体现了企业过硬的产品品质及优质的品牌形象。作为中国空调市场的领军企业，格力空调凭借着自主创新的核心科技，正在以其优质的服务、良好的品牌及毋庸置疑的口碑，积极推动"中国制造"向"中国创造"转变，成为全球制冷行业的一面领航旗。

资料来源：徐胡乡. 格力空调客户满意度再获第一［N］. 武汉晨报. 2016-02-26.

➡ 本章小结

客户满意对于企业发展具有十分重要的意义。客户满意度取决于客户的实际体验与预期之间的差距，只有超越预期的体验才有可能赢得客户的高度满意，高度满意的客户才有可能成为企业的忠诚客户。在ISO 9001（2015版）中明确指出企业应该监测客户满意度。客户投诉与建议处理系统是了解客户满意度的有效途径，但由于大多数不满意客户会选择"隐性投诉"，即不会明示自己的不满，而是直接放弃该品牌或选择其他品牌，因此，投诉系统所获取的客户态度方面的信息只是"冰山一角"，企业想了解客户态度的全貌就得主动开展客户满意度的调查。上述两种方式都是从客户端掌握客户是否满意的情况，而客户是否满意与企业服务质量的好坏是息息相关的，因此，还需要客观评价企业端的服务，神秘客户调查正是一种以"暗访"形式对企业的服务情况进行的直接观察。此外，客户流失分析能够帮助企业全面深入地了解那些客户不满的原因，为改进产品和服务提供方向。客户抱怨又可称为客户投诉，是不满意客户表达诉求的一种方式。企业应正确看待客户投诉，尽量将客户投诉转变为赢回客户和重建品牌形象的机会。在处理客户投诉时，企业需要运用一定的策略与技巧。从客户满意的基本概念出发，我们认为客户满意取决于客户的预期和企业的实际表现，因此客户满意度的提高需要合理控制客户期望，同时努力提升企业的产品质量和服务水平。满意度—重要性矩阵同时考查了客户对影响满意度因素重要性的评价和企业在这些因素上的表现，确定了急需改进因素、竞争优势因素、次要改进因素和锦上添花因素四类主要因素，为客户满意度管理提供了方向。

➡ 思考题

1. 什么是客户满意和客户满意度？
2. 结合某家具体的企业谈谈可用于衡量客户满意度的标准有哪些。
3. 为某一电子商务网站设计一份客户满意度调查的问卷。
4. 结合某一具体的电子商务网站谈谈影响该网站客户满意度的因素有哪些。

实训项目　客户投诉角色扮演

实训目的
（1）帮助学生熟悉客户投诉的处理流程；
（2）训练学生的语言表达能力、应变能力和解决实际问题的能力。

背景材料
以下是三种"客户投诉"的背景材料，请结合所学思考：在面对客户投诉时应怎样处理？

情景一
张原是一位大学教授，享有较高的社会声誉并且有较好的涵养，不会轻易动怒。但他是一个完美主义者，无论什么事情总是要求尽善尽美。

张教授购买了某公司员工方晓推销的产品。该推销员在推销时许诺：您在使用产品之后，会减少疲倦的感觉，睡眠质量也会提高，否则给您退货。可是在使用之后张教授觉得没有产生推销员介绍的效果。于是找到该推销员，但推销员矢口否认当时做出了此种承诺。现在张教授决定到总公司投诉该员工。

情景二
王美是一位家庭主妇，茶余饭后经常和邻居老太太评价商场的产品。一天她和好友到商场购物。在购买商品的过程中，和服务员发生了争执，她认为服务员的态度极其恶劣，让人无法忍受。一气之下就冲到商场经理办公室要投诉该服务员。

情景三
李四是一位资深律师，有扎实的法律功底。李律师在几天前购买了某公司员工钱立推荐的产品。但是现在该产品已经成了一堆废品，完全不能使用了。李律师很恼火，向投诉处理者提出，如果解决不好此事，他将向法院提起诉讼，并且向新闻媒体公开此事。

实训任务
1. 将学生分为三个大组——客户组、员工组、投诉处理组，分别从客户、员工以及投诉处理人三个不同角度来思考，讨论各个不同的角色在与其他角色接触时会有一些什么顾虑或担心。

2. 针对三种情景从每个组中选择三人分别饰演三个角色，分别展示三种情景下员工服务客户、员工与客户双方发生冲突、投诉处理人处理投诉的全过程，角色扮演结束后，对三种情景下客户投诉的处理情况进行讨论,总结出客户投诉处理的技巧和应注意的问题。

实训步骤

(1) 个人阅读。老师督促学生认真阅读实训材料、领会实训要求。

(2) 分组。将学生分为三个大组——客户组、员工组、投诉处理组。各组分别讨论客户、员工以及投诉处理人的心理,然后汇报讨论的结果。

(3) 角色分配和准备。从每个大组中分别选择三名学生,为他们分配具体的角色。新组成的情景一组、情景二组和情景三组就角色扮演过程略做沟通。其他同学则思考如何处理客户投诉。

(4) 角色扮演。三个扮演小组依次展示矛盾发生和解决的全过程。其他同学观摩做好记录。

(5) 讨论与点评。所有小组结束表演后,观摩的同学针对三个表演中投诉的处理过程进行讨论和分析。最后由老师进行点评。

第7章 客户忠诚

学习目标

(1) 掌握客户忠诚的定义、类型和意义
(2) 了解客户忠诚的评价指标
(3) 了解客户忠诚的影响因素
(4) 掌握提高客户忠诚度的策略
(5) 理解客户满意度与客户忠诚度之间的关系

案例导入

春秋航空的客户忠诚管理

春秋航空股份有限公司（以下简称"春秋航空"）是中国首批民营航空公司之一，主要从事国内、国际航空客货运输业务及航空运输业务相关的服务。与中国国航、东方航空、南方航空等大型公司的服务模式不同，春秋航空是国内客座率最高的航空公司，新冠肺炎疫情之前的客座率在90%左右，2020年受新冠肺炎疫情影响跌至80%以下，2021年有所恢复，提高到82.9%。多年以来，春秋航空主要通过以下管理举措来进行客户忠诚管理：

（一）低成本运营创造定价空间

春秋航空自成立以来，在严格确保飞行安全和服务质量的前提下，恪守低成本航空的经营模式，最大限度地利用现有资产，实现高效率的航空生产运营。公司的经营模式可概括为"两单""两高""两低"。"两单"指公司全部采用空客A320系列机型以降低维护、培训等成本，仅设置单一的经济舱位有效摊薄单位成本；"两高"指通过保持较高的客座率和较高的飞机日利用率摊薄单位固定成本，降低运营成本；"两低"指通过电商直销降低销售费用，通过提升管理水平降低管理费用。有效的成本控制为公司在不影响盈利能力的前提下实施"低票价"策略提供了有力的支持，从而实现"想飞就飞"的愿景，公司还推出各类主题特价机票的抢购活动来吸引更多的旅客需求，在竞争日趋激烈的中国民航业内实现了快速、优质增长；新冠肺炎疫情期间公司推出"想飞就飞"套票及"行李畅享卡"等创新产品,真正实现不限日期、不限航线、不限次数的"想飞就飞",帮助公司在新冠肺炎疫情期间实现经营水平的逐步恢复。春秋航空凭借价格优势吸引了大量对价格比较敏感的自费旅客以及追求高性价比的商务旅客。

(二) 自研信息系统增强客户黏性

公司拥有国内最早独立于中国民航联网销售体系的分销、订座、结算和离港系统。春秋航空没有像传统的航空公司一样加入该系统、依靠代理销售机票,而是鼓励消费者通过春秋航空官方网站、App、微信小程序等渠道购买机票。因此,与国内其他航空公司相比,春秋航空在数字化销售渠道上占据了先机。2021年上半年,公司除包机包座业务以外的销售渠道占比中,电子商务直销占比达到97.1%。此外,公司还拥有自主研发的收益管理系统、航线网络系统、航班调配系统、机组排班系统、维修管理系统、地面管控系统和安全管理系统等,覆盖主要业务流程点,并在不断优化和完善。近年来,随着互联网和智能手机普及带来的应用移动化浪潮,公司充分利用自身信息技术优势以及航空直销平台流量优势,通过升级移动官网平台及移动终端应用,将更多航旅产品和服务线上化、移动化,并保障平台及应用的稳定性和流畅性,完善用户体验,有效增强客户黏性。由于消费者对公司网站的黏性高,网站适当地增加了营销活动频率和力度。2021年5月9日—11日,春秋航空在官网、App及微信小程序进行秒杀大促,设计了"抢特惠爆款票""抽优选好物抵扣券""领整点红包""抽绿翼金银卡好礼""囤低价机酒套餐"五种活动形式,同时针对部分热卖航线投放了特惠机票,票价低至99元起。

(三) 差异化服务满足多样化需求

春秋航空自成立以来,为满足旅客多元化需求、提升对边缘旅客的吸引力,借鉴国外低成本航空公司的经营方式,利用差异化经营模式,不断创新辅助产品及服务项目,持续改良和丰富机票产品,注重机票与辅助业务协同发展,将客舱餐饮、托运行李、选座等原本含入票价的产品和服务作为机上有偿服务供乘客选择,并推出一系列出行相关的产品和服务项目,在客户从订票、支付、登机、乘机到出行的过程中为其提供更多的自主权与便利,客户既可只选择最简单的从A地到B地的航程服务,也可以按自己的需要购买各种附加产品,每笔花费更加公平和透明,满足了不同客户的产品需求。此外,春秋航空将自身定位于一家年轻化、国际化、信息化的航空公司,策划了相亲航班、赏月航班、动漫航班、"盲盒"航班等创意产品,受到了年轻人的喜爱。

(四) 利用社会化媒体与客户互动

春秋航空逐步打造呼叫中心、微博、微信三位一体的客户服务渠道,这些社会化媒体成为春秋航空向消费者提供营销资讯和服务的平台。2010年新浪微博兴起后,春秋航空在当年9月份就注册了新浪微博官方账号,使得其新浪官方微博成为倾听旅客的声音、及时与消费者对话的重要平台。凡是关注春秋航空新浪微博的粉丝都可以收到春秋航空官方微博发送的私信,内容包含航班时间、航班信息、天气提醒等。成功预订机票的粉丝还可以在航班起飞前一天收到航班提示的微博私信，提醒航班起飞时间及其他具体信息、当地的天气状况等。截至 2022 年 5 月，春秋航空官方微博有 617 万粉丝，远高于其他航空公司。同时，公司还在日本、泰国、英国及中国香港地区 Facebook 的账号，便于与不同地区的消费者对话。2013 年，春秋航空开通企业微信公众号，并推出微信订票服务、航班动态查询及智能客服答疑服务，每天会收到近 2 000 条信息，咨询机票、产品、活动及客服等相关问题。新冠肺炎疫情期间，公司为旅客提供社群、防控政策查询、临时乘机证明等服务。截至 2021 年 6 月底，公司全网注册会员数达到 5 583 万，较上年末增长 8.4%。春秋航空移动客户端平均月度活跃用户数比 2019 年和 2020 年分别增长 42.2%和 106.6%。

（五）数据库营销精准服务客户

在全面运用社会化媒体平台的基础上，春秋航空通过逐渐增加的客户数据资源进行数据挖掘，以更好地服务和开拓客户。经长年积累，公司建立了规模庞大的会员数据库——根据会员的个人特征和消费行为特征，将每位会员纳入不同的客户群组。例如：那些多次购买商务航线机票、且购买提前期短的用户被归为商务人士。有了对客户的精准统计分析，就可以更有针对性地进行营销推广了。

春秋航空优化精准营销逻辑，利用直销流量优势，结合线上、线下资源，在各出行场景中精准定位目标用户。公司通过大数据分析以及基于对出行各环节客户需求的梳理积极拓展增值服务业务，通过细分出行市场推出行李年卡、选座年卡产品，结合机票优势，优化品牌产品服务体系。春秋航空为客户发送的短信内容，主要包括注册、激活、修改密码验证、找回密码、订票成功确认等服务性内容，目的地天气情况、旅客行李携带须知、出发前重要提示等温馨提示内容，以及重要的营销活动内容。营销推广类短信根据用户的所在地、历史消费行为等信息进行筛选，提高了数据匹配的精准性，提升了用户的满意度。春秋航空建立的邮件推广平台，可以迅速找出营销目标群，在邮件的到达率上，春秋航空与其他航空公司基本持平，但是邮件的点击率比同行要高出 20% 以上。

（六）常旅客计划

2012 年，春秋航空推出自己的常旅客计划——绿翼会员积分计划，这是中国航空史上第一个低成本航空的客户忠诚度计划。积分奖励制度是企业常用的旨在巩固客户关系、提高客户终生价值的方法，航空公司的积分制度通常采用积累里程的形式，返回率较低，兑换比例较低，且在兑换环节有诸多限制。春秋航空的绿翼会员积分的累计标准为机票价格而非里程数，绿翼会员购票最高可返还 15% 积分，采用 1:1 的积分兑换比例，1 积分 = 1 元人民币。绿翼会员购买春秋航空指定舱位机票，并实际完成搭乘，系统就会在客户搭乘航班后的 7 个工作日内自动将积分累计至其绿翼会员账户中，且积分可随时随地地兑换任意机票产品或者其他增值服务。该计划推出仅一年时间就吸引了三十多万名旅客成为会员。春秋航空还会定期邀请常旅客参加企业座谈会，了解常旅客对于产品设计及服务的建议，讨论企业决策，并针对常旅客的建议改进产品及服务，让常旅客感受到春秋航空对客户的重视。

资料来源：春秋航空. 春秋航空 2021 年半年度报告［EB/OL］. ［2022-08-11］. http://download.hexun.com/ftp/all_stockdata_2009/all/121/092/1210927162.pdf.

思考：为什么春秋航空采取的上述措施有助于建立客户忠诚？

7.1 客户忠诚的概念和类型

7.1.1 客户忠诚的概念

企业开展客户满意研究的动机是为了改善客户关系，但满意只是客户的一种感觉，即使企业知道并了解了客户对企业所提供产品和服务的满意度，也不能保证这种满意度一定会转化为最终的购买行为。理论上，客户满意度较高只能说明这种产品和服务可能具有市场潜力，对企业而言，只有了解了客户对其产品和服务的忠诚度，才能更好地挖掘潜在客户需求和增加未来销量。那么，什么是客户忠诚呢？

许多学者从不同角度对客户忠诚进行了定义。Kuehn（1962）最早对客户忠诚进行了研究，他从客户行为角度将客户忠诚定义为客户重复购买某一产品和服务的行为。Tucker（1964）认为，客户如果连续三次以上购买某一产品和服务，就符合客户忠诚行为。Day（1969）认为要准确衡量客户忠诚，必须同时对客户的行为和态度进行分析。Dick 和 Basu（1994）认为真正的客户忠诚是对重复购买的一种长期承诺，客户不仅有重复购买行为，还表现出较高的偏好，以及情感和态度上的信任和需求。很多学者认为客户忠诚具有一定的复杂性，从客户行为或客户态度任一角度都无法准确衡量客户忠诚，但可以利用两者结合的方式对客户忠诚进行定义。即客户忠诚是指客户对某企业的特定产品和服务产生了好感，形成了偏爱，进而重复购买的一种行为趋向。态度上，表现为客户对企业或企业所提供的产品和服务产生了一定的偏好；行为上，表现为客户会持续购买企业的产品和服务。

客户忠诚是客户满意效果的直接体现。客户满意仅与态度相关联，争取客户满意的目的是尝试改变客户对产品和服务的态度；而客户忠诚所表现出来的不仅仅是态度，更是实实在在的购买行为，并且是有目的的、经过思考而做出的购买行为。因此，很多实施客户中心战略的企业都把客户忠诚作为市场营销工作的重要目标之一。

7.1.2 客户忠诚的类型

根据客户对企业的态度和行为，可将客户忠诚分为态度忠诚和行为忠诚。所谓态度忠诚是指客户内心对企业及其产品和服务的积极情感，是客户对产品和服务的相当程度的依恋，而客户的行为忠诚是指客户对企业的产品和服务的重复购买。

根据态度忠诚和行为忠诚程度高低的组合，可将客户忠诚分为如图 7.1 所示的四种类型。

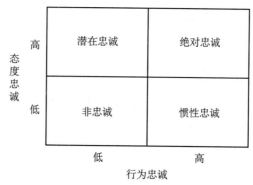

图 7.1　客户忠诚的类型

（1）低态度忠诚、低行为忠诚——非忠诚：由于许多原因，某些客户对企业的产品和服务不会产生忠诚感，这种客户难以发展成为忠诚客户，一般来说，企业要避免过于重视这样的客户。例如，有些客户基于文化背景、过往的不佳体验等对某些国家和地区的品牌带有比较严重的抵触心理，争取他们认同的难度很大。

（2）高态度忠诚、低行为忠诚——潜在忠诚：这种类型的客户对企业的产品和服务情有独钟。但是由于购买的产品属于耐用品，或者客户消费能力不足，因此他们重复购买的次数不多。但他们会帮忙做口碑宣传，将产品和服务极力推荐给亲戚、朋友和家人。例如，小熊美术是一款提供艺术类课程学习的软件，课程包种类较少，尽管每位客户购买的课程不多，但高度满意的客户会乐于担任"业余营销员"的角色，因而对企业而言极具价值。

（3）低态度忠诚、高行为忠诚——惯性忠诚：这部分客户的忠诚来自外在因素，一旦外在因素（如价格、地点等）发生变化时，他们就不再购买企业的产品和服务。惯性忠诚包括：①垄断忠诚。由于企业在该领域具有垄断地位，缺乏竞争和可替代产品，客户只能选择该企业的产品和服务。有调查显示：选择权极小或者没有选择权的客户总是感到不满意，这是因为垄断者缺少关注客户诉求和提升产品及服务品质的动力。②惰性忠诚。客户对企业并不满意，只是由于惰性习惯性地选择了企业。他们不愿意花费时间和精力去接触其他的供应商，也不愿意承受新供应商依然不尽如人意的风险。此时，若有其他有实力的企业主动向客户抛出橄榄枝，给予客户更多的优惠和承诺，这些客户会很容易流失。③激励忠诚。有的客户是低价、折扣和优惠活动的爱好者，这类客户难以真正对企业形成认同感，但如果企业能够维持价格上的优势，这些客户就会重复购买。赢取激励忠诚的客户会增加企业的经营成本、压缩企业的利润空间。④方便忠诚。主要表现为客户由于企业提供的产品和服务在空间、时间等方面的便利性而重复购买。以零售业为例，数据表明,近年小型便利店数量增长稳定,复合增速在10%左右,与之相反,那些开在城郊的大型商业综合体的经营面临很大的挑战。其中很重要的一个原因就是便利店靠近消费群体,具有极强的地理优势。

(4) 高态度忠诚、高行为忠诚——绝对忠诚:真正的忠诚既包括态度上的认同感,又包括行为上的持久性。这是一种典型的感情忠诚或品牌忠诚,这种忠诚对很多企业来说是最有经济价值的。客户对其产品和服务不仅情有独钟、重复购买,而且乐此不疲地向周围人宣传、热心地向他人推荐其产品和服务。这种客户是任何企业都喜欢的一类客户。

7.2 客户忠诚的意义

随着市场竞争的日益加剧,客户忠诚已成为影响企业长期利润的决定性因素。以客户忠诚为标志的客户份额,比以客户多少来衡量的市场份额更有意义。企业管理者应将营销管理的重点转向提高客户忠诚度,以使企业在激烈的竞争中获得关键性竞争优势。

1. 客户忠诚使企业获得更强的长期盈利能力

(1) 客户忠诚有利于企业巩固现有市场。高客户忠诚的企业对竞争对手来说意味着较高的进入壁垒,要吸引企业的客户,竞争对手就需要投入大量的资金,这种努力通常要持续一段时间,并伴有特殊的风险。这往往会令竞争对手望而却步,从而有效地保护了企业的现有市场。

(2) 客户忠诚有利于降低营销成本。企业往往只需经常关心忠诚客户的利益与需求,在售后服务等环节上做得出色就可以将他们留住。对于忠诚客户,企业在推出新业务、新产品时,一般不需要投入巨大的初始成本,同时可以节约大量的交易成本和沟通成本。此外,忠诚客户还可以带来高效的、低成本的营销效果。

2. 客户忠诚使企业获得竞争优势

(1) 客户忠诚有利于企业形成核心竞争力。在现代营销活动中,营销观念是企业战略形成的基础。客户忠诚理论倡导以客户为中心,提示企业的营销活动必须围绕这个中心进行,关注客户对企业的评价,追求客户的高度满意和高度忠诚。这种对客户忠诚的倡导会体现在企业的经营活动中,并形成企业的竞争优势。如上海三菱电梯有限公司从1998年开始引入客户满意观念,2000年末将其提升为客户忠诚。他们首先在企业内部开展内部营销活动,使内部客户满意,然后从电梯这个特殊产品出发,以客户满意为主线,从产品设计、制造、安装到维修、持续跟踪等环节落实用户各项需求;然后,从用户需求导入,实现功能展开,将满足用户需求列入公司方针目标,通过定期的用户满意度和忠诚度调查,将用户需求转化为产品质量特性,从而创造客户持续的忠诚。目前,上海三菱电梯有限公司的产量、销售额、市场占有率、利润等多项经济指标均在全国同行业中名列前茅。

（2）忠诚客户不会立即选择新服务或转向低价格产品。客户之所以忠诚于一家企业，是因为该企业能提供客户所需要的产品，且能通过优质服务为客户提供更多的附加价值。忠诚客户通常不会仅仅因为低价格的诱惑而转向新的企业。不过，当价格相差很大时，客户通常难以保持对企业的忠诚。

7.3 客户忠诚的影响因素

影响客户忠诚的因素很多，但最重要的是客户的满意、愉悦和信赖。

1. 客户满意是建立客户忠诚的基础

让客户感到满意是建立客户忠诚的基础。客户消费过程是一个客户与企业相互进行价值交换的过程，客户付出金钱、时间、精力，以期从企业那里得到他们的所需；然后，客户根据感受到的需求的满足程度形成对企业的态度——满意或者不满意。很多情况下，客户的这种态度恰恰决定了他们是否会继续选择该企业。如果客户感到不满意，他们可能就会选择其他企业，所以说客户满意是建立客户忠诚的基础。

应当强调的是，客户满意仅仅是形成客户忠诚的第一步。一些企业简单地认为：只要客户感到满意，就可以锁定他们，但事实并非如此。在当前生产力高度发达、市场竞争日益激烈的情况下，每家企业都把质量作为重中之重，同类企业的产品质量（包括服务质量）都相差不大。满足客户需求，让客户感到满意，已不再是企业追求的终极目标，而应成为企业必备的能力。现在企业要做的是，在客户满意的基础上再提升一步，建立起客户对企业的忠诚。

2. 客户愉悦是建立客户忠诚的关键

帮助客户在其消费过程中获取愉悦是建立客户忠诚的关键，或者说这是一个从客户满意到客户忠诚的"桥梁"。客户感到满意仅仅是因为产品和服务满足了他的需求，但这只是一个基础。如果要让客户对产品和服务形成深刻的印象，就要想办法让他们产生难忘的感受，而消费中的愉悦正是这样一种感受。调查表明，能够让客户感到愉悦的企业与仅仅让客户感到满意的企业相比，前者的销售额要高出后者 6 倍。

客户在消费中的这种愉悦来自不同因素的影响，整洁舒适的购物环境、飘扬在客户耳边优美的轻音乐、企业雇员热情的笑脸、企业完善的售后服务等都会给客户带来愉悦的感受。而一些确实为客户着想、甚至让客户意想不到的举措更容易让他们感到满意和愉悦。我们知道，很多男士不喜欢购物，很多情况下是迫不得已被妻子拉进商场，于是一些商场设置了男士休息室，不爱购物的男士可以在这里看电视、聊天、喝茶、读报。可以说，这一举措满足了夫妻双方的需求，自然而然就使客户产生了愉悦，这样他下次购物时自然很容易就想到这家商场。

3. 客户信赖是建立客户忠诚的终点

客户的消费过程总有一定的风险和不确定性，而面对值得信赖的企业，客户面临的这种风险和不确定性是最小的。而且，这种信赖来自客户在与企业长期合作的过程中不断产生的满意和愉悦的积累。与值得信赖的企业合作，客户总能够享受最为个性化的服务，由此产生最为极致的满意感和愉悦感。只有当客户真正产生信赖，他才会被企业锁定，成为企业忠诚的客户。

以上三个因素的关系可用图7.2表示。

图7.2 客户忠诚的影响因素

7.4 客户忠诚管理策略

忠诚客户所带来的收益是长期存在且可累积的。一家企业的忠诚客户越多，企业所获得的利益也就越多。客户对企业保持忠诚的时间越久，客户为企业创造的价值就越大。因此，现代企业不仅要使客户满意，而且要努力培养客户的忠诚度，使更多的满意客户进一步升级为忠诚客户。提高客户忠诚度通常需要在以下方面努力：

1. 聚焦目标客户

漏斗模型理论于20世纪80年代被提出，该理论认为：企业的客户就像是"漏斗"中的"流体"，在流动的过程中，客户与企业的关系发生着各种变化，有些客户会转变为重要客户，有些则会流失。几乎所有的企业都会发生客户流失。只重视新客户的开发，让更多客户流入"漏斗"，而忽略客户的维护，会让客户加速流失。正确的做法是聚焦目标客户，为他们提供符合特定需求的产品和服务，尽量降低客户流失率[①]。

---

① 蔡淑琴，喻友平，王庆国，2005. 支持客户识别与维系的销售漏斗模型研究[J]. 中国管理科学，(02)：70-75.

> 实践观察

开市客（Costco）的商业模式

Costco 成立于 1976 年，是全球首家会员制仓储批发卖场。2022 年，Costco 被美国国家零售联盟（National Retail Federation，NRF）评为全球第五大零售商。Costco 的核心商业模式为付费会员制，目前 Costco 的全球会员数量为 1.08 亿，会员续费率保持高位，其中美国和加拿大市场的平均续费率为 91%，其他国际市场为 88%。2019 年 8 月，Costco 中国大陆首家门店在上海开业，开业第一周付费会员人数超 20 万。2021 年 12 月，苏州店开业，首日会员办卡数破万，打破了 Costco 首日办卡人数的全球纪录。Costco 的商业模式具有以下特点：

（一）目标客户定位明确

Costco 定位于中高收入群体，通过付费会员制设立进入门槛，从庞大的消费群体中筛选出符合期望的目标客户群体。这类客户的特点是收入稳定、消费能力强、追求高品质的商品、工作忙碌、偏爱一站式购物、住宅面积较大且有较大的空间存放商品。Costco 的价值主张就是满足中高收入群体的高品质生活需求，其商品定位于中高档，整箱出售，配套服务齐全。

（二）利润主要来自会员费

Costco 的会员有三种：普通会员、高级会员和企业会员。其中，普通会员年费为 60 美元，高级会员年费为 120 美元（高级会员可以享受 2% 的消费返点）。目前 Costco 全球会员数量为 1.08 亿，其中高级会员数量超过 2 500 万，且高级会员数量增速高于普通会员。Costco 97% 的收入来自商品销售，但 70% 以上的利润来自会员费。

（三）围绕需求精选商品

与传统的零售超市努力扩增商品种类不同，Costco 致力于精减商品种类，其门店的库存单位（Stock Keeping Unit，SKU）仅在 3 700 个左右，而同等规模的门店的 SKU 往往在 4.5 万个以上，例如，沃尔玛卖场的平均 SKU 数量超过 10 万个。Costco 目前在线上约有 8 000～10 000 个 SKU，与之形成鲜明对比的是，沃尔玛网站上的 SKU 数量高达 7 500 万个，亚马逊电商平台的 SKU 数量则超过 3.5 亿个。Costco 这种模式的好处是，直接为消费者选出了优质的产品，解决了他们的"选择困难症"，大大缩短了人均购物时间，提高了商品周转率。

（四）低价吸引目标客户

Costco 的商品毛利率维持在 1%～14%，毛利率超过 14% 的商品须经过 CEO 和董事会的审批。针对所有外部供应商提供的货品，一旦发现在其他地方价格更低，Costco 将终止与这家供应商的合作关系。Costco 在 2020 财年的实际商品毛利率为 11.2%，费用成本率为 10.01%，当年净利润的 88% 来自会员费。这些数据从侧面反映了 Costco 在价格竞争上的优势。Costco 的价格优势得益于它的成本领先战略：Costco 一般开在城市郊区，租金较低；仓储式的布局减少了商品流转环节；较少的 SKU 增加了与供应商的议价空间，降低了库存管理难度；日常广告开支少，营销费用低等。

思考：为什么 Costco 的会员有这么高的忠诚度？

2. 提高客户满意度

客户满意与客户忠诚的关系比较复杂。许多学者研究发现客户满意是影响客户忠诚的重要因素。然而，客户满意不是客户忠诚的充分条件，满意的客户不一定就是忠诚的客户，甚至在某些情况下，不满意的客户也会产生行为忠诚，如前所述的垄断忠诚、惰性忠诚等，但这些忠诚并不可靠，当竞争环境改变时，这些态度上不满意的客户很快就会选择其他产品和服务。因此，企业追求的客户忠诚是态度和行为上统一的忠诚，而要建立客户忠诚，就必须提高客户满意度，因为高度满意的客户会比一般满意的客户有更高的忠诚度。例如，施乐公司在对客户满意度评估的过程中发现，不仅客户满意与客户再次购买意愿相关，而且完全满意的客户的复购率是一般满意客户的 6 倍。为了追求客户完全满意，施乐公司承诺：客户在购买产品 3 年内，如果有任何不满意，都可以更换产品，一切费用由公司承担。

在第 3 章客户价值和第 6 章客户满意中，我们已经了解了客户让渡价值与客户购买意向高度相关，而客户感知价值的高低主要由企业提供的产品和服务质量的好坏决定。因此，在客户期望水平一定的情况下，企业提供的产品和服务质量越好，客户获得的体验就越好，满意度就越高。由此得出，提高客户满意度的主要途径是合理控制客户期望，同时努力提升企业的产品质量和服务水平。

3. 建立客户长期信任

客户信任是客户对企业的品牌、产品和服务的认可和信赖，是企业与客户建立长期合作关系的重要基础。如果客户对企业的产品和服务没有充分的信任，合作关系就不可能长久，也就无法实现客户忠诚。客户信任可以带来较高的客户留存率，能为企业增加利润，促使满意客户成为忠诚客户，提高客户终生价值，使双方都能从长期关系中获取满意的回报。企业要建立客户信任：第一，要树立"以客户为中心"的观念，想客户之想、急客户之急、解客户之难、帮客户之需；第二，企业要持续为客户提供符合其需求的、令其满意的产品和服务；第三，通过高承诺降低客户的感知风险，赢取客户信任；第四，尊重和保护客户隐私，使客户有安全感和信赖感；第五，要认真对待客户投诉，如果企业能够及时、妥善地处理客户投诉，就能赢得客户的信任。

4. 提高客户的转移成本

客户转移成本指的是客户由于更换产品和服务的供应商而引发的成本，主要包括：

①学习成本。客户需要花时间和精力去搜集备选供应商的信息，有时还需要下小额订单去体验和评估这些供应商的产品和服务情况，这对那些惰性忠诚的客户会形成较大的障碍。②经济成本。客户在放弃现有的供应商后，如果不能从新的供应商处获得优于或等同于现有供应商提供的价格或优惠，就会产生经济成本。此外，在前期的合作过程中，可能双方都有资源投入，一旦转移，这些投入就会变成沉没成本，无法收回。③风险成本。选择新的供应商后，由于双方缺乏了解和信任，未来的交易和合作会存在较大的不确定性。④契约成本。如果双方的合作关系基于契约受到了法律的保护，那么客户会因为放弃供应商而产生违约费用。⑤关系成本。客户转移后，企业利用原供应商渠道获取资源时会受到很大的影响。

如果客户有了"离开"之心，说明企业的产品可能已经不能满足客户的需要，或者企业的服务不能令客户感到满意。尽管客户转移成本能够在一定程度上防止客户流失，但不能从根本上解决问题，企业要充分利用客户流失前的窗口期，调查客户流失的真实原因，加强与客户的沟通，制订切实可行的解决方案。

7.5　客户满意度和客户忠诚度的关系

大量的研究表明，客户满意度和客户忠诚度之间存在如图 7.3 所示的关系。

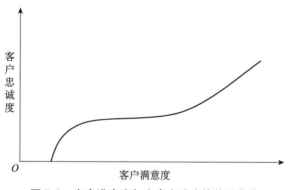

图 7.3　客户满意度与客户忠诚度的关系曲线

从图 7.3 中可以看出，客户满意度与客户忠诚度的关系曲线有一段较为平缓，表明客户满意度的提高并没有使客户忠诚度得到相应的提高，这一阶段即为高满意度、低忠诚度的情况。而在图 7.3 的右上端，客户满意度和客户忠诚度呈现出近似线性的关系，而且斜率很大，表明客户满意度的上升或下降都会引起客户忠诚度的巨大变化。造成这一现象的原因是：客户的期望是由基本期望和潜在期望构成的，当客户的基本期望得到满足后，客户忠诚度就会随着满意度的提高而提高，但是这种满意度对客户忠诚度的边际效用是递减的。尤其是客户忠诚度上升到平均忠诚度（行业平均水平的产品和服务所激发的客户忠诚度）附近，不管企业采取何种措施提高客户满意度，客户忠诚度的变化都不大。这是因为，对客户而言，基本期望所处的需求层次比较低，其他供应商也能提供类似的价值，因此如果企业仅提供满足基本期望的产品和服务，客户将缺乏再次购买的热情。但是当客户从产品和服务中获得了意想不到的价值（包括物质、心理、精神等方面的价值）、满足了自己的潜在期望时，客户就会感到高度满意，在下次购买时，为了再次体验到这种感觉，客户很可能仍然选择同一品牌。经过多次购买后，客户对该产品和服务逐渐产生信任和依赖，最终形成长期的忠诚。

根据上面的分析可以得出结论：客户满意不一定导致客户忠诚。客户满意是一种心理的满足，是客户在消费后所表露出的态度；但客户忠诚是一种持续交易的行为，体现在客户多次购买同一品牌的产品和服务。客户忠诚的获得有一个最低的客户满意水平线，在该水平线以上的、一定范围内的忠诚度不受满意度变化的影响；但当满意度达到某一水平后，忠诚度会随满意度的提高而大幅度增长。

需要注意的是，提高客户满意度和忠诚度，并不是指一定要提高所有客户的满意度和忠诚度。正确的做法是，在对客户进行细分的基础上，采取有针对性的策略，最大限度地让更有价值的客户满意，而不是取悦所有的客户。例如，瑞典银行组织的实证研究表明存在这种现象：客户满意水平很高，但企业却没有盈利。在研究了客户的借贷行为，并将收入、利润同成本比较后，他们发现，80%的客户并不具有可盈利性，而这类客户对从银行获得的服务很满意；另外20%的客户贡献了超过80%的银行利润，但这类客户对银行的服务不满意。所以，瑞典银行采取措施努力改善对可盈利性较高的客户的服务，并取得了极好的成果。

另外，客户满意度和客户忠诚度之间的关系会受到行业类型的影响，如图7.4所示。

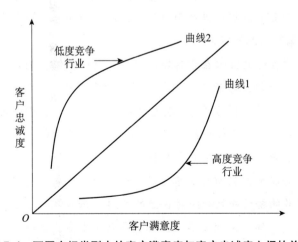

图7.4　不同市场类型中的客户满意度与客户忠诚度之间的关系

对于高度竞争行业（曲线1），完全满意的客户比一般满意的客户更忠诚，同时，只要客户满意度稍稍下降一点，客户忠诚度就会急剧下降；在低满意度区域，满意度的提高并不能明显提升忠诚度。

对于低度竞争行业（曲线2），表面看来，客户满意度和忠诚度之间的相关性相对较弱，客户满意度对忠诚度的影响较小，高忠诚度需要高满意度的支持，低满意度也不会对忠诚度产生太大的影响。例如，在完全垄断的行业（如水、电、天然气等行业）中，即使客户不满意，客户也会很"忠诚"。但值得注意的是，如果限制竞争的障碍得以消除，曲线2很快就会变得和曲线1一样。因为在低度竞争行业中，客户的选择空间有限，即使不满意，他们往往也会出于无奈继续使用该企业的产品和服务，表现为一种虚假忠诚。但随着专有知识的扩散、规模效应的缩小、分销渠道的分享、常客奖励的普及等，客户的不忠诚就会通过客户的大量流失表现出来。因此，处于低度竞争行业中的企业应居安思危，努力提高客户满意度，否则一旦竞争加剧，客户就会大量流失，企业也会随之陷入困境。

以上分析表明，客户满意和客户的行为忠诚之间并不总是呈正相关关系。但有一点毋庸置疑，那就是无论是在高度竞争行业中还是在低度竞争行业中，客户的高度满意都是客户高度忠诚的必要条件。

◎ 补充阅读

美国有线的角色塑造计划

杰西·芮德尼斯（Jesse Redniss）近期春风得意，作为美国有线数字电视网（以下简称"美国有线"）的高级副总裁，他的职责是驱动美国有线市场份额不断扩大、销售额不断增长。他在美国有线的休闲游戏网站以及角色游乐场（Character Arcade），通过创新性地运用大数据、动机驱动和游戏化来尝试实施忠诚度计划。他对同样的技巧也可以用于吸引有线网络电视节目的粉丝的说法深信不疑，尤其是那部名为《灵异妙探》（Psych）的电视剧，已经有相当一部分年轻、忠诚、狂热的观众活跃在网络上。于是，美国有线在新剧上线或剧集播出期间都会有意识地提升用户体验，以提升其客户凝聚力。

（一）运用大数据深入洞悉客户

美国有线的忠诚度策略的核心在于其娱乐内容。企业所依赖的基础，即核心的内在价值包含《灵异妙探》电视剧几季的节目内容，以及数千项与该电视剧同时发布的在线娱乐内容（如视频、游戏、照片、博客等）。通过粉丝们的浏览、分享及互动，美国有线从包括网站分析、内容分发网络、视频点播服务、社交媒体监控、电子商务采购数据以及游戏化平台在内的多个渠道中得到了丰富的大数据。

经分析的大数据会提示企业如何创建内容，如何和粉丝及浏览者们互动，以及如何调整技术平台以获得更多的粉丝并且加深对粉丝的了解。正如芮德尼斯所说的"大数据给我们带来了深入的洞悉"一样，大数据不仅使那些得到了更多、更精彩的参与体验的粉丝们受益，而且还让与美国有线合作的品牌和广告商能够更加高效地传递信息。

1. 网站的创新应用

2010年，美国有线创立了灵异妙探俱乐部，这是提升《灵异妙探》电视剧粉丝的忠诚度和参与度的计划之一。《灵异妙探》的粉丝在该俱乐部注册后，可以线上访问有关

《灵异妙探》的内容。他们在观看视频、分享到社交网络、游戏娱乐、进行测试、参与特惠项目、和其他粉丝聊天等过程中，还能够完成相应的目标并赢取积分。这类积分可以兑换虚拟物品用来定制《灵异妙探》主题的虚拟空间——粉丝们可以用这些东西来展示他们的创作、个性化身份以及在社区中的身份状态。除此以外，积分还能够用于购买限量版灵异妙探主题商品——包含DVD、海报和其他带有品牌标志的商品，而且粉丝们还可以相互比拼，看谁是《灵异妙探》最忠实的粉丝或谁是"灵异妙探长"。

通过这些举措，《灵异妙探》数字团队将灵异妙探俱乐部的页面浏览量从每月900万提升至1600万，每月平均访问频率从2次提升至4.5次，页面的平均停留时间从14分钟提升至22分钟，并且18～34岁的观众数量增加了40%。相应的广告量和赞助机会也因此飙升。此外，随着粉丝们用他们赚取到的积分到网上商店购买《灵异妙探》主题商品，其中47%的人使用现金购买了更多的商品，这使得商店的营业额较之前翻了一番。

2. 移动应用程序的新体验

灵异妙探俱乐部并不仅限于网站，美国有线另外还开发了名为"灵异妙探眼界"的移动应用程序。在全新的互联网时代，人们通常在观看电视的同时，还会玩手机或平板电脑，美国在线的开发团队借此机会创造出一种双屏体验——通过移动设备来增强观众的观看体验。他们鼓励粉丝们下载安装移动应用程序，并在电视直播时（不论是节目播出过程还是广告时间）进行充分的互动，由此创造出一种多渠道的全新体验方式。

（二）运用游戏化方式激励客户参与企业互动

美国有线所收集的有关在线用户行为的大数据信息，使得企业能够以游戏化方式部署强有力的激励策略。游戏化增强了粉丝们与《灵异妙探》电视节目以及在线娱乐内容的结合程度，从而生成了更有价值的大数据。

美国有线在整个过程中学到了许多新的东西，并以此不断调整其计划。"游戏化站点就像是有机的生命体，"芮德尼斯说，"你不能在发布以后就对其不闻不问，而应当经常调整。"因此在节目档期中，每天都会出现新的游戏任务和元素；而在淡季也会在数天后进行更新。该企业同时还尝试将新的内容发布在灵异妙探俱乐部内，当有新任务发布后，同时会及时更新相应的社交网络内容。

（三）运用其他活动完善客户忠诚计划

虽然灵异妙探俱乐部是一个用于长期维持粉丝忠诚度的平台，但也会在线发布一些短期活动。"校园大战"就是其中一项成功案例，在该项活动中，各大学的学生和校友组成不同团队协同合作来招聘更多的灵异妙探长，赢取积分并角逐最终大奖——将其学校标志插入一段电视节目中。有超过11 000名大学生创建了团队，而最终胜出的杨百翰大学（Brigham Young University，BYU）团队则拥有1 500名成员。《灵异妙探》的粉丝们不断将他们的亲朋好友招揽进来，这是一种最有用的推荐形式，而企业却无须为此支付高昂的现金奖励，只需肯定获胜团队的身份即可。

美国有线持续拓展传统电视直播的业务领域，后来又发布了名为"标签杀手"的跨媒体活动。在为期七周的时间里，粉丝们和《灵异妙探》的两位主人公——肖恩和格斯，在多种数字平台上充分互动，帮助他们破解"标签杀手"案件。美国有线从所有这些平台上收集数据，而游戏化则在激励粉丝们参与活动的过程中扮演着重要角色。效果颇为显著：大约30万名用户浏览了9 500万个页面，其中288 000名用户将此次活动分享至社交平台，所有参与者总共花费了1 400万分钟的时间参与"标签杀手"的活动，而且美国有线还因其在互动媒体方面所获得的出众成绩，获得艾美奖提名。通过各种各样的长短期活动，美国有线成功提升了粉丝们对品牌的忠诚度。粉丝们通过主动选择参与方式，不断得到新的目标，和社区内成员合作竞争，从而获得有意义的回报。《灵异妙探》的粉丝们不再只是被动接受内容，而是积极融入了《灵异妙探》构建的世界。

（四）美国在线忠诚度计划的发展

展望未来，美国有线正在计划运用忠诚度计划所带来的数据基础搭建"响应式发布"平台。这参照了网页设计师目前正在使用的响应式设计。根据用户的浏览设备创建可以动态调整的内容，不论是移动电话、平板电脑，还是台式计算机，"响应式发布"平台可以利用大数据和美国有线从浏览者那里获得的信息，确保在准确的时间、为准确的客户、在准确的设备上、提供准确的内容。

美国有线及其围绕灵异妙探俱乐部开展的工作，为当前处在跨平台的传媒行业提供了一个成功的参考案例——如何使用大数据和游戏化提高参与者的凝聚力和忠诚度，并最终获得可观的经营成果。芮德尼斯总结道："灵异妙探俱乐部已经成为我们今后为在线社区制定凝聚力策略的支柱。"

资料来源：〔美〕拉杰特·帕哈瑞亚，2014. 忠诚度革命——用大数据、游戏化重构企业黏性[M]. 张瀚文，译. 北京：中国人民大学出版社.

➡ 本章小结

客户忠诚是客户对企业的特定产品和服务产生了好感，在态度上形成偏爱、在行为上重复购买的一种趋向。根据态度和行为，可以将客户忠诚分为绝对忠诚、潜在忠诚、惯性忠诚和非忠诚四类。态度上高度认同、行为上多次购买的绝对忠诚客户对于企业来说具有极高的价值。影响客户忠诚的因素很多，客户满意是建立客户忠诚的基础，客户愉悦是建立客户忠诚的关键，客户信赖是最终能够形成客户忠诚的必要条件。企业要提高客户忠诚度就要聚焦目标客户，持续提高客户满意度，建立客户长期信任，同时还要提高客户的转移成本。本章的最后部分讨论了客户满意度与客户忠诚度之间的复杂关系。客户忠诚的获得必须有一个最低的客户满意水平，在该水平以上的、一定范围内的忠诚度不受满意度的影响；但当满意度达到某一水平，忠诚度会大幅度增长。客户满意度和忠诚度之间的关系会受到不同市场类型的影响。对于高度竞争行业，完全满意的客户远比一般满意的客户忠诚，同时只要客户满意程度稍稍下降一点，客户忠诚度就会急剧下降；在低满意度区域，满意度的提高并不能明显提升忠诚度。对于低度竞争行业，客户满意度对客户忠诚度的影响较小,高忠诚度需要高满意度的支持,低满意度也不会对忠诚度产生太大影响。

➡ 思考题

1. 影响客户忠诚度的因素有哪些?
2. 选择一个电商平台,分析该平台在提高用户忠诚度上采取了哪些措施?效果如何?

实训项目　如何提高客户忠诚度

实训目的

（1）帮助学生理解客户忠诚的重要性和理清提高客户忠诚度的思路；

（2）提高学生分析问题和解决问题的能力。

背景材料

会员卡真的有效吗

现在有很多商业机构都热衷于鼓励消费者注册会员，包括线下的零售商超、健身俱乐部、美容院、连锁酒店，线上的视频网站、电商平台等，随便拦住一个路人，他都会有多个会员身份。企业设立会员卡的初衷通常都是希望以打折、积分、返现、优惠、提供附加值服务等方式锁定客户，建立客户忠诚。这么做的实际效果如何呢？

美国食品营销协会（Food Marketing Institute，FMI）曾对"消费者在过去一年内是否变更过他们最常消费的自助商店"这一问题进行调查，结果发现瑞士消费者的迁移率为7%，德国为10%，西班牙为11%，英国与法国则高达24%与26%。迁移率最低的瑞士消费者中有15%办理过零售店会员卡，英国消费者办卡率高达83%且其中有52%的消费者同时会办理2～3张会员卡。这些会员方案大部分都提供折扣，但有40%的受访者认为这些方案没有什么价值，有30%～50%的会员甚至从未用过会员卡的折扣优惠。

李巧丽和王占京（2018）对青少年办理储值卡和会员卡的情况进行过调查，发现绝大多数消费者持有各类储值卡或会员卡，近80%的消费者办理过1～3张卡，近20%的办理过4～7张卡，1%左右的消费者拥有8张以上的储值卡或会员卡。侯旻（2008）调查超市会员卡的使用情况时发现，半数以上的消费者并不是因为会员卡而是出于交通和价格方面的考虑选择持续去一家超市购物，超市给会员提供的折扣率比较低，对消费者的吸引力不强，超市对会员并没有给予特殊的待遇，加上积分兑换比较滞后，因此并未起到增进客户忠诚的效果。

营销专家认为，用积分、折扣以及其他并非贴近人心的"贿赂式"会员项目来吸引客户是不高明的。因为客户的忠诚度并不是可以用钱买到的。

资料来源：唐璎璋，孙黎，2002. 一对一营销：客户关系管理的核心战略［M］. 北京：中国经济出版社．

第7章 客户忠诚

实训任务

（1）你办理过哪些零售店（如大小型超市、奶茶店、快餐店等）的会员卡？使用情况如何？你为什么选择办理会员卡？

（2）你注册会员的零售店提供了哪些会员服务？这些服务起到了增进客户忠诚的效果吗？为什么？

（3）零售店如何有效利用会员卡来提高客户忠诚度？

实训步骤

（1）个人阅读。老师督促学生针对实训任务完成阅读，在课堂上由老师或学生对案例学习要点及相关背景进行简单陈述。

（2）分组。在老师的指导下，以3～5人为单位组成一个团队，要求学生扮演组长、记录人、报告人。

（3）小组讨论与报告。课堂上各小组围绕实训任务展开讨论。老师要鼓励学生提出有价值的问题，要求每个小组将讨论要点或关键词抄写在黑板指定位置并进行简要报告。

（4）师生互动。老师针对学生的报告与问题进行互动，带领学生对关键知识点进行回顾，并追问学生还有哪些困惑，激发学生的学习兴趣，使学生自觉地在课后进一步查询相关资料并进行系统的回顾与总结。

实训提交材料

每个小组提交一份《小组讨论与报告记录》。

实训资料获取方式

关注微信公众号"CRM学习与研究"，回复"小组讨论模板"后自动获取链接。

第 2 篇

CRM 技术

第1篇中我们探讨了CRM的理念和策略，我们已经知道CRM绝非一个简单的概念或者一个阶段性的项目，而是涉及公司整体的一种持续性竞争战略。当我们希望实现和达成CRM的实施目标时，我们所使用的方法就不可能离开信息技术。尽管信息技术不是CRM的全部，甚至不是决定性要素，但CRM所涉及的全部方法，无论是客户分析、数据建模，还是数据挖掘或者数据仓库，都应当基于信息技术展开。

第 8 章　CRM 应用系统

■ 学习目标

(1) 了解 CRM 的一般模型
(2) 熟悉 CRM 应用系统的功能模块
(3) 掌握 CRM 应用系统的分类
(4) 认识 SaaS 模式的 CRM 的优势

案例导入

员工感受 CRM 应用系统

清晨上班，你在启动 CRM 应用系统后，首先快速查看了今天和本周的日程、任务，确认了一些重要的会议和访问日程，并且设置了主动提醒，通过日历共享功能，检查了几个主要下属的工作日程；然后你直接在系统里新建了几个任务，指派给下属们，系统会自动向任务执行人发出消息。紧接着，你利用预先设置好的查询模板，快速查看了"我指派的已经完成的任务""我指派的超时未完成的任务"，下属工作的进展与反馈一目了然。使用 CRM 应用系统后，你无须等待下属提交各类周报、月报和季报，管理不再滞后于经营，还能随时在线查看各种图表，获得决策的依据。

你十分关心客户资源的安全性。CRM 应用系统提供了显著优于普通应用软件的安全措施。在客户资源分配方面，允许按照行政团队范围和操作权限范围（浏览、新增、修改、删除），对每个数据项目（单位、联系人、合同等）逐个指定权限。数据的访问权限甚至可以细化到数据项目的每个字段。

你十分关心销售的进展。通过销售渠道图，你可以直观地考查当前每个销售阶段完成任务指标的情况。利用查询模板，你得到了以下数据：一是过去 30 天交易成功的生意机会；二是过去 30 天交易失败的生意机会；三是今天正处于商务谈判阶段的、销售额大于 100 万元的生意机会；四是过去 7 天新建的、销售额在 10 万元以上的生意机会……随后，你轻松地把数据转换成折线图或柱状图，打印输出。利用预测功能，你查看了未来 6 个月的销售额预测值，并以柱状图形式与此前的历次预测对比，检查趋势背离情况。

你十分关心客户的价值。利用强大的分类功能，你筛选出了 VIP 客户并按照重要程度对他们排序；利用报表，你快速知道了是哪几个客户贡献了 80% 的销售收入，哪几个客户贡献了你 80% 的销售利润；利用查询模板，你定位到了"中断交易超过 30 天的 VIP 客户"，并思考是不是公司的服务品质影响了客户的忠诚度。你对 VIP 客户在过去 30 天提出的服务请求进行个案研究，查看服务请求的处理情况、有关人员对客户满意度的评分，分析问题症结所在。

你还十分关心市场营销工作的开展情况。你查询了今年上半年各类营销费用（广告费用、展览费用、促销费用等）的开支情况，结合"生意线索来源分析"图表，可以评价各类营销活动的效果，方便对今后营销策略进行调整。你利用 CRM 应用系统的办公自动化功能调阅、审批了下个季度营销战略的计划书和预算，系统自动把审批的结果和意见反馈给提交人。

你不直接销售产品，但却代表着公司的形象。因此，你十分注意收集特殊客户的个人资料，他们可能是政府官员、银行行长、企业领导、专家学者等。你可以在 CRM 应用系统中设立生日、纪念日提醒，利用自动信函功能发出恭贺信……

资料来源：顾明，2015. 客户关系管理应用（第 2 版）[M]. 北京：机械工业出版社.

思考：（1）案例中的员工"你"在企业中的身份可能是什么？（2）CRM 应用系统给员工带来了哪些好处？（3）列出案例中 CRM 应用系统的功能。

8.1　CRM 应用系统的概念模型

集成了 CRM 管理思想和最新信息技术成果的 CRM 应用系统，是帮助企业最终实现以客户为中心的管理模式的重要手段。CRM 应用系统强调对多个客户接触渠道的整合以及对业务功能的流程整合，以最大化地实现 CRM 所蕴含的商业理念。一个能够有效实现 CRM 经营理念的 CRM 应用系统应具有以下六个方面的特征：

1. 具有统一的客户数据库

客户信息作为企业的重要资产，其所有权归于企业，必须由企业进行统一管理，而不是被某些部门或个人占有。只有这样，企业才不会因为部门结构调整或个别员工离职导致相关工作受阻。

2. 具有整合接触点客户信息的能力

无论客户通过电话、传真、电子邮件传达需求，还是通过网页、微博、微信等渠道联系企业，抑或是客户亲自到访，所有客户信息都应该及时、准确、全面地被整合进系统，做到客户信息"零流失"和同步共享；同时，客户可以选择他们喜欢的方式与企业打交道，即使在不同时间使用了不同渠道与企业沟通，也不必重复提供之前的信息。

3. 快速便捷地向系统用户传递信息

CRM 应用系统的用户包括客户服务支持人员、市场营销人员、现场服务人员、销售人员以及合作伙伴等，无论用户在何时何地使用何种终端设备，都能便利地进入系统获取所需要的信息。

4. 提供营销、销售和服务的自动化工具

向面向客户的员工提供营销、销售和服务的自动化工具，实现三者之间的整合，打破营销、销售和服务的业务限制，实现客户服务流程在部门之间的有序衔接。例如，营销部门获取的潜在客户，在经过客户价值认定之后，自动转入销售部门，分配给具体的销售人员，成为销售人员的销售机会。

5. 具有一定商务智能

客户价值分析和行为预测能力是搭建 CRM 应用系统的重点，如果不具备以上能力，客户关系的差别化管理就难以实现，因此，具有一定商务智能是 CRM 应用系统的重要指标之一。

6. 具备与企业其他应用系统整合的能力

CRM 应用系统必须解决与其他应用系统的整合问题，否则前后台信息的差异必然会影响客户服务的质量。最典型的是前台 CRM 与后台 ERP 的整合，实现前台接受订单，后台处理订单。

每个 CRM 应用系统的提供商所开发的 CRM 功能模块不尽相同，不同行业由于业务特点上的差异，对 CRM 的功能也会有不同的要求，但一般的 CRM 应用系统都具有营销管理、销售管理、客户服务和呼叫中心等功能。

8.2 CRM 应用系统的基本构成

8.2.1 CRM 应用系统的一般模型

CRM 应用系统主要是对营销、销售和服务这三部分业务流程进行信息化处理。首先，在市场营销过程中，通过对客户和市场的细分，确定目标客户群，制定营销战略和营销计划。然后，在营销计划的基础上执行销售任务，包括发现潜在客户、信息沟通、推销产品、客户服务和收集信息等。最后，在客户购买了企业提供的产品和服务后，还需对客户提供进一步的服务与支持。产品开发和质量管理过程分别处于 CRM 过程的两端，提供必要的支持。图 8.1 是 CRM 应用系统的一般模型。

CRM 改变了企业前台业务运作方式，各部门间信息共享，密切合作。CRM 应用系统中的数据仓库作为所有 CRM 过程的转换接口，可以全方位地提供客户和市场信息。过去，前台各部门从自身角度去掌握企业数据，业务处于割裂状态。而对于 CRM 应用系统来说，建立一个相互之间联系紧密的数据仓库是最基本的条件。这个共享的数据仓库也被称为所有重要信息的"闭环"（Closed-loop）。由于运行 CRM 应用系统不仅要使

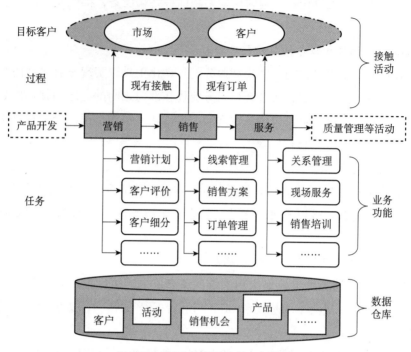

图 8.1 CRM 应用系统的一般模型

相关流程实现优化和自动化,而且必须在各流程中建立统一的规则,以保证所有活动在统一的规则下进行,这一全方位的视角和"闭环"形成了一个关于客户和企业组织的一体化蓝图。

8.2.2 CRM 应用系统的构成

根据 CRM 应用系统的一般模型,可以将 CRM 应用系统划分为互动管理、运营管理和决策支持三个部分,这三个部分功能的实现要以技术能力为基础。

1. 互动管理

CRM 应用系统应当能使客户以各种方式与企业接触,典型的方式有呼叫中心、网页访问、电子邮件、电话、传真、移动销售(Mobile Sales)、面对面的沟通以及其他营销渠道。企业必须协调这些接触渠道,保证客户能够采取其方便或偏好的形式随时与企业交流,并且保证来自不同渠道的信息的完整性、准确性和一致性。今天,互联网已经成为企业与外界沟通的重要工具,特别是电子商务的迅速发展,促使 CRM 应用系统与互联网进一步紧密结合,发展成基于互联网的应用模式。

2. 运营管理

企业中的每个部门必须能够通过上述接触渠道与客户进行沟通,而营销、销售和服务部门与客户的接触和交流最为频繁,因此,需要给予这些部门重点支持。不同的 CRM 应用系统所覆盖的业务功能不尽相同,功能的表述和分类也会有差异。从 CRM 应用系统的一般模型出发，CRM应用系统的业务功能通常包括营销管理、销售管理、服务管理三个部分。

营销管理的主要任务是：通过对市场和客户信息的统计与分析，发现市场机会，确定目标客户群，科学制定营销策略和产品策略；为营销人员提供制定预算、计划、执行和控制的工具，不断完善市场计划；还可管理各类市场活动（如广告、会议、展览、促销等），对市场活动进行跟踪、分析和总结，以便改进工作。

销售管理的主要任务是：使销售人员使用电话销售、移动销售、远程销售等方法，方便及时地获得有关生产、库存、定价和订单处理的信息。所有与销售有关的信息都存储在数据仓库中，销售人员可随时获取和补充，企业也不会由于销售人员的离职而使销售活动受阻。另外，借助信息技术，销售部门还能自动跟踪多个复杂的销售线路，提高工作效率。

服务管理具有两大功能，即服务和支持。一方面，以CTI技术为基础的呼叫中心为客户提供每天24小时不间断服务，并将客户的各种信息存入数据仓库以及时满足客户需求。另一方面，技术人员对客户的使用情况进行跟踪，为客户提供个性化服务，并且对服务合同进行管理。

其实，上述三组业务功能之间是相互合作的关系，如图8.2所示。

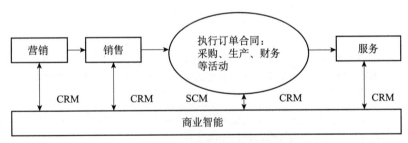

图8.2 CRM应用系统的运营功能及其关系

3. 决策支持

实现决策支持的关键是建立一个统一、共享的客户数据库，进而建立一个完善的数据仓库。一个富有逻辑的客户信息数据库管理系统是CRM应用系统的重要组成部分，是企业前台各部门开展各种业务活动的基础。从某种角度来说，它甚至比各种业务功能更重要。运用数据仓库这一强大的工具，可以与客户进行高效的、可衡量的、双向的沟通，真正体现了以客户为导向的管理思想，还可以与客户维持长久的、甚至是终身的关系来保持和提升企业短期及长期的利润。

一个高质量的数据仓库包含的数据应当能全面、准确、详尽和及时地反映客户、市场及销售信息。数据可以按照营销、销售和服务部门的不同用途分成营销数据、销售数据、服务数据三类。营销数据包括客户的基本信息、联系人信息、相关业务信息、客户分类信息等，它不但包括现有客户信息，还包括潜在客户、合作伙伴、代理商的信息等。销售数据主要体现销售过程中相关业务的跟踪情况,如与客户相关的活动、客户询价和相应报价、每笔业务的竞争对手以及销售订单的详细信息等。服务数据则包括客户投诉信息、服务合同信息、售后服务情况以及解决方案的知识库等。这些数据为企业决策提供了强大的支持。

CRM应用系统除了上述三个组成部分,还需要众多特定技术功能的支持,主要涵盖六个方面的能力:信息分析能力、互动渠道的集成能力、支持网络应用的能力、建设集中统一的客户信息库的能力、工作流的集成能力、与其他应用系统(如ERP、SCM)整合的能力。技术功能的重点体现在与其他应用系统整合的能力上。

8.3 CRM应用系统的基本功能模块

CRM应用系统的功能包括:客户管理、联系人管理、时间管理、潜在客户管理(线索管理)、销售管理、电话营销和电话销售、营销管理、客户服务、呼叫中心、商务智能、知识管理、电子商务等。由于各企业之间的业务差别比较大,因此系统功能侧重点会有所不同,表8.1所列功能不一定涵盖了所有的CRM应用系统。

表8.1 CRM应用系统的功能模块

功能模块	主要功能
客户管理	客户管理模块是整个CRM应用系统的基础,其功能主要包括:管理客户基本信息、跟踪与此客户相关的基本活动和活动历史、选择联系人、输入和跟踪订单、生成建议书和销售合同
联系人管理	主要功能包括:记录联系人概况、存储和检索信息、保持与客户的联系,并生成信息附件,了解客户内部机构设置情况
时间管理	主要功能包括:设计活动计划,有冲突时系统会提示;进行团队事件安排;查看团队中其他人的安排,以免发生冲突;把事件的安排通知到相关的人
潜在客户管理(线索管理)	主要功能包括:记录、升级和分配业务线索;跟踪潜在客户的需求
销售管理	主要功能包括:整合销售信息,如客户资料、业务描述、联系人、时间、销售阶段、业务额、可能结束时间等;生成各销售业务的阶段报告,并给出业务所处阶段、预计完成时间、成功的可能性、历史销售状况评价等信息;对销售业务给予策略上的支持;对客户信息进行维护;把销售人员归入某一地域并授权;地域的重新设置;根据利润、领域、优先级、时间、状态等标准,用户可定制关于将要进行的活动、业务、客户、联系人等方面的报告;提供类似论坛的功能,用户可把销售秘诀植入系统中,还可以进行某一方面销售技能的查询;销售费用管理;销售佣金管理
电话营销和电话销售	主要功能包括:客户、联系人电话列表,并与业务关联;把电话号码分配给销售人员;记录电话细节,并安排回访;拟订电话营销内容草稿;电话录音,同时给出书写器,用户可做记录;电话统计和报告;自动拨号

（续表）

功能模块	主要功能
营销管理	主要功能包括：产品和价格配置器；在进行营销活动时，能给予信息支持；使营销活动与业务、客户、联系人建立关联；显示任务完成的进度；提供类似公告板的功能，可张贴、查找、更新营销资料，从而实现营销文件、分析报告的共享；跟踪特定事件；安排研讨会、会议等；在数据库中加入合同、客户和销售代表等信息；批量发送信函和邮件，并与合同、客户、联系人、业务等建立关联
客户服务	主要功能包括：服务项目的快速录入；服务项目的安排、调度和重新分配；事件的升级；搜索和跟踪与某一业务相关的事件；生成事件报告；拟订服务协议和合同；订单管理和跟踪；维护数据库
呼叫中心	主要功能包括：呼入、呼出电话处理；互联网回呼；呼叫中心运行管理；虚拟电话；电话转移；路由选择；报表统计分析；管理分析工具；通过传真、电话、电子邮件、打印机等实现自动发送资料；呼入、呼出调度管理
商务智能	主要功能包括：预定义查询和报告；用户定制查询和报告；可看到生成查询和报告的结构化查询语言（Structured Query Language，SQL）；以报告或图表形式查看潜在客户和业务可能带来的收入；通过预定义的图表工具进行潜在客户和业务的传递途径分析；将数据转移到第三方的预测和计划工具；数据可视化；系统运行状态显示；能力预警
知识管理	主要功能包括：显示个性化信息；把一些文件作为附件贴到联系人、客户、事件概况等文本上；文档管理；对竞争对手的网站进行监测，如果发现变化，会向用户报告；根据用户定义的关键词对网站的变化进行监视
电子商务	主要功能包括：实现个性化界面和服务；网站内容管理；店面订单和业务处理；销售空间拓展；客户自助服务；网站运行情况的分析和报告

课堂实训

（1）举例说明客户与联系人的区别；（2）举例说明销售线索的主要来源（即如何获取潜在客户的信息）。

8.3.1 营销管理子系统

营销管理子系统对客户和市场信息进行全面分析、对市场进行细分，输出高质量的市场策划活动，指导销售队伍更有效地工作。通过营销管理子系统可以使市场营销专业人员能够直接对市场营销活动加以计划、执行、监控和分析，帮助企业选择和细分客户、追踪客户、衡量追踪结果、提供自动回复功能，进而实现营销自动化。另外，营销管理子系统还为销售、服务和呼叫中心等提供关键性信息。营销管理子系统主要涵盖客户信息管理、营销活动管理、市场信息管理、统计与决策支持以及营销自动化五部分，如图 8.3 所示。

（1）客户信息管理：从各种渠道收集与营销活动相关的客户信息，为企业相关人员提

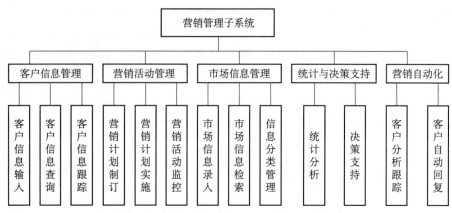

图 8.3　营销管理子系统功能结构示意

供客户信息的查询服务。营销活动的客户信息应涵盖潜在客户的信息，支持对特定客户群体的信息跟踪等功能。

（2）营销活动管理：主要包括市场营销活动计划的制订与实施，并对营销活动的执行过程进行监控。通常的做法是将市场营销活动分为几个阶段，每个阶段设定相应的目标，分阶段考核评价市场营销活动的效果，再逐步推进。

（3）市场信息管理：主要的管理对象包括产品信息、市场信息、竞争对手信息、媒体信息等，实现对这些信息内容的录入、检索和管理等。这些信息内容组成所谓的"营销百科全书"或"营销知识库"，为市场营销活动提供帮助，也对 CRM 应用系统中其他功能模块（如销售、服务）提供信息支持。

（4）统计与决策支持：对客户和市场方面的数据进行统计分析，为营销市场细分提供支持；对市场营销活动的效果进行分析评价，对营销活动及营销流程进行优化。

（5）营销自动化：也称技术辅助式营销，主要是通过设计、执行和评估营销计划与相关活动的全面框架，赋予市场营销人员更多的手段和能力，使其能够对营销活动进行有效的计划、执行、监视和分析，并能够运用工作流技术手段来优化营销流程，从而使营销任务和过程自动地完成。其目的在于使企业能够在活动、渠道和媒体选择上合理分配营销资源，从而达到收益最大化和客户关系最优化的效果。

8.3.2　销售管理子系统

销售管理子系统主要是对商业机遇、销售渠道等进行管理。该模块将企业所有的销售环节结合起来，形成统一的整体。销售管理子系统为销售人员提供有关企业动态、客户、产品、价格和竞争对手等大量的最新信息，有助于缩短企业销售周期、提高销售的成功率。销售管理子系统还具备联系人跟踪、销售机会管理、销售预测分析的功能，进而可以实现销售自动化。另外，销售管理子系统还可以为销售人员提供一个高效率的工作平台，有助于他们和客户进行充分沟通，为销售经理有效地协调和监督整个销售过程提供帮助，确保交易成功。

销售管理子系统包括客户信息管理、订单管理、销售流程自动化管理、分销商信息管理、动态库存调配管理和销售统计与支持决策,如图 8.4 所示。

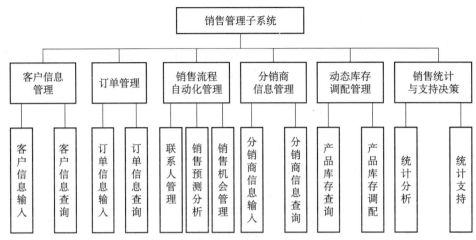

图 8.4 销售管理子系统功能结构示意

(1) 客户信息管理:收集相关客户信息资料,提供信息查询服务,有助于准确把握客户情况,提升销售效率与效果。

(2) 订单管理:处理客户订单,执行报价、订单创建、订单执行、账户管理等业务功能,并提供对订单的全方位查询服务。

(3) 销售流程自动化管理:销售自动化是销售管理子系统的重要组成部分。销售流程自动化是以自动化方法替代原有的销售方法,在这一过程中借用了信息技术。销售流程自动化适应了在激烈的市场竞争中销售机构提高自身管理水平的要求,可以帮助企业获得竞争优势。一般而言,它可以帮助销售人员高质量地完成日程安排、联系人和客户管理、销售机会和潜在客户管理、销售预测、建议书制作与提交、定价与折扣、销售地域分配和管理,以及报销报告制作等工作。按照最常见的分类方法,销售流程自动化管理的主要功能将集中体现在联系人管理、销售预测分析和销售机会管理这三个方面:① 联系人管理功能。联系人管理功能是指销售流程自动化管理系统可以通过整合的客户资料,实现对客户资料的全面管理。② 销售预测分析功能。销售预测分析功能可以帮助销售人员跟踪产品、客户、销售定额及销售前景,管理销售机会,在现有销售基础上分析销售工作情况、预测销售收入。③ 销售机会管理功能。销售机会管理功能是指收集潜在客户需求和联络资料的数据库应用系统及"营销百科全书",能够跟踪计划的执行情况,为销售经理和其他销售人员及时提供反馈意见,进而制定合适的策略,使销售过程有序化。

(4) 分销商信息管理:管理各种渠道的合作伙伴的信息,如代理商、经销商、零售商等。

(5) 动态库存调配管理:提供对渠道和企业库存情况的查询功能,支持对各库存的调配工作，有效地支持销售活动。

（6）销售统计与支持决策：通过对销售数据的多方面统计和查询，为决策提供所需的有用信息和帮助。

8.3.3 服务管理子系统

服务管理子系统为客户服务人员提供易于使用的工具和有用的信息，可以提高客户服务人员的服务效率和服务能力。服务管理子系统包括客户服务与支持、客户服务自动化和现场服务管理三个方面，如图8.5所示。

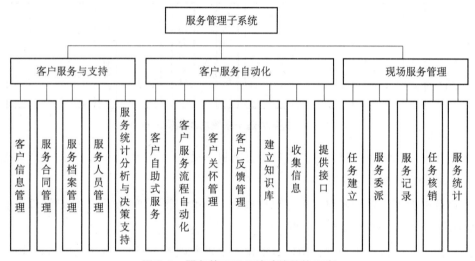

图8.5 服务管理子系统功能结构示意

1. 客户服务与支持

客户服务与支持是CRM应用系统中的重要部分。CRM应用系统可以向服务人员提供完备的工具和信息，并支持多种与客户的交流方式，可以帮助服务人员更快捷、更准确地解决客户咨询的问题，同时能根据客户的背景资料和潜在需求向用户提供合适的产品和服务建议，帮助企业以更高的效率来满足客户的独特需求，维护并发展客户关系。客户服务与支持是企业业务操作流程中与客户联系最频繁的环节，对保持客户满意度至关重要。

客户服务与支持的主要功能模块包括客户信息管理、服务合同管理、服务档案管理、服务人员管理和服务统计分析与决策支持。

（1）客户信息管理：收集与客户服务信息相关的资料，包括客户的基本信息、客户所购买的产品及产品生命周期等。

（2）服务合同管理：通过为客户创建并管理服务合同，确保服务水平和质量；跟踪产品保修及服务合同的签订与续订情况；通过事件功能驱动，安排预防性服务行动（如定期的客户拜访和产品维护）。

(3) 服务档案管理：记录客户问题及解决方案，积累解决问题的经验和知识，提高检索问题答案或解决方案的速度和质量。

(4) 服务人员管理：建立完整的服务支持人员档案，派遣服务支持人员，对服务支持人员的服务情况进行考评。

(5) 服务统计分析与决策支持：分析处理客户服务资料信息，帮助企业针对客户特点制订服务方案，支持对客户价值的评估。

2. 客户服务自动化

客户服务自动化可以帮助企业以更高的效率满足客户的售后服务要求，以进一步维护和发展客户关系。客户服务自动化包括以下功能模块：

(1) 客户自助式服务。当客户使用产品遇到困难或产品出现质量问题时，可提供自助服务，如智能问答机器人、常见问题解答公告等帮助客户自主解决问题。

(2) 客户服务流程自动化。若客户不能自行解决问题，可通过各种渠道联系售后服务部门。从收到客户的服务请求开始，可以全程跟踪服务任务的执行过程，保证服务的及时性和服务质量，可以自动派遣服务人员，分配服务任务。引入"一对一个性化服务"理念，自动把客户信息、客户所买产品的交易信息等资料及时传递给相关服务人员，辅助维修和服务报告的生成。

(3) 客户关怀管理。实现客户维修、服务等过程中的客户关怀，支持节日关怀，定期提醒客户进行预防性维修和保养，提高客户对服务的满意度。

(4) 客户反馈管理。及时对服务反馈信息进行收集、整理和分析，及时响应客户反馈。

(5) 建立知识库。建立标准的服务知识库，帮助所有的服务人员及时共享服务经验，帮助维修人员进行故障诊断，迅速提升新员工的服务水平，实现相关服务的案例分析，以及服务问题的自动分析诊断。

(6) 收集信息。及时收集服务过程中的客户需求信息和购买意向，及时提交给销售、营销部门，由相关人员进行跟踪、管理。

(7) 提供接口。提供与客户服务中心（呼叫中心）的接口，支持采用不同的方式来与客户进行交流，包括互联网、邮件、传真、互动式语音应答（Interactive Voice Response，IVR）、电话等。

3. 现场服务管理

现场服务管理是指配置、派遣、调度和管理服务部门、服务人员和相关资源，向客户提供高效率的现场服务与支持的管理活动。现场服务具有在生产部门和产品服务支持部门之间提供密切联系的功能，是 CRM 应用系统的一个重要组成部分。CRM 应用系统中的现场服务管理子系统正从单一的后台转向紧密整合后台和前台服务系统的企业系统。现场服务管理的应用必须与联络中心与呼叫管理系统整合起来，同时在一定程度上与销售及营销系统整合起来。其主要功能有任务建立、服务委派、服务记录、任务核销、服务统计。

（1）任务建立：根据客服移交的客户服务请求建立现场服务任务，确定任务完成时间和任务要求。

（2）服务委派：根据现场服务任务安排执行人员，系统提供派工单、员工服务负荷统计及任务日程等功能。

（3）服务记录：记录现场服务任务的执行情况以及问题解决情况和客户意见。

（4）任务核销：检查现场服务任务完成情况，核销服务任务。

（5）服务统计：服务经理可通过服务统计功能统计分析员工服务工作状况和客户服务请求状况，以及服务请求波动规律，以便合理调配服务资源。

8.3.4 呼叫中心管理

呼叫中心由早期仅由电话和接话人员组成的电话服务热线发展而来，是一种以 CTI 技术为基础，将通信和计算机有机集成在一起，并利用现代网络技术向客户提供一种交互式服务的综合客户服务系统。在 CRM 实践中，无论是产品还是解决方案，都将呼叫中心纳入了 CRM 实践的整体战略框架，成为 CRM 实践不可或缺的组成部分。

呼叫中心子系统将销售管理与服务管理的功能集成起来，使一般的业务人员能够向客户提供实时的销售和服务支持。呼叫中心将计算机技术和通信技术融为一体，使客户能与那些对产品性能、价格行情和指南信息十分了解的客服进行对话。呼叫中心子系统自动将客户电话接到客服，同时在其计算机屏幕上显示有关客户查询的相关信息。呼叫中心涉及呼叫处理、智能路由、自动语音提示、呼叫数据集成、网络及数据库等多种先进技术。呼叫中心也以人为中介，沟通数据库信息并为电话另一端客户提供服务。尽管从技术上可以建立互动式语音应答系统实现对客户的应答，但一般情况下呼叫中心仍保留一定数量的人工客服。

呼叫中心主要功能包括：呼入、呼出电话处理；互联网回呼；呼叫中心运行管理；虚拟电话；电话转移；路由选择；报表统计分析；管理分析工具；通过传真、电话、电子邮件、打印机等自动发送资料；呼入、呼出调度管理。

呼叫中心是企业与客户沟通的重要渠道，这一交互界面集中了大量客户的基本信息、需求信息和业务活动信息，有利于提升企业的业务处理能力。

◎ **阅读材料**

微信对接 CRM 应用系统提升企业服务能力

（一）微信对接 CRM 应用系统的历程

2012 年 11 月，微信尝试在小范围内与一批合作伙伴测试公众平台的自定义接口功能，这个接口可以接入企业的 CRM 应用系统，使企业能够通过微信与 CRM 应用系统的对接为用户提供更具个性化的服务。例如，微信公众号"订酒店"在实现微信与 CRM 应用系统的对接后，当用户在微信中把自己所在的地理位置发送给"订酒店"之后，该微信公众号会回复用户，向用户提供附近酒店的信息，当用户微信开通支付功能后，用户还能够直接在该微信公众号中进行在线预订和支付。

2013 年 10 月，新版微信正式公测，新版的最大亮点是大规模开放接口，让个人应用和企业应用可以实现跨界融合。在所有接口中，授权、批量获取关注者、关注者分组、上报地理标识接口全面开放；而包括 CRM、微信支付、一键分享、共享地址等在内的接口部分开放。微信与 CRM 应用系统对接使得企业用户可通过微信积累消费者的喜好和消费记录，还可以通过优惠信息引导消费者将信息分享到朋友圈。XTools CRM 的 CEO 谢亿民认为，微信对接 CRM，是社会化媒体 + 企业级 CRM 的模式，对于微信和传统 CRM 来说都是功能扩大化的表现，发展前景非常好。微信接口的逐步开放，对 CRM 领域而言是一个巨大变革的机会。微信与企业业务流程和管理系统的融合将改变整个行业生态，也将推动 CRM 移动化的发展和应用。

（二）微信 CRM 应用系统的主要模块①

企业要开发微信 CRM 应用系统，首先要设计业务架构。微信 CRM 应用系统的本质，是在微信的基础上利用微信的特点和接口而扩展的 CRM 应用系统。而 CRM 应用系统一般可以分为五大模块：客户、销售、营销、服务、会员，另外还有一些附属模块：产品、知识库、活动、交易、统计报表等。由此，可以确定微信 CRM 应用系统的大致业务框架，见图 8.6。

微信 CRM 应用系统主要包括客户管理、服务管理、营销管理、微信呼叫中心、会员门户和统计报表管理这六大模块。

1. 客户管理模块

微信 CRM 应用系统的客户管理模块主要包括客户信息管理、客户分类和客户生命周期管理等。客户信息管理可以通过获取用户基本信息接口建立客户信息档案，通过获取用户地理位置接口获取客户的位置信息、建立位置轨迹管理，通过关注订阅和取消关注事件，记录客户的关注时间和取消关注时间。针对公众号已有的关注者，可以通过获取关注者信息接口批量获取公众号粉丝，将公众号上的粉丝导入微信 CRM 应用系统进行管理。客户分类可以基于用户分组接口，实现公众号的分组与微信 CRM 应用系统的分组同步，客户分类后形成目标列表，成为营销活动的目标对象，这也是客户服务差异化的基础。客户生命周期管理可以基于客户的关注时间、取消关注时间，以及当前的微信互动频率、微信互动信息方向等进行生命周期管理。

---

① 叶开. 基于微信公众平台的微信 CRM 六大模块详解 [EB/OL]. [2022-05-10]. http://www.techweb.com.cn/business/2013-11-19/1359276.shtml.

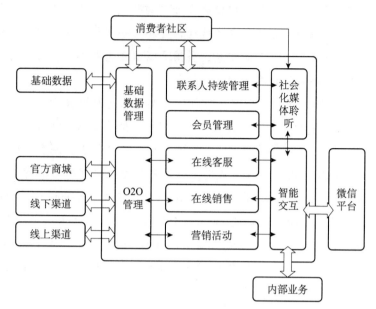

图 8.6 微信 CRM 应用系统业务框架

2. 服务管理模块

微信一对一交互的特点非常适合做品牌的客户服务。微信 CRM 应用系统可以轻松完成客户服务的整个流程，在 24 小时内实现对客户请求的及时响应和答复。客户服务管理还需要接收事件推送接口和自定义菜单，以实现客户的多触发机制，使客户可以在微信 CRM 应用系统中通过自定义菜单、消息等各种方式随时发起请求。微信 CRM 应用系统的客户服务绩效可以通过响应时间、反馈周期、问题解决率等专业指标来进行评价。

3. 营销管理模块

要想实现产品和服务的个性化，精准营销和许可营销是优化的方向之一。微信 CRM 系统营销管理的核心是建立"拉式"营销而不是"推式"营销。因此，建议企业应放弃"一天一推"的信息轰炸模式，而是设计吸引客户主动触发的模式。从这个角度上看，基于消息模板单发消息接口应该限制，或者限制批量群发营销，鼓励一对一的客户事件触发的下行模板消息。营销管理需要用到的是事件推送接口、发送位置消息接口、自定义菜单接口和扫一扫功能，通过客户触发的时间、发送的消息、点击自定义菜单以及扫码，让客户进行具体的营销活动。比如关注事件和订阅事件会触发一个最新优惠活动的下行消息，发送位置消息会触发一个附近地点的特定活动，或者点击某活动菜单会进入该项营销活动的页面。微信 CRM 应用系统可以让客户扫描二维码进入营销活动页面，还可以通过带参数的二维码，标识这个市场活动的营销代码，客户扫码可以识别来源，在微信 CRM 应用系统中实现市场活动—线索的响应反馈闭环。

4. 微信呼叫中心模块

呼叫中心是从客户服务模块延伸出来的，是 CRM 应用系统的一部分，但又自成一体。呼叫中心既可以用于客户服务，也可以用于销售外呼，还可以用于营销活动前的预热或者邀约等。微信 CRM 应用系统的呼叫中心模块，可以基于自定义菜单接口，实现呼叫中心的 IVR 交互菜单，同时再单独开发模块实现多用户和智能分配，实现不同菜单分配到不同用户或用户组，这是呼叫中心最基本的 IVR 和自动呼叫分配系统（Automatic Call Distributor, ACD）。由于呼叫中心多语音的特点，所以需要通过语音识别接口实现对语音微信呼叫的识别和转换，同时通过多媒体文件接口实现微信语音呼叫的备案（即录音）和质检功能，并可以通过多媒体文件接口回复实时的或者预录制的语音。

5. 会员门户模块

微信 CRM 应用系统的会员模块可以通过设计 HTML5 的会员门户网页，同时对接微信 CRM 系统的客户管理等模块，形成微信 HTML5 会员门户 + 微信 CRM 的完整管理体系。企业可以利用 Oauth2.0 授权接口 + HTML5 实现企业的其他微信门户，比如掌上网站、企业门户、内部 OA 等。

6. 统计报表管理模块

统计报表管理是微信 CRM 应用系统不可或缺的功能，但是微信的开放接口并没有跟数据相关的，因此需要企业自己进行设计。例如，基于用户的关注、取消关注等事件数据，可以统计新增用户，做用户流失分析；基于微信交互的时间、地理方位等数据，可以设计微信交互的统计分析；还可以基于在市场活动中对 O2O 的跟踪、管理，形成市场活动的效果响应统计，也就是投资回报率（Rate of Return on Investment，ROI）分析。

（三）微信 CRM 应用系统大数据的构建

对于企业来说，通过微信获取的用户信息比较少，因此需要精心设计交互中碎片化数据的采集。通过微信 CRM 应用系统设置交互索引很关键，对话中的语义分析、点击不同菜单的事件等都可以对应标签，每一次登录微信的时间、地理位置等都是有价值的数据，这些组合起来就是微信 CRM 应用系统的大数据。

8.4　CRM 的分类

8.4.1　按目标企业分类

不同的企业，甚至同一企业内不同区域或不同部门都有不同的商务特点，它们的信息技术基础设施可能不同，对 CRM 的具体功能需求以及 CRM 的实施策略也会有所不同。因此，以目标企业的行业特征和企业规模为标准将 CRM 划分为不同类型，是一种常用的分类方式。实际上，不同行业、不同规模的目标企业对 CRM 的具体功能需求可能存在极大的差异。

一般情况下，可以采用基于不同应用模型的标准来满足不同规模和不同行业特征的目

标企业的需求,将 CRM 分成以下三类①:

(1) 大型企业 CRM:以全球企业或大型企业为目标客户;

(2) 中型企业 CRM:以员工人数为 200 人以上、跨地区经营的中型企业为目标客户;

(3) 小型企业 CRM:以员工人数为 200 人以下的中小企业为目标客户。

在 CRM 的具体实践中,大型企业与中小型企业相比有很大的不同。第一,在信息处理和使用方面,大型企业的业务规模远大于中小型企业,大型企业需要处理的信息量非常大。第二,在业务方面大型企业有明确的分工,强调严格的流程管理,各业务系统都有跨地区的垂直机构,形成纵横交错、庞大而复杂的组织体系,导致不同业务、不同部门、不同地区间的信息交流与共享存在困难;而中小型企业的组织架构较为简洁,业务分工不一定很明确,业务流程的弹性更大。正是因为这些不同,大型企业需要更复杂和更庞大的 CRM,中小型企业的 CRM 则需要具备更好的可伸缩性。

此外,在企业的 CRM 中,越是高端应用,其行业差异性越大,要求也相应越高,因而出现一些专门针对特定行业的应用解决方案,如针对银行、保险、电信、制药、大型零售等行业的 CRM 应用解决方案。

8.4.2 按应用集成度分类

CRM 涵盖整个客户生命周期,涉及众多的企业业务流程,如营销、销售、服务和订单管理等,CRM 既要完成单一业务的处理,又要实现不同业务间的协同。同时,作为企业信息化整体应用中的一个组成部分,CRM 还要充分考虑与企业其他应用系统的集成应用问题。但是,不同企业或同一企业的不同发展阶段,对 CRM 与其他系统的集成应用有不同的要求,因此,可以根据集成度,将 CRM 分成 CRM 专项应用、CRM 整合应用、CRM 企业集成应用。

(1) CRM 专项应用。CRM 专项应用主要是针对 CRM 的一些特定功能模块的应用。呼叫中心是 CRM 专项应用的典型代表,代表品牌有亚美亚、合力亿捷等。营销自动化是以营销活动为主导的 CRM 专项应用,代表品牌有 Hubspot、径硕科技等。另外,还有一些诸如数据库营销、目录营销等方面的专项应用。对于中国的中小型企业而言,由于资金、技术等方面的限制,在 CRM 的应用初期,可以根据企业实际需求,在总体规划的基础上,先实施一些专项应用,再逐步实现 CRM 的整体解决方案。这是一条中小型企业实施 CRM 的现实发展之路。到目前为止,CRM 专项应用仍然具有广阔的市场,并处于不断地发展之中。

(2) CRM 整合应用。对于很多企业而言,必须实现多渠道、多部门、多业务的整合

---

① 国家统计局从统计学意义上对不同行业的大中小型企业的划分标准进行了规定,行业不同,划分的标准也会存在差异。例如,员工人数为 200 人的企业,在工业领域,属于小型企业,在零售业属于中型企业,在批发业则属于大型企业。本书给出的划分标准仅作为一种参考。

与协同，实现信息的同步与共享，此时 CRM 整合应用就派上了用场。CRM 业务的完整性和软件产品的组件化及可扩展性是衡量 CRM 整合应用能力的关键。这方面的代表品牌有 Oracle、Pivotal 和用友。

（3）CRM 集成应用。CRM 需要实现与企业其他应用系统的集成应用，才能真正实现"以客户为中心"的经营战略。例如，CRM 与 ERP、SCM 的集成以及群件产品，这方面的代表品牌有 Oracle、SAP 等。CRM 与 ERP、SCM 的整合是企业重要的 CRM 集成应用。集成的方式可以基于企业应用集成（Enterprise Application Integration，EAI）的体系结构，将 CRM、ERP、SCM 及其他企业内部或企业间的多个应用系统集成到一个虚拟的、统一的应用系统中，实现系统的无缝集成，彻底消除信息隔离。

8.4.3 按 CRM 功能分类

虽然所有 CRM 都应该是一种"以客户为中心"的解决方案，但不同 CRM 的功能侧重点是不同的。按照功能层次的不同，可以把 CRM 系统分为运营型 CRM、协作型 CRM 和分析型 CRM。

（1）运营型 CRM。运营型 CRM 建立在这样一种概念之上，即客户管理对企业的成功很重要，它要求实现所有业务流程的自动化，包括多渠道"客户接触点"的整合，以及前后台运营之间的无缝连接与整合。运营型 CRM 应用于企业中直接面对客户的部门，使这些部门在日常工作中能够共享客户资源，减少信息滞留点，形成一个虚拟的综合部门，从而实现企业业务流程的自动化，全面提高企业同客户交流的能力和效率。运营型 CRM 一般由销售流程自动化、营销自动化和客户服务与支持三个基本功能组成。

（2）协作型 CRM。协作型 CRM 让企业客户服务人员与客户能够协同工作，实现全方位为客户提供交互式服务和收集客户信息，实现多种客户交流渠道（如呼叫中心、面对面交流、网站、传真）的集成，使各渠道信息可以相互流通，保证企业和客户都能得到完整、准确、一致的信息。协作型 CRM 由呼叫中心、传真、电子邮件、网上互动交流和现场接触等几部分组成，有助于实现企业与客户的全方位交流。

（3）分析型 CRM。分析型 CRM 侧重分析客户数据，使企业更清晰地了解客户类型，准确把握不同类型客户的需求，从而能够最大限度地挖掘客户需求以及更好地服务客户。分析型 CRM 的设计主要是利用数据仓库、联机分析处理（On-line Transaction Procession，OLTP）和数据挖掘等计算机技术，将交易操作所累积的大量数据过滤并储存在数据仓库中，然后基于统一的客户数据视图，再利用联机分析处理和数据挖掘技术，建立各种分析模型，最后通过可视化的数据结果反馈给管理层及相关部门，为企业经营决策提供支持。

实际上，各种 CRM 并没有严格区分为单一的运营型、分析型或协作型，而通常是多种功能相互穿插。企业与客户互动就需要结合运营型 CRM 和分析型 CRM。例如：客户通过门户网站提交要求信息，其要求通过运营型 CRM 传递给数据仓库，后经由分析型 CRM

操控数据仓库，其所需信息返回到客户界面。运营型 CRM 管理客户接触点，分析型 CRM 管理数据仓库，进行用户分析与决策。一个强大的 CRM 应该涵盖运营型 CRM 和分析型 CRM 的功能，将前端的"客户接触点"与后台的数据仓库相结合，也就产生了协作型 CRM。这三类 CRM 的关系如图 8.7 所示。

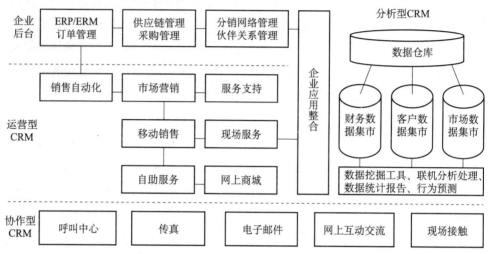

图 8.7　运营型 CRM、协作型 CRM 和分析型 CRM 的功能定位

8.5　SaaS 模式的 CRM

8.5.1　SaaS 的概念

近几年来，基于 SaaS 的应用方式越来越受到企业的关注。SaaS 是一种通过互联网提供软件的模式，SaaS 提供商为企业搭建信息化所需要的所有网络基础设施，并负责所有前期的实施、后期的维护等，企业无须购买设备、建设机房、招聘信息技术人员，而是根据实际需要，向 SaaS 提供商租赁软件服务，通过互联网使用信息系统。SaaS 不仅降低了传统的软件授权费用，而且通过厂商将应用软件部署在统一的服务器上，免除了最终用户升级和维护服务器硬件、网络安全设备和软件的支出，客户只需要一台能上网的终端就可以获得所需的软件和服务。

SaaS 是一种软件布局模型，其应用专为网络交付而设计，便于用户通过互联网实现业务的托管、部署及接入。SaaS 模式软件的价格通常为"全包"费用，囊括了通常的应用软件许可证费、软件维护费以及技术支持费，以月度租用费的形式向用户收取。

对于中小型企业来说，SaaS 是采用先进技术提高信息化水平的最好途径。但 SaaS 绝不仅仅适用于中小型企业，所有规模的企业都可以从 SaaS 中获利。

8.5.2　SaaS 模式软件与传统软件的区别

传统的信息化管理软件已经不能满足企业的发展要求，与移动通信和宽带互联网的高速发展相适应，移动商务才是未来发展的趋势。SaaS 模式软件的出现，使企业传统管理软件正在经历深刻的变革。SaaS 模式软件有许多区别于传统管理软件的独特优势：

1. SaaS 模式软件的低成本性

企业要在激烈的市场竞争中取胜，首先就要控制好运营成本，提高运营效率。以往，企业管理软件的大额资金投入一直是阻碍企业（尤其是中小型企业）信息化发展的因素之一，SaaS 模式软件的出现无疑使这个问题迎刃而解。

从本质上看，SaaS 模式软件的应用属于信息技术服务外包。企业无须购买软件，而是以租赁的方式使用软件，不会占用过多的营运资金，从而缓解企业资金不足的压力。企业可以根据自身需求选择所需的软件服务，并可按月或按年交付一定的租赁费用，这样就大大降低了企业购买软件的成本和风险。企业在购买 SaaS 模式软件后，可以立刻注册开通相关服务，而不需要花很多时间去考察、开发和部署，为企业节约了宝贵的时间成本。

2. SaaS 模式软件的多重租赁性

多重租赁是指多家企业以租赁的形式将其数据和业务流程存放在 SaaS 服务供应商的同一组服务器上，这些企业尽管会共用相同的系统或程序组件，但是多重租赁技术可以确保各家企业的应用环境相互隔离以及数据相互隔离，也就是说服务供应商将一套系统同时出租给了多家企业，每家企业运行程序时不会对其他的企业造成干扰，各家企业在系统中只能看到自己的数据。由于多重租赁架构下所有用户都共用相同的软件环境，因此只需要优化或升级一次系统，就可以实现所有用户运行环境的优化与升级。多重租赁技术有效地降低了环境搭建成本以及系统的维护和升级成本。

3. SaaS 模式软件灵活的定制功能

在发展的初期，SaaS 模式为客户提供标准化的产品，这种方式既满足了客户在功能上的基本需求，同时又确保了价格上的优势，因此 SaaS 模式能够短期内吸引大量的中小型企业用户。由于不同行业有不同的商业模式，同一行业中不同的企业有不同的需求，所以提供定制功能成为 SaaS 模式新的发展方向。SaaS 模式的定制功能主要体现在功能个性化、业务流程个性化和数据个性化三个方面。

（1）功能个性化。企业可以根据自身所处的发展阶段和业务特点，租用当时所需要的功能，一旦企业规模扩大，产生了更多的功能需求，SaaS 供应商可以为企业开放新的权限，同样的，若企业规模缩小，功能需求变少，SaaS 供应商可以将部分权限关闭。

（2）业务流程个性化。企业可以根据自身业务流程特点，自定义字段、菜单、报表、权限、视图、统计图、工作流和审批流等，自定义操作简单，可以由没有技术背景的员工完成。

（3）数据个性化。一方面，SaaS 供应商可以从用户需求角度出发，把用户的需求转化为系统的可执行模型，服务于不同的用户；另一方面，企业可以自行设定逻辑关系进行数据筛选，查询自己所需要的详细信息。

4. SaaS 模式软件的可扩展性

与传统企业管理软件相比，SaaS 模式软件的可扩展性更强大。在传统管理软件模式下，如果软件的功能需要改变，那么相应的代码也需要重新编写，或者是预留出一个编程接口让用户进行二次开发。

在 SaaS 模式软件中，用户可以通过输入新的参数变量，或者制定一些数据关联规则来开启一种新的应用，这种模式也被称为"参数应用"。而提高可扩展性的方式是自定制控件，用户可以在 SaaS 模式软件中插入代码实现功能扩展。这样还能够大大减轻企业内部信息技术员工的工作量，有助于加快实施企业的解决方案。

8.5.3　SaaS 模式软件面临的挑战

SaaS 模式软件同样也面临一些挑战，比如需要使用新技术、安全性不稳定、客户的接受程度存在差异等。

1. 新技术

采用 SaaS 模式软件，供应商除了需要配备熟悉系统管理和传统信息技术的专业人员，还应该开发两个应用系统——一个用来为最终用户服务，另一个则是自己使用，这两个应用系统几乎同样重要，也同样需要不小的投入。

2. 安全性

SaaS 模式软件的数据存储在互联网上，掌握在 SaaS 模式软件供应商手中，因此，安全性应该是企业在选择使用 SaaS 模式软件时需要重点考虑的问题。同时，SaaS 模式软件供应商更应该加大力度保证用户数据的安全性，确保用户数据系统的安全，以免用户因数据泄露遭受损失。SaaS 模式软件安全性是否稳定，这一直是一个存在争议的问题，也是企业所关心的问题，SaaS 模式软件供应商应着力于改进技术，给用户提供一个安全、稳定的平台，消除用户顾虑。

3. 客户的接受程度

并不是所有行业和客户都愿意接受 SaaS 模式软件，客户的接受程度存在差异。同样，也不是所有客户使用 SaaS 模式软件都会取得较好的效果。供应商需要了解自己的目标市场，需要知道客户使用 SaaS 模式软件后可获得的收益。

使用 SaaS 模式软件能使部署在短时间内完成，节约搭建基础环节的费用，并且能够处理好一般的业务流程，这样企业就可以专注于自身领域，从而创造真正的差异化优势，同时 SaaS 模式软件能促使企业使用标准化的业务流程。这些都是 SaaS 模式软件显而易见的优势，也正是这些优势，决定了 SaaS 模式软件更多地将面向中小型企业，帮助原本没实力开展信息化的中小型企业实现信息化。

CRM 是目前 SaaS 模式的重要应用，SaaS 模式的 CRM 供应商向企业出租部分或全部的 CRM 功能，提供部分或全部的支持性服务，以满足客户的需要。SaaS 模式 CRM 的代表厂商有国际品牌 Salesforce 和国内品牌八百客。

◎ 补充阅读

北京京都儿童医院为何选择康策智慧医院 CRM 系统解决方案？

北京京都儿童医院是一家大型民营三级儿童医院，以守护儿童的生命与健康为己任。医院为规范医院信息化运营，降低医院成本，提高运营效率，积极推进数字化转型升级，进行业务服务环节再造。如何保证提高效率的同时提供优质服务，提高患者就医满意度？如何整合住院前、住院中、住院后的患者数据，形成标准化的 CRM 系统大数据中心？这些问题成为医院发展的重点。经过长时间的选型调研和内部流程的梳理，结合自身医疗服务模式的特点，并详细了解康策智慧医院 CRM 系统与医院业务的适配度和其他医疗机构的使用反馈后，北京京都儿童医院最终选择了康策智慧医院 CRM 系统解决方案。

（一）实现医疗服务路径体系全流程数字化

康策智慧医院 CRM 系统帮助北京京都儿童医院建立完整的医疗服务路径体系，建设贯穿住院前、住院中、住院后不同时期的客户管理、服务及运营的医疗行业 CRM 系统平台，通过标准化业务流程和数字化过程，沉淀业务流程数据，助力医院数字化业务转型和数字化管理。具体实施方式是通过 CRM 系统管理医疗服务业务的每个环节，打通所有业务数据，消除信息孤岛，形成闭环服务的平台型客户运营管理系统，实现客户全生命周期的数字化运营。医疗服务路径体系全流程数字化可以为患者提供智能化服务关怀和标准化的服务体验，极大地提升了客户满意度。

（二）以客户为中心的协作新服务模式

康策智慧医院 CRM 系统围绕"以客户为中心，以需求为导向"理念，通过整合院内信息系统和云呼叫中心等第三方平台的系统，建立完善的客户健康档案，多维度分析客户，把客户完整、准确的信息分发给相应的医院客服，更快、更好地响应客户需求，并为目标客户群体提供差异化的营销服务，提高响应效率，帮助客户更快地解决问题。

（三）营销管理助力个性化服务

康策智慧医院 CRM 系统存储的客户主诉诊疗记录，为诊后按疗程进行个性化随访和提供专属服务保驾护航。系统中的报表与统计图表可以帮助医院的管理者全面了解医院运营情况，做出科学决策。康策智慧医院 CRM 系统满足儿童医院的日常管理需求，帮助客户经理、客服人员更好地实现工作分配和衔接，提升医疗发展部市场转化和团队效能，标准化行业销售流程，有效提高客户转化率。

（四）满足儿童医院商业保险特色需求

北京京都儿童医院接受大部分主流保险公司提供的医疗保险计划。康策智慧医院 CRM 系统根据家长购买的商业保险合同，在系统中对保险公司的权益进行管理和维护。

例如，登记客户生日、手机号、姓名、合同号、有效期、保险公司、保险计划等基本信息，对商业保险客户设置 30 天合同到期提醒，结算时提示商业保险理赔资料，根据客户权限打印商业保险客户消费明细账单等。

（五）集成云呼叫中心优化服务

呼叫中心系统是医院品牌营销的重要沟通工具。北京京都儿童医院 CRM 系统对接集成了容联七陌云呼叫中心系统，实现了医院 CRM 系统与通信能力的融合。当患者通过电话咨询时，CRM 系统会自动显示来电弹屏窗口，直观查看历次来电记录、记录本次来电事件信息，建立并更新患者档案。同时，根据与患者的沟通记录创建个性化的回访任务，通话记录支持回放和下载，为客户提供良好体验。

➡ 本章小结

CRM 应用解决方案应该具有统一的客户数据库、整合各接触点客户信息、商务智能决策等六个特征。具体到 CRM 系统需要实现营销、销售和客户服务三部分业务流程的信息化，数据仓库则为商务决策提供支持。CRM 系统包括市场营销管理、销售管理、服务管理、呼叫中心等子系统，基本功能模块主要有客户管理、联系人管理、时间管理、潜在客户管理、销售管理、电话销售、营销管理、电话营销、客户服务、呼叫中心、商务智能、知识管理、电子商务等。CRM 系统应用受行业、企业规模等因素的影响，按目标企业的规模可分为大型企业 CRM、中型企业 CRM 和小型企业 CRM；按应用集成度可分为 CRM 专项应用、CRM 整合应用和 CRM 集成应用；按 CRM 功能可分为运营型 CRM、协作型 CRM 和分析型 CRM。目前，SaaS 模式的 CRM 系统在市场上广受欢迎。软件提供商可以为企业搭建信息化所需要的所有网络基础设施及软件、硬件运作平台，并负责所有前期的实施、后期的维护等一系列服务，企业无须购买设备、建设机房、招聘信息技术人员，而是根据实际需要，向 SaaS 模式软件提供商租赁软件服务，通过互联网使用信息系统。与传统管理软件相比，SaaS 模式软件具有低成本性、多重租赁性、灵活的自定制功能、可扩展性等特点。

➡ 思考题

1. CRM 应用解决方案应具有哪些特征？
2. 简述 CRM 系统的基本结构。
3. CRM 系统主要包括哪些功能模块？
4. CRM 系统按应用集成度可划分为哪几类？
5. 比较运营型 CRM、协作型 CRM 和分析型 CRM。
6. 调研当前市场上 SaaS 模式软件的应用现状。

实训项目　CRM 功能模块在管理中的应用

实训目的

(1) 使学生熟悉 CRM 软件的构成和功能；

(2) 使学生理解 CRM 软件的功能模块是如何与客户业务结合的。

实训要求

从手机应用商店中下载安装一个 CRM App，自行设定公司角色，为该公司设计一个市场活动，在 CRM App 上完成开发新用户的所有流程。

实训步骤

1. 下载安装 CRM App。

2. 设计一个市场活动，并在 App 中录入市场活动的相关信息。

3. 在 App 中录入该市场活动中获取的潜在客户信息资料。

4. 安排好开发潜在客户的日程，做好客户开发计划并实施，将每次与客户接触的信息录入系统中。

5. 完成客户开发，签订合同。

6. 客户发出一个服务请求，在系统中录入请求的内容、处理的过程和结果等信息。

实训记录

以文字、表格和截图等形式记录实训内容，完成实训报告。

实训提交材料

每组（2～4 人为一个团队）提交一份《CRM 功能模块在管理中的应用实训报告》。

实训资料获取方式

关注微信公众号"CRM 学习与研究"，回复"CRM 功能模块报告"后自动获取链接。

第 9 章　数据仓库

■ **学习目标**

（1）了解数据仓库产生的背景
（2）掌握数据仓库的概念、特点以及与传统数据库的区别
（3）了解数据仓库的结构
（4）了解从数据仓库到数据中台的发展过程

案例导入

Sybase 数据仓库解决方案在贵州电信的应用

随着电信市场的逐步开放，新兴的运营商不断产生，电信市场的竞争日趋激烈。一方面，为了能够在竞争中生存和持续发展，各电信运营商都对企业的经营管理提出了更高的要求。另一方面，电信运营商原来为支撑各种业务运营所建立的计算机管理系统，由于功能比较单一，已无法全面满足企业经营管理工作的需要，突出表现在单一系统产生的报表难以满足企业管理的要求，相对固定的报表不能跟上市场形势的变化，以及庞大的数据库系统不能有效地产生企业知识。电信运营商迫切需要寻找到一种新的经营管理支撑手段，使管理人员能够及时准确地了解市场竞争、业务发展和资源使用情况，以便及时发现问题和解决问题。

电信运营商通过建设经营分析系统，能够最终实现基于计算机管理系统的量化的闭环现代管理方式，即由管理层制定政策，各生产部门根据管理层制定的政策组织业务管理，并把相关信息反馈给管理层，最后管理层分析反馈的信息，进行政策调整，从而完成企业管理的闭环。

（一）贵州电信经营分析系统建设思路

第一，需要确定建设的路线和方针。贵州电信在这方面有着较完整的思路，为了有效地应对将来剧烈的市场变化，数据的集中是很关键的，集中的数据提供全省整体的视图，是全局决策的基础。因此经营分析系统作为综合业务管理系统的一部分，同样也按全省集中模式进行建设。全省集中模式是指"一级平台，两级应用"。"一级平台"即在省一级建立统一的软硬件平台，对全省数据进行集中统一管理，同时建立相应的容灾系统"两级

应用",即对系统应用而言,建立省中心和本地网两级应用模式。各地的服务器和终端根据本地网规模及功能要求按需配置。各地的客户资料、资源等数据以及主用系统与容灾系统之间的数据传输通过贵州电信数据通信网络(Data Communication Network,DCN)实现。

第二,需要确定采用的技术路线。贵州电信在对诸多数据仓库产品进行考察之后,考虑到Sybase产品的优异特性和在数据仓库行业的丰富经验,如广东电信运营分析系统、大鹏证券数据仓库项目、全国铁路客票系统、招商银行数据仓库项目、兴业证券数据仓库系统等都使用了Sybase产品,最终贵州电信选择了Sybase提供的解决方案。

(二)Sybase商务智能方案

根据贵州电信综合业务管理系统的要求,Sybase和创智科技一起建议该决策支持系统解决方案采用集中式数据仓库建立的方式。决策分析系统从各业务系统采集所需数据,经过整理转换后,供决策分析系统使用。

数据仓库的实施是一个相当复杂的过程,Sybase提供了覆盖整个数据仓库建立周期的一套完整的产品包:Warehouse Studio,它包括数据仓库建模、数据集成和转换、数据存储和管理、元数据管理和数据可视化分析等产品。其逻辑架构如图9.1所示。

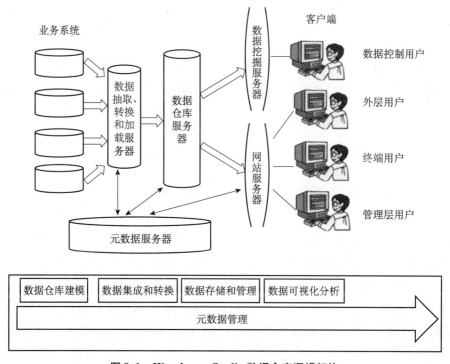

图9.1 Warehouse Studio数据仓库逻辑架构

(三)系统主要功能

数据采集:采集系统管理、手工录入采集、脱机平面文件采集和联机数据的抽取采集。

主题分析：客户主题分析、业务发展主题分析、账务主题分析、营销管理主题分析、市场竞争主题分析和服务质量主题分析。

专题分析：客户流失分析、客户发展分析、客户信用度评估分析、营销计划预演、竞争对手分析、高额欺诈分析和业务使用情况分析。

（四）结束语

Sybase 的整体解决方案有效支撑了当前贵州电信决策经营分析系统的建设，整体方案领先的技术、开放的架构以及与战略合作伙伴的软件集成的策略，为整个系统适应将来剧烈的市场变化环境对经营分析系统的高适应性要求提供了坚实的基础。

资料来源：豆丁网.Sybase 数据仓库应用贵州电信成功案例［EB/OL］.［2022-05-16］.https：//www.docin.com/p-1142484364.html.

思考：贵州电信为什么要建数据仓库？

9.1 从数据库到数据仓库

在竞争激烈的网络经济时代，随着互联网的迅速发展、营销理念的更新，企业保持客户所面临的困难越来越大，如何加强对企业客户资源的管理、开发与利用变得越来越重要。利用数据仓库，企业可以对客户行为进行分析与预测，从而制定准确的市场策略、发现企业的重点客户和评价市场性能，并通过销售和服务等部门与客户交流，提高企业利润。因此，从某种意义上来说，数据仓库是客户关系管理的灵魂。

9.1.1 数据仓库的产生

"数据库"（Data Base）起源于 20 世纪 50 年代，当时美国军方的计算机系统将从世界各地搜集起来的情报存储起来，称之为"信息库"（Information Base）或"数据库"。20 世纪 60 年代起计算机应用开始进入企业管理领域；20 世纪 70 年代初，建立在较完备的数据库技术和理论基础上的数据库产品一进入市场就受到了各类用户的欢迎。

市场需求是技术发展的原动力。在数据库应用的早期，计算机系统所处理的是传统手工业务自动化的问题。例如银行的储蓄系统、电信企业的计费系统等，都属于典型的 OLTP 系统。当时，一个企业可以通过拥有 OLTP 的计算机系统获得强大的市场竞争力。例如，20 世纪 80 年代末，中国工商银行率先在北京推出了个人储蓄通存通兑业务，广大市民便将先前就近存于不同银行的存款一并取出而存入了中国工商银行。当时单位容量的联机存储介质十分昂贵，企业很难将大量资金投入到长时间地联机保存大量的历史业务数据方面。因此，OLTP 系统只涉及当前数据，系统积累下的历史业务数据往往被转储到脱机的环境中。此外，在数据库应用的早期，还缺乏大量的历史数据供统计与分析。因而

OLTP 成为整个 20 世纪 80 年代到 90 年代初数据库应用的主流。

经过多年的计算机应用和市场积累，许多商业企业已保存了大量原始数据和各种业务数据，这些数据真实地反映了商业企业主体和各种业务环境的经济动态。然而由于缺乏集中存储和管理，这些数据不能为本企业进行有效的统计、分析和评估提供帮助。也就是说，无法将这些数据转化成对企业有用的信息。具体地说，OLTP 不适合决策支持系统（Decision Support System，DSS）应用的原因概括起来主要有以下四点：

（1）OLTP 环境下的数据是分散而非集成的，业务数据往往被存放于分散的异构环境中，不易被统一查询访问，而且还有大量的历史数据处于脱机状态。

（2）OLTP 系统不具备数据动态集成的能力，数据源中数据发生的变化不能反映给决策者。

（3）对于决策分析而言，历史数据是相当重要的，企业的 OLTP 一般只需要当前数据。

（4）业务数据的模式是针对事务处理系统而设计的，数据的格式和描述方式并不适合非计算机专业人员进行业务上的分析和统计。

正因为如此，在实际操作中要从 OLTP 环境下的数据中获得有用信息并非易事。超市的经营者希望知道经常被同时购买的商品有哪些；保险公司想知道购买保险的客户一般具有什么特征；医学研究人员希望从已有的成千上万份病历中找出患某种疾病的病人有哪些共同特征……对于以上问题，现有信息管理系统中的数据分析工具无法给出答案。因为无论是查询、统计还是报表，其处理方式都是对指定的数据进行简单的数字处理，而不能对这些数据所包含的内在信息进行提取。随着信息管理系统的广泛应用和数据激增，人们希望能够使用更高层次的数据分析功能。为此，数据仓库应运而生。

在这样的背景下，人们专门为业务的统计分析建立了一个数据中心，它的数据可以从 OLTP 系统、异构外部数据源、脱机历史业务数据中得到；它是一个联机的系统，专门为分析统计和决策支持应用服务，可以满足决策支持和联机分析应用的所有要求。这个数据中心就叫作数据仓库。如果需要给数据仓库下一个定义，可以说，它是一个作为决策支持系统和联机分析应用数据源的结构化数据环境。数据仓库所要研究和解决的问题就是从数据库中获取信息。

数据仓库并不仅仅是一个存储数据的简单信息库，它实际上是一个"以大型数据管理信息系统为基础的、附加在这个数据库系统之上的、存储了从企业所有业务数据库中获取的综合数据并能利用这些数据为用户提供经过处理后的有用信息的应用系统"。如果传统数据库系统的重点与要求是快速、准确、安全、可靠地将数据存入数据库，那么数据仓库的重点与要求就是能够准确、安全、可靠地从数据库中取出数据，将其加工转换成有规律的信息之后，再供管理人员进行分析使用。

9.1.2 传统数据库与数据仓库的区别

1. 数据库用于事务处理

数据库存储大量的共享数据，作为数据资源用于管理业务中的事务处理，已经成为成熟的信息基础设施。数据库中存放的基本上是当前数据，随着业务的变化数据库中的数据随时更新。以学生数据库为例，随着新生的入校，该数据库中要增加这些新生的数据记录；随着毕业生的离校，该数据库中要删除这些毕业生的数据记录。数据库总是保存当前的数据记录。

不同的管理业务需要建立不同的数据库。例如，银行中储蓄业务要建立储蓄数据库，记录所有储蓄用户的存款及使用信息；信用卡业务要建立信用卡数据库，记录所有用户信用卡的存款及使用信息；贷款业务要建立贷款数据库，记录贷款用户的贷款及使用信息。

数据库是为事务处理需求设计和建立的，因而计算机在事务处理上发挥了极大的作用。但是，数据库在帮助人们进行决策分析方面就显得不适用了。例如，银行想了解用户的经济状态（收入与支出情况）以及信誉如何（是否超支、还贷情况等），以决定是否继续贷款给他，这种决策分析单靠一个数据库是无法完成的；而必须将储蓄数据库、信用卡数据库、贷款数据库集中起来，对其进行全面分析，才能准确了解他的经济状态及信誉。这样，银行才能有效地决定是否继续给此人贷款。

同时使用三个数据库进行操作并不是一件简单的事，由于三个管理业务各自独立，在建立数据库时对同一个人可能使用了不同的编码，对于他的姓名可能有的用汉字，有的用汉语拼音，有的用英文。这为同时使用三个数据库进行决策分析带来了困难。

2. 数据仓库用于决策分析

随着决策分析需求的扩大，支持决策的数据仓库开始兴起。它是以决策主题需求集成多个数据库，重新组织数据结构，统一规范编码，使其有效地完成各种决策分析。

从数据库到数据仓库的演变，体现了以下几点：

（1）数据库用于事务处理，数据仓库用于决策分析。事务处理功能单一，数据库完成事务处理的增加、删除、修改、查询等操作。决策分析要求数据较多。数据仓库需要储存更多的数据，用以提取综合数据的信息，以及分析预测数据的信息。

（2）数据库保持事务处理的当前状态，数据仓库既保存过去的数据又保存当前的数据。数据库中的数据随业务的变化一直在更新，总保存当前的数据，如学生数据库。数据仓库保留大量不同时间的数据，即保留历史数据和当前数据。

（3）数据仓库中的数据是大量数据库的集成但不是数据库的简单集成，而是按决策主题将大量数据库中的数据进行重新组织、统一编码进行集成。如银行数据仓库数据是由储蓄数据库、信用卡数据库、贷款数据库等多个数据库按"用户"主题进行重新组织、编码和集成而建立的。可见，数据仓库的数据量比数据库的数据量大得多。

（4）对数据库的操作比较明确，操作数据库量少；对数据仓库的操作不明确，操作数据量大。一般对数据库的操作都是事先知道的事务处理工作，每次操作（增加、删除、修改、查询）涉及的数据量也小。对数据仓库的操作都是根据当时决策需求临时决定而进行的。如比较两个地区某商品销售的情况。该操作涉及的数据量很大，不是几个记录数据，而是两个地区中多个商店的该商品的所有销售记录。

3. 数据库与数据仓库的对比

数据库与数据仓库的对比如表 9.1 所示。

表 9.1 数据库与数据仓库对比

数据库	数据仓库
保存当前数据	保存过去和现在的数据
数据操作是重复的	数据操作是启发式的
操作需求是事先可知的	操作需求是临时决定的
一个操作存取一个记录	一个操作存取一个集合
数据非冗余	部分数据冗余
操作比较频繁	操作相对不频繁
查询的是原始数据	查询的是经过加工的数据
事务处理需要的是当前数据	决策分析需要过去和现在的数据
很少有复杂的计算	很多复杂的计算
支持事务处理	支持决策分析

9.2 数据仓库的定义与特点

数据仓库的概念是由威廉·伊蒙（William Inmon）在《建立数据仓库》（*Building the Data Warehouse*）一书中提出的。数据仓库是以关系数据库、并行处理和分布式技术为基础的信息新技术。从目前的形势看，数据仓库技术已紧跟互联网，成为信息社会中企业获得竞争优势的又一关键技术。

9.2.1 数据仓库的定义

1992 年，伊蒙在《建立数据仓库》中系统地阐述了数据仓库的思想，为数据仓库的发展奠定了基石，伊蒙也因此被尊为"数据仓库之父"。在《建立数据仓库》中，伊蒙将数据仓库描述为：一个面向主题的（Subject-oriented）、集成的（Integrated）、非易失的（Non-volatile）、随时间而变的（Time-variant）的数据集合，用于支持管理层的决策过程。

我们可以从两个层次理解：其一，数据仓库用于支持决策，面向分析型数据处理，它不同于操作型数据库；其二，数据仓库用于对多个异构的数据源有效集成，集成后按照主题进行重组，并包含历史数据，而且存放在数据仓库中的数据一般不再修改。

9.2.2 数据仓库的特点

以下对数据仓库的四个特点进行分析:

1. 面向主题性

传统数据库的数据面向事务处理任务,各个业务系统之间各自分离;而数据仓库中的数据是按照一定的主题进行组织的。主题是数据归类的标准,是指用户使用数据仓库进行决策时所关心的重点方面,每个主题基本对应一个宏观的分析领域。例如,保险公司的数据仓库的主题为客户、政策、保险金和索赔等。基于应用组织的数据库则完全不同,它的数据只是为处理具体应用而组织在一起的。例如,保险公司基于应用组织的数据库是汽车保险、生命保险、健康保险和意外伤害保险,以及月度、季度、年度报表等。

2. 数据的集成性

面向事务处理的传统数据库通常与某些特定的系统相关,如财务、人事、销售、生产等系统,数据库之间相互独立,数据源往往是异构的,即不同数据库中编码、命名习惯、实际属性、属性度量等方面不一致,比如,对客户的性别编码,有的系统用"男"和"女"表示,有的用"0"和"1"表示;再比如,产品编码、人员编码等在不同的系统中可能采用不同长度的字符串表示等。而数据仓库中的数据是在对原有分散的数据库数据抽取、清理的基础上经过系统加工、汇总和整理得到的,必须消除源数据中的不一致性,即当这些数据进入数据仓库的时候,必须使之在数据仓库中有统一的表示方法和含义。

3. 数据的非易失性

传统数据库中的数据通常会实时更新,数据根据需要及时发生变化。数据仓库的数据主要供企业决策分析使用,大多表示过去某一时刻的数据,主要用于数据查询。一旦某个数据进入数据仓库,一般情况下将被长期保留,除非数据仓库中的数据是错误的,否则通常不会进行修改和删除。数据仓库的操作除查询外,还可定期加载,即追加数据源中新产生的数据。数据在追加以后,一般不再修改,因此在数据仓库中可以通过使用索引、计算等方式提高数据仓库的查询效率。数据的非易失性即相对稳定性,可以支持不同的用户在不同的时间查询相同的问题时,获得相同的结果,消除了以往决策分析过程中面对同一问题而结论不同的尴尬。

> **课堂实训**
>
> 应用传统的数据库进行决策分析,为什么可能会出现面对同一问题而结论不同的情况?

4. 数据的时变性

数据仓库中的数据不可更新是针对应用来说的,也就是说,数据仓库的用户进行分析处理时是不进行数据更新操作的。但这并不意味着,在从数据集成输入数据仓库开始到最终被删除的整个数据生存周期中,所有的数据仓库数据都是永远不变的。

数据仓库的数据随时间的变化而变化，这一特征表现在以下三方面：

（1）数据仓库随时间变化不断增加新的数据内容。数据仓库系统必须不断捕捉 OLTP 数据库中变化的数据，追加到数据仓库中去，也就是要不断地生成 OLTP 数据库的快照，经统一集成后增加到数据仓库中去；但对于确实不再变化的数据库快照，如果捕捉到新的变化数据，则只生成一个新的数据库快照增加进去，而不会对原有的数据库快照进行修改。

（2）数据仓库随时间变化不断删去旧的数据内容。数据仓库的数据也有存储期限，一旦超过了这一期限，过期数据就会被删除。只是数据仓库内的数据时限要远远长于操作型环境中的数据时限。在操作型环境中一般只保存 60～90 天的数据，而在数据仓库中则需要保存较长时限的数据（通常为 5～10 年），以适应 DSS 进行趋势分析的要求。

（3）数据仓库中包含有大量的综合数据，这些综合数据中很多跟时间有关，如数据经常按照时间段进行整理，或隔一定的时间进行抽样，等等。这些数据要随着时间的变化不断地进行重新整理。因此，数据仓库的数据特征都包含时间项，以标明数据的历史时期。

9.3 数据仓库的系统结构

整个数据仓库系统是一个包含 4 个层次的体系结构，如图 9.2 所示。

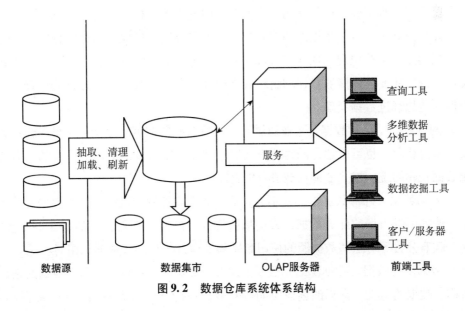

图 9.2 数据仓库系统体系结构

1. 数据源

数据源是指存储在数据仓库中的数据来源。从数据仓库在使用过程中所涉及的数据来源看，数据源包含业务数据、历史数据、办公数据、网页数据、外部数据和数据源元数据。

（1）业务数据。业务数据是指那些从组织目前正在运作的业务处理系统那里收集到的，并且保存在业务处理系统中的数据。业务处理系统的数据存储可能是由关系型数据库、非关系型数据库或文件系统所构成的。对于业务数据，必须分析哪些数据可以加载到数据仓库的事实表和维度表中。若因各种原因，在数据仓库生成以后，才能决定某个业务数据需要加入数据仓库，那该业务数据就是一个新的数据源。需要先对数据仓库的原始数据模型进行维度分析，再根据现在数据模型定义新的事实表或扩充原有的事实表，且为源数据定义新的维度表。

（2）历史数据。历史数据是指组织在长期的信息处理过程中所积累的数据，这些数据一般在业务处理系统中进行脱机处理，以光盘或其他脱机存储设备的形式保存，对业务系统的当前运行不起作用。但是这些历史数据对于数据仓库的用户却具有重要的使用价值，尤其是知识挖掘用户在进行知识挖掘时，需要大量的历史数据。这些数据需要根据数据仓库模型和用户的决策分析需求，确定是否要加载进数据仓库。

（3）办公数据。办公数据主要是指组织内部的办公系统数据，这些数据在表现形式上为电子数据和非电子数据两种。电子数据主要指以电子表格、数据库或文字处理文档等形式保存的数据。非电子数据主要指那些文字描述的文件、通知、会议纪要等。从数据的结构形式看，办公数据有的是以二维表格展示的结构化数据，有的是以文字处理文档展示的非结构化数据。因此，办公数据源的数据结构是十分复杂的，这给数据仓库的数据抽取和加载增加了很大的难度。部分办公数据有时甚至需要进行人工处理以后才能加载到数据仓库中。办公数据在数据仓库中常常用于支持对部门的决策分析。

对于办公数据中非电子数据的抽取和加载，首先要用扫描仪将书面文档转变为电子图像，然后利用光学字符识别（Optical Character Recognition，OCR）软件将图像文件转换为文本文件，最后还要创建能够描述和组织文档内部信息的元数据。经过这些处理以后，非电子数据才能加载进数据仓库。

（4）网页数据。网页数据是企业通过互联网所获取的数据。这些数据可以通过企业的电子商务系统获取，也可以通过网络调查获取。网页数据大多是 HTML 格式的，需要将其转换成数据仓库的统一格式才能加载进数据仓库。

（5）外部数据。外部数据指那些不为企业所拥有或控制的数据。这些数据有的是电子形式的，例如证券市场的证券数据，或市场咨询部门的研究报告；有的是非电子形式的，如报刊、政府公告等。这些数据源的使用难度和处理方式与办公数据源相同。

（6）数据源元数据。数据源的元数据描述关于数据的一些说明，包含数据的来源、数据的名称、数据的定义、数据的创建时间等对数据进行管理所需要的信息。数据的来源，说明数据是从哪个业务数据、哪个历史数据、哪个办公数据、哪个网页数据、哪个外部系统抽取来的。数据的名称，说明数据现在和过去的名称。数据的定义，说明数据在数据仓库中的用途及数据类型、长度等。数据的创建时间，说明数据源的创建时间以及数据的变化。

2. 数据集市

数据仓库要从各种数据源中获得数据，必须具备有效的输入工具，对这些原始的"粗数据"进行必要的处理。由于并不需要这些粗数据源中的所有信息，因此，必须有选择地抽取需要的字段。除此之外，对一些必要的、但原始数据中缺乏的信息，也必须提供"默认值"。总之，由于数据仓库有自己的独立数据库系统，字段长度、字段类型、索引定义等与源数据库有很大的不同，数据在导入之前，需要进行各种转换工作。

由于数据仓库的数据来源十分复杂，这些数据在进入数据仓库之前常常需要在数据准备区内进行标准化、过滤与匹配、净化等处理。

（1）数据的标准化处理。在数据准备区的标准化处理主要是将同名不同内容的、同内容不同名的、同名同内容但不同结构的数据进行标准化处理。例如，在不同的数据源中关于销售地点"北京市"，有的用了"北京"，有的用了"北京市"，有的甚至用了"京"等，但是它们的实际含义都是一致的，为此需要对这些值进行统一处理，以避免在数据仓库的使用中产生混乱。

（2）数据的过滤与匹配。数据的过滤与匹配主要是对进入数据仓库的数据按照用户的需要进行筛选，将用户不需要的数据从数据源中剔除，而留下的数据要能够与数据仓库用户的需求相匹配。

（3）数据的净化处理。数据的净化处理，主要是对准备加载到数据仓库中的数据进行正确性判断，将那些内容错误、格式错误或类型错误的数据进行净化、修正处理。例如，数据仓库中的客户邮政编码是字符，但在有的数据源中却以数字类型表示。此时，就需要将其转换为字符类型。

（4）标明数据的时间戳。由于在数据仓库中要经常进行数据的概括，以分析数据整体的发展趋势，而数据的概括与发展趋势的分析，都需要指明数据的时间属性，因为数据的概括往往是基于时间进行的，而趋势的分析也是以时间为基轴描绘的。因此，在将数据加载到数据仓库之前，必须完成数据的时间戳设置，使数据具有时间属性。

（5）确认数据质量。数据仓库中数据质量的高低是数据仓库能否发挥作用的关键因素之一。例如，在对客户进行邮寄广告促销时，可能由于将客户名称拼写错误而惹怒客户，导致客户转向其他供应商，造成客户的流失。还有因客户地址的错误，而造成邮寄广告的浪费。如此众多信息应用失败，都是数据质量的低劣造成的。尽管在数据的标准化、数据的过滤与匹配和数据的净化处理过程中，已经对数据源进行了数据质量的提高操作，但是在将数据加载进数据仓库之前，还需要用各种方法来确认数据的质量。最好的方法是在数据源完成数据质量的确认处理。但是，由于各种各样的原因往往很难在数据源完成数据质量的确认，尤其是那些大量的外部数据源。因此，需要在数据准备区通过人工检测或软件自动检测的方式，完成数据质量的确认。

（6）元数据抽取与创建。在数据的精细化过程中，还需要从数据源中确定这些源数据的元数据内容，完成元数据的名称与定义及其有关描述，为今后管理数据仓库提供基础。

企业的所有数据经汇集整理后，集中到中央数据仓库，形成企业级的一致和完整的数据仓库，既可以进一步根据不同主题需要将中央数据仓库划分为不同数据集市，可以将不同数据集市统一为中央数据仓库。

3. OLAP 服务器

OLAP 的概念最早由"关系数据库之父"埃德加·考特（Edgar Codd）于 1993 年提出。考特认为 OLTP 已不能满足终端用户对数据库查询分析的要求，SQL 对大数据库的简单查询也不能满足用户分析的需求。用户的决策分析需要对关系数据库进行大量计算才能得到结果，而查询的结果并不能满足决策者提出的需求。

因此，考特提出了多维数据库和多维分析的概念，即 OLAP。OLAP 委员会对 OLAP 的定义为：使分析人员、管理人员或执行人员能够从多种角度对从原始数据中转换出来的、能够真正为用户所理解并真实反映企业状况的信息进行快速、一致、交互的存取，从而获得对数据的更深入了解的一类软件技术。OLAP 的目标是满足决策支持或多维环境特定的查询和报表需求，它的技术核心围绕"维"这个概念，因此 OLAP 也可以说是多维数据分析工具的集合。

数据仓库与 OLAP 的关系是互补的，现代 OLAP 一般以数据仓库为基础，即从数据仓库中抽取详细数据的一个子集，并经过必要的聚集存储到 OLAP 存储器中供前端分析工具读取。

数据仓库和数据集市是用于存储分析数据的场地，OLAP 是允许客户应用程序有效地访问这些数据的技术。OLAP 的优势有：①查询数据的预先计算可以大大缩短查询响应的时间；②多维数据模型使得检索、浏览数据更加简单；③有助于用户根据许多计算函数创建新的数据视图；④这种技术增强了安全性管理、客户机/服务器查询管理和数据缓存，允许数据库管理员（Database Administrator，DBA）优化用户需要的系统性能。

4. 前端工具

由于数据仓库的数据量庞大，必须有一套功能很齐全的分析工具来实现从数据仓库中提供辅助决策的信息，完成决策支持系统的各种要求。

（1）查询工具。数据仓库的查询不是对记录数据的查询，而是对分析要求的查询。以图形化方式展示数据，可以帮助用户了解数据的结构、关系以及动态性。

（2）多维数据分析工具。通过对多维数据进行快速、一致和交互的存取，以便用户对数据进行深入的分析和观察。多维数据的每一维代表对数据的一个特定的观察视角，如时间、地域、业务等。

（3）数据挖掘工具。从大量数据中挖掘具有规律性的知识，需要运用数据挖掘中的各种不同算法。

（4）客户/服务器（Client/Server，C/S）工具。数据库一般都是以服务器（Server）

形式在网络环境下提供服务，能对多个客户（Client）同时提供服务。

其中多维数据分析工具主要针对 OLAP 服务器，查询工具、数据挖掘工具主要针对数据仓库。

9.4 数据仓库的元数据

元数据是数据仓库环境的一个重要组成部分。元数据描述了数据仓库的数据和环境，被定义为是关于数据的数据，在数据仓库中扮演着重要的角色。元数据在数据仓库中不仅定义了数据仓库中有什么，还指明了数据仓库中信息的内容和位置，刻画了数据的抽取和转换规则，存取着与数据仓库主题相关的各类商业信息。可以说，整个数据仓库的运行（如数据的修改、跟踪、抽取、加载、使用等）都是基于元数据的。如果一个数据仓库中没有元数据，用户就不知道该如何进行数据分析。

元数据存储以下内容：数据结构的记录、源数据的记录、数据进入数据仓库时的转换记录、数据模型记录、数据模型与数据仓库关系的记录、抽取数据的历史记录等。

9.5 从数据仓库到数据中台[①]

9.5.1 数据中台产生的背景

数据仓库之所以能够支持决策，是因为数据仓库具有面向主题性、集成性、非易失性和时变性等特点。在进行数据仓库设计时，需要确定数据粒度，即数据仓库中所保存数据的细化或综合程度。细化程度越高，粒度就越小；细化程度越低，粒度就越大。数据仓库中包含大量的数据表，这些数据表中的数据以什么粒度来存储，将直接影响到数据仓库中数据的存储量及查询质量，并进一步影响到系统能否满足最终用户的分析需求。例如，银行的操作层存放的是以日为单位粒度的数据，业务系统中会存放最近 60 天交易活动的明细内容，这样便于用户查询近两个月的交易详情。数据仓库层则是将数据汇聚成以月为单位粒度的汇总数据。银行将过去长达十年的数据按每个账户每月交易信息进行汇聚，于是用户可以快速查询到自己过去十年每个月的交易概况，但无法查询到十年间每一周、每一天的交易情况。数据仓库每天的数据处理量一般为 TB 级，这对数据粒度形成了一定的限制。大数据背景下，数据仓库每天的数据处理量达到了 PB 级，数据复杂性也远高于传统

---

① 数据中台研习社. 从数据仓库到数据中台，终于有人能说清楚了［EB/OL］. (2022-05-15)［2022-05-21］. https://mp.weixin.qq.com/s/01C7Fi04DTD7Ou7c_qGyEw.

数据，大数据带来的挑战涉及数据采集、数据分析、数据治理、搜索、共享、存储、传输、可视化、查询、更新和信息安全等方面。传统数据仓库的存储和计算能力存在瓶颈，难以满足应用需求，大数据技术的兴起则解决了这一困境。

数据中台的概念起源于芬兰的一家公司——超级细胞（Supercell），这家公司仅有不到 200 名员工，却推出了一系列爆款游戏，年利润高达 15 亿美元。这家规模很小的公司设置了一个强大的数据中台，用以支持众多团队进行游戏研发。这些团队分散作战，每个团队成员不超过 7 人。团队可以自行决定研发方向，并以最快的速度推出游戏公测版。如果游戏没有得到用户积极的反馈，团队就马上放弃并重新寻找方向。依托于该数据中台，各个团队可以专注于创新，不用担心基础而至关重要的技术问题。2015 年，马云带领阿里巴巴众多高管拜访了这家公司，深切感受到了数据中台的强大，也因此受到了启发。随后，阿里巴巴提出了"大中台、小前台"的战略，将组织架构进行了全面调整，他们将支持类的业务放在中台，让中台承担支撑的工作；小前台则贴近一线，贴切客户，加速业务更新。自此，中台的概念在中国开始兴起。

此后的两年里，阿里巴巴对数据中台的探索有了一些成果，并逐渐趋于稳定，由此他们开始对外推广数据中台机制。2017 年以来，随着一些企业数据中台成功案例的发布，国内越来越多的企业开始探索和建设数据中台，了解数据中台的价值，研究如何建设数据中台，为企业数字化转型赋能。

9.5.2 数据中台的概念与特点

数据中台是指通过数据技术，对海量数据进行采集、计算、存储、加工，同时统一标准和口径，在形成标准数据后，再进行存储，形成大数据资产层，进而为客户提供高效服务。对于企业来说，数据中台是一套挖掘数据价值的可持续机制，即依据企业特有的业务模式和组织架构，通过有形的产品和实施方法论的支撑而构建的一套持续不断把数据变成资产并服务于业务的机制。从数据中台的进化过程来说，它是数据仓库的下一代产物，也是业务和技术发展成熟的必然要求。一方面，建设数据仓库，解决了企业历史数据的存储问题，但是随着企业的发展和数据的急速膨胀，数据仓库变得臃肿低效、缺乏灵活性。另一方面，大数据技术的发展大大提升了数据处理能力，让高效、敏捷的数据开发和数据服务成为可能。同时，随着 AI 的发展和人们理念的升级，传统的均非首次出现 BI 已经不能满足数据分析的需求，我们需要把数据仓库存储的大量数据盘活，让数据发挥效能、产生价值。数据中台就是由 AI 驱动，在数据仓库的基础上运用大数据技术实现的敏捷数据服务平台。

与数据仓库相比，数据中台主要有以下特点：

1. 敏捷化

传统的数据仓库倾向于大而全，因此建设成本高、周期长，同时因为架构复杂、层级较多，所以对新业务的适应能力较弱。一方面，由于数据仓库的数据覆盖面全，导致新上线系统的数据接入变得复杂；另一方面，数据模型层级的增加，也给数据仓库接口的改造造成困扰，因此通常一个数据仓库在其上线之初是最稳定、最合理的架构。后期随着业务的变迁和需求的不断增多，系统会变得杂乱无章。数据中台则聚焦于业务应用场景，通过一个平台化的数据中台直接为业务赋能，支撑所有业务的需求和运作。

2. 标准化

建立数据中台的目标是融合整个企业的全部数据，打通数据之间的隔阂，消除数据标准和口径不一致的问题。数据中台通常会对来自多方面的基础数据进行清洗，建立多个主题域，如用户主题域、商品主题域、渠道主题域、门店主题域等。数据中台遵循三个原则：一个数据（One Data）、一个地址（One ID）、一种服务（One Service）。即数据中台不仅可以汇聚企业的各种数据，而且能让这些数据遵循相同的标准和口径，进行统一标识，提供统一的数据服务接口。而传统的数据仓库主要用来做 BI 报表，功能很单一，只针对报表需要的基础数据进行抽取和清洗。如果新增一张报表，就要从底层到上层完整执行一次全套流程。

3. 平台化

在数据中台的建设过程中，非常注重平台能力。在数据接入方面，数据接口会更加标准化、配置化，从而简化数据接入的流程，提升数据接入的效率。在数据管理方面，更加注重集成平台的建设，包括数据治理、调度管理、元数据管理、数据服务等功能的实现。在数据应用方面，建立在数据中台上的数据应用不仅面向 BI 报表，还面向营销推荐、用户画像、AI 决策分析、风险评估等。上述这些应用具有需求变化快的特点，因此开发必须平台化，以便于快速迭代。

4. 数据来源多样化

数据中台的数据来源是全域数据，包括业务数据库、日志数据、埋点数据、爬虫数据、外部数据等，数据可以是结构化数据或者非结构化数据；而传统数据仓库的数据来源主要是业务数据库，数据格式以结构化数据为主。

数据中台能力架构如图 9.3 所示。

9.5.3 数据中台的应用

数据中台的应用场景很多，其中，最成熟的模块有固定报表查询、可视化大屏、移动 BI、用户画像等，新兴模块有自助分析和场景化智能应用，如智能推荐、智能营销、智能排班、智能补货等。

固定报表查询是历史悠久、也是应用最广泛的数据应用。一般由业务人员定义报表的筛选条件、指标展示样式，由技术人员开发实现。固定报表的优点在于，可以随意切换事先定义好的查询条件，数据按照固定的样式展现，方便进行钻取和切片分析。

可视化大屏、移动 BI 和用户画像都是固定报表查询的延伸。

（1）可视化大屏。现在各大企业对可视化大屏的需求非常旺盛，可视化大屏直接固

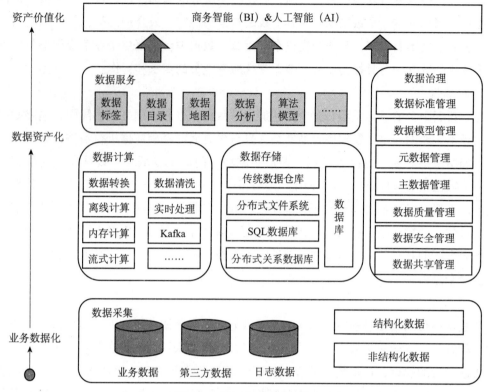

图9.3 数据中台能力架构

定筛选维度，用最直观的方式展现公司最核心的业务指标。相对于固定报表，可视化大屏主要有以下优点：①面积大、动画炫酷、色彩丰富，大屏在观感上给人留下震撼的印象，便于营造某些独特氛围、打造仪式感；②用可视化大屏展现数据简单明了，展示的都是管理层和大家公认的核心业务指标；③可视化大屏可配合实时数据，实现动态刷新的效果。

（2）移动BI。移动BI主要应用于管理层查看数据，因此要求指标相对简单，数据时效性要求也较高。移动BI最早作为BI软件的附属功能，主要供平板电脑使用。随着智能手机的普及和移动互联网的成熟，手机成为移动BI的主要查看工具。

（3）用户画像。用户画像是以个体为中心，设计不同的标签对客户进行多维度刻画和全方位描述。用户画像是对用户群体进行分类、实现精准营销的重要手段。用户画像的基础是标签体系，通过数据中台生产出标签数据，然后通过用户画像进行展现和应用。用户画像既可以是对单个对象的全面刻画，也可以是对一群人的标签统计分析。

在BI体系中，除了以上成熟的应用，自助分析也是正在快速成长的数据应用方向。传统的观念认为，业务人员只需要了解业务逻辑即可，在一个复杂底层逻辑的基础上，业务人员无法很好地完成报表自定义。然而，利用敏捷BI工具，即使没有任何SQL基础，也能轻松上手，做出漂亮的报表，大大降低了BI工具的使用门槛。敏捷BI工具具有投入成本更低、更加平民化、更加易于操作等特点，可以让更多的企业客户以较低的成本享受到最专业的数据分析服务,帮助企业用户快速准确地洞悉数据的商业价值,让企业决策更加"有据可依"。

除了上述应用,数据中台还有一个最重要的应用方向,即智能场景应用。数据智能应用是基于大数据引擎,通过大规模机器学习和深度学习等技术,对海量数据进行处理、分析和挖掘,提取数据中所包含的有价值的信息和知识,使数据变得"智能",并通过建立模型寻求现有问题的解决方案或者实现对未来业务的预测。当前能完成数据智能应用闭环的业务场景还很少。数据智能应用是数据中台未来需要重点开拓的方向。

◎ 补充阅读

基于互联网的全生命周期成本数据仓库的设计与实现

全生命周期成本(Life Cycle Cost,LCC)是指产品从开始酝酿,经过论证、研究、设计、发展、生产、使用一直到最后报废的整个生命周期内所耗费的研究、设计与开发费用、生产费用、使用和保障费用及最后报废费用的总和。要进行 LCC 的估算,必须收集大量的数据,而数据收集本身是需要花费成本的,如何降低数据收集成本是必须考虑的问题。进入 21 世纪后,国内制造业在信息化建设上的投入以平均超过 20%的速度稳定增长,再加上互联网平台的日益完善,合理开发网络技术、挖掘网络资源已是大势所趋,也成为收集 LCC 数据的新思路。

(一)基于互联网的 LCC 数据仓库的体系结构

基于互联网的 LCC 数据仓库系统主要从网站获取数据。我们无法得知这些包含目标数据的网站的物理结构和内部数据组织方式,即联系各个网页的物理方式和页面数据的物理存储格式,数据仓库只能与网站的表示层通信。因此,系统要确定从哪些网站获取所需的数据,要从网站的哪个网页开始采集数据。整个定位的过程是根据网站页面的表示层进行定制,而不是直接访问网站的数据库。由于网站页面的表示层会定期修改,为了长期采集数据,采集策略应该能够做简单高效的修改,具有一定的灵活性。例如,一些汽车网站的新车发布专栏非常活跃,会在第一时间公布即将发布车型的数据和参数,但是由于车型没有正式公布,很可能会出现反复修改的状况,这就需要数据仓库的元数据管理模块可以记录所有数据的来源,定期回访数据来源网页,比较数据仓库中的数据和来源网页数据,并在两者不一致时更新数据仓库中的数据,以保证数据仓库数据的正确性和时效性。此外,根据成本估算的需要,本数据仓库系统要为其他系统提供定制的数据和报表,为此,本系统需要具备批量数据输出功能,可以灵活地从数据仓库的多个表中筛选数据与记录字段,组合生成 excel 格式的报表或新的 SQL Server 数据表。基于互联网的 LCC 数据仓库的体系结构如图 9.4 所示。

(二)基于互联网的 LCC 数据仓库系统的主要模块

基于互联网的 LCC 数据仓库系统主要包括以下六个模块:数据采集、数据质量监控、数据维护与管理、数据仓库建立与分析、元数据管理与配置,以及数据展示。

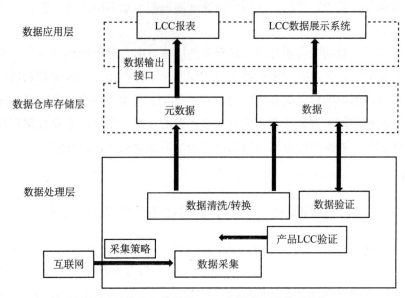

图9.4 基于互联网的 LCC 数据仓库的体系结构

1. 数据采集模块

对于产品全生命周期中的每一个成本构成因素，根据元数据管理模块的定义从网站中采集相关数据与信息，将目标网页保存到本地空间，同时抓取目标数据进入数据仓库数据准备区。

2. 数据质量监控模块

根据产品的成本特点制定质量标准，为数据采集过程提供对核心成本数据的自动验证和查缺补漏功能，提高数据采集的正确性和完整性；提供数据回访机制，保证本地数据与网络数据源的异步更新。

3. 数据维护与管理模块

为数据仓库的数据提供基本的备份还原功能；提供各类表操作及数据手工追加和修改功能；有选择地批量输出数据。

4. 数据仓库建立与分析模块

根据所规划的产品主题确定维度表和事实表，最终建立产品 LCC 数据仓库多维数据集，并提供维度分析。

5. 元数据管理与配置模块

为数据采集模块提供数据采集策略、实施步骤、流程分析工具及采集错误记录诊断手段，为数据仓库建立模块提供数据组织指导。

6. 数据展示模块

通过网站搜索 LCC 数据，展示 LCC 数据随时间变化的历史曲线和基本的统计结果。

(三) 基于互联网的 LCC 数据仓库系统的关键技术

1. 网页分析和内容获取方法

这里的数据获取是指数据源网页确定后,针对网页的结构特点,通过一定的信息筛选技术,获取网页中特定的数据,为数据仓库提供源数据。通常网页以多种形式展现信息,包括文字、表格、flash 等,而页面的实现方式既有静态网页,也有动态网页。本系统中的成本数据和产品信息数据具有量化、可对比的特征,通常通过表格、列表的形式展示。结合互联网网页展示信息方法以及本系统数据的特点,开发基于互联网的 LCC 数据仓库系统可以使用 HTML 语言分析法和正则表达式法。

(1) HTML 语言分析法。无论网页的展现形式如何,其构成总是遵循一定的 HTML 语言规范。比如说,任何网页都必须包含页面头(Heads)标记和页面体(Body)标记。浏览器在这些标记的支持下为我们展现网页内容。同理,任何一个表格,它必定对应一个表格(Table)标记。因此,我们可以将待处理的页面视为由 HTML 标记所组成的对象,而忽略页面内容本身。通过识别每个表格唯一的标识符 ID 来定位目标数据所在的表格,排除其余无关的表格,从而顺利抓取此表格中的数据。此方法适用于以标准 HTML 代码规范编制而成的网页,同时要求目标表格包含唯一的标识符 ID。

(2) 正则表达式法。正则表达式是用于进行文本匹配的工具。正则表达式法就是在给定的字符串中,查找与给定的正则表达式相匹配的部分。当网页中所感兴趣的表格标记不含标识符 ID 以及待抓取数据为页面链接时,HTML 语言分析法将不适合分析 HTML 网页,此时,就可以采用正则表达式法来抽取页面数据。

2. 数据质量保证方法

抽取(Extraction)、转换(Transition)、加载(Load),简称 ETL,是建设数据仓库最重要的工具。良好的 ETL 从业务系统中抽取数据,转换数据格式,保证数据一致性,使得各个独立的不同的数据源能够集成到一起,并为目标提供高质量的数据保证。这里的高质量数据意味着:①数据是正确的。数据的值和描述一定是真实的,且与业务系统保持一致。②数据是明确的。数据的值和描述有且只能代表一个意思。③数据是一致的。数据的值和描述在全局中也即数据仓库中都表示一个意思。④数据是完整的。一来要确保每一条数据都必须是有意义的(不能为 NULL 值),二来要求在数据处理过程中不能有任何信息"损失"。

(1) 样本数据的正确性、明确性与一致性。

采集数据的网站应选择国内公认的重要网站,因为如果网站数据本身错误或不够权威,采集到的数据价值就低。可以同时选择两个著名网站采集相同的数据,保证数据可靠。此外,由于互联网数据会经常更新,因此可以通过设计数据回溯机制,异步更新本地数据仓库中的相关数据。具体来说,系统为每条产品信息记录添加了两个字段,即来源网址和记录时间。一旦需要核查源网页的最新信息,就可以直接根据记录的源网页字段快速回溯,定位到网址,对最新数据进行采集,并与历史数据进行对比。例如,在家用轿车成本数据仓库中,轿车的车型信息是基本的参数,所有的成本数据均以车型展开,而在所有车型数据中,车型名称是数据库车型表的主关键字(Primary Key)。系统可以随时跟踪网页上车型名称的变化情况,在收集汽车价格时,根据车型名称进行记录辨别,确保将正确的价格追加到正确的车型下。

(2)样本数据的完整性。

系统根据产品的业务要求分析数据和收集需求,并寻找合适的网络站点作为数据收集来源。通常一个网站提供的数据类别无法完全满足要求,所以,如果在采集中无法得到关键数据,就需要采用辅助手段查缺补漏,保证核心数据的完整。例如,在汽车的基本车型信息中,使用的成品油类别和百公里油耗是非常重要的基本参数,而且直接决定了汽车的使用成本,因此是核心数据。但是,由于汽车的复杂性,不同车型即使采用同一款发动机,它们的油耗量及使用的成品油类别也可能因为传动系统布局、车体形式及车身重量的不同而有显著区别。所以,直到一款汽车正式上市,这些数据都是不确定的、可变的,这通常直接导致产品信息栏中这两项数据的缺失。基于这种情况,可以在系统采集数据的过程中对成品油类别和百公里油耗数据进行专门的监视。一旦发现数据缺失,马上进入搜索引擎辅助搜索流程,由系统调用谷歌或百度等搜索引擎从互联网搜索相关信息,并允许使用者根据搜索结果做出判断,补充成品油类型数据。如果搜索后仍然无法得到满意而确定的结果,系统同样允许将此款车型的数据暂时冻结,直到未来将此核心数据补充完整后再进入数据仓库。

(3)数据转换。

为了保证前述数据质量定义中关于数据明确性的要求,需要保证进入数据仓库的数据采取统一的描述,并对不一致的描述进行转换。由于成本数据主要涉及产品技术参数和成本值,所以根据业务的规则建立统一的单位与数据格式是主要的数据转换工作。以家用轿车数据采集模块为例,家用轿车的车型采集需要处理大量不一致的单位。比如,发动机排量单位有ml、cc、毫升等三种表示形式,采集到的排量数据是上述三种中随机的一种。根据业务需要,我们要使用国际统一的容量符号ml,这样数据转换模块就需要增加对发动机排量单位的判断及修改流程,对每项排量数据的单位进行识别,如果是ml则无须修改,如果是cc或毫升则修改为ml,如果数据是这三项之外的其他单位,则系统提示用户进行人工修改。

资料来源:陈晓川,刘进方,杨建国,等,2012. 基于互联网的全生命周期成本数据仓库的设计与实现[J]. 机械设计与研究,28(1):63-67.

➡ 本章小结

一个好的CRM系统需要有决策支持功能,而基于事务处理的数据库是无法帮助CRM系统实现这一功能的。数据仓库是面向主题的、集成的、非易失的、随时间而变的数据集合,它的存在就是为了支持管理层的决策。数据仓库的数据来源于业务数据、历史数据、办公数据、网页数据、外部数据等,这些数据在进入数据仓库之前需要在数据准备区进行筛选、清理等标准化处理过程。整个数据仓库系统包含了数据源、数据集市、OLAP服务器和前端工具 4 个层次。

➡ 思考题

1. 简述数据仓库的定义及特点。
2. 试比较数据仓库与数据库的区别。
3. 数据在进入数据仓库之前应如何处理?

实训项目　理解数据仓库

实训目的
（1）帮助学生深度理解数据仓库的作用；
（2）训练学生分析问题的能力。

背景材料

华为云 DWS：新时代下的数据仓库服务

华为公司的数据仓库（Data Warehouse Service，DWS）是基于华为云的新型数据仓库解决方案。在权威 IT 咨询机构——弗雷斯特（Forrester）发布的"The Forrester Ware™：Cloud data Warehouse Q4 2018"研究报告中，华为云 DWS 荣登榜单。除此之外，华为云 DWS 还连续两次入选高德纳集团发布的数据管理解决方案魔力象限。这些上榜和入选，都从侧面反映了业界对华为云 DWS 的认可。目前，华为云 DWS 已在金融、政企、电商、能源、电信等多个领域大规模推广，受到了众多企业的肯定和高度评价。

那么，华为云 DWS 为何能成为企业级数据仓库服务的首选呢？

（一）华为云 DWS 的体系结构

华为云 DWS 的整体技术结构包括存储服务和自动数据备份、大规模并行处理（Massively Parallel Processing，MPP）集群、接口和应用层三个方面。

具体来看，在体系结构的最底层，华为云 DWS 提供了独创的数据保护机制，可以自动执行数据备份功能，并将备份数据存在 EB 级对象存储服务（Object Storage Service，OBS）中；在中间层，华为云 DWS 采用 MPP 引擎，以确保可以进行大规模并行处理以及数据的行列混合存储；在顶端的应用层，华为云 DWS 经过数据的清洗、抽取和转换，为企业输入企业数据仓库/企业集市、用户画像、运营分析以及商务智能。同时，这一传输的实现依赖于标准的 Java 数据库联接（Java Database Connectivity，JDBC）或开放数据库互联（Open Database Connectivity，ODBC）接口。

（二）华为云 DWS 的优势

概括而言，华为云 DWS 所具备的优势主要体现在以下几个方面：

1. 分布式架构、大规模并行处理引擎支撑业务敏捷决策

华为云 DWS 采用主流的 Shared-nothing 分布式结构，同时结合 MPP 引擎，企业可以实现大数据的分布式存储和并行式处理；利用基于代价优化（Cost-based Optimization，CBD）智能模型、B-Tree（Balanced Tree）索引、延迟物化等一系列技术，用户可以获得数据的

毫秒级响应，为企业的业务敏捷决策提供强有力的支撑。

2. 数据一致性、高可靠性满足核心业务要求

华为云 DWS 具备分布式事务的特性，能够随时随地保证数据的一致性、稳定性和准确性，确保企业不会出现因数据不稳定或不一致而导致决策失误。除此之外，华为云 DWS 还具备一个杀手锏——结合黑科技 SQL 的容错特性，保障数据查询和分析、处理业务即便在软硬件损坏的情况下也能继续进行。

3. 与数据湖集成实现数据价值挖掘

华为云 DWS 拥有强大的 Express 特性，且该特性与 SQL 2003 全面兼容，企业无须对现在的客户端或 BI 工具进行任何修改即可直接使用 DWS 服务。同时，Express 具备算子智能加速能力，可以快速完成 EB 级 OBS 数据的高度复杂查询分析任务。Express 还能与数据湖无缝集成，助力企业深入发掘不同数据池中的数据，进而最大化数据价值。最后，Express 不需要预先购买，无须配置和管理，只需对扫描的数据量进行付费，使用成本和管理成本较低。

4. 安全可信令企业无后顾之忧

DWS 构建在华为云的基础软件设施之上，包括云服务器（Elastic Campute Service，ECS）和 OBS，这些在 2017 年通过了中国数据中心联盟的可信云认证。DWS 还获得了来自华为网络安全实验室 ICSL 的认证，该认证是基于英国当局颁布的网络安全标准设立的，是迄今行业最高标准。除此之外，DWS 在欧洲也提供云服务，已通过德国的隐私和安全管理当局的官方认证，满足了欧盟对数据安全和隐私的要求。当前，华为云 DWS 已实现透明加密，为保障用户数据安全提供更具竞争力的解决方案。

5. 极简易用、"零"学习成本

相比于动辄耗时数天、需要专业人员才能搭建的传统数据仓库，使用 DWS 只需轻点几下鼠标，输入几项基本配置信息，几分钟即可完成创建，效率提升数百倍。DWS 支持多种高、中、低规格配置，用户可根据业务需要选择合适的规格，后期随着业务发展的变化，可以按需进行节点升降配置或横向扩展。同时，DWS 提供全面的运维管理功能，免去了用户自行运维成本；DWS 全面兼容 SQL 2003 标准，内置 OLAP 分析函数，无须修改即可跑通 TPC-H、TPC-DS 标准测试集，利用 DWS 内置丰富函数即可开始复杂的统计分析；DWS 兼容 Postgre SQL 开源生态，支持与业界众多 IDE、ETL、BI 等开源工具无缝对接，如 SQL Workbench/J、DBeaver、Kettle、Superset 等；除此之外，DWS 与众多主流第三方商业软件完成兼容认证，用户可按需选择。

资料来源：华为云. 入选 Forrester 的华为云 DWS，靠什么成为企业级数据仓库的首选？[EB/OL]. [2022-05-21]. https://intl.huaweicloud.com/zh-cn/news/_forrester_dws_.html.

实训任务

（1）思考数据仓库能够为业务决策提供哪些支持？

（2）从用户角度思考，企业用户最看重数据仓库的哪些方面的特性？

（3）除了华为云 DWS，市场上还有哪些有影响力的数据仓库品牌？

实训步骤

（1）个人阅读。老师督促学生针对实训任务完成阅读，在课堂上由老师或学生对案例学习要点及相关背景进行简单陈述。

（2）分组。在老师的指导下，以 3～5 人为单位组成一个团队，要求学生扮演组长、记录人、报告人。

（3）小组讨论与报告。课堂上各小组围绕实训任务展开讨论。老师要鼓励学生提出有价值的问题，要求每个小组将讨论要点或关键词抄写在黑板指定位置并进行简要报告。

（4）师生互动。老师针对学生的报告与问题进行互动，带领学生对关键知识点进行回顾，并追问学生还有哪些困惑，激发学生的学习兴趣，使学生自觉地在课后进一步查询相关资料并进行系统的回顾与总结。

实训提交材料

每组提交一份《小组讨论与报告记录》。

实训资料获取方式

关注微信公众号"CRM 学习与研究"，回复"小组讨论模板"后自动获取链接。

第 10 章 数据挖掘

■ 学习目标

（1）掌握数据挖掘的概念和分类
（2）掌握数据挖掘的功能
（3）熟悉 CRM 中数据挖掘的主要算法
（4）熟悉 CRM 中数据挖掘的主要流程
（5）理解数据挖掘在 CRM 中的应用价值

案例导入

啤酒与尿布的故事

沃尔玛（WalMart）拥有世界上最大的数据仓库，为了能够准确了解客户在其门店的购买习惯，沃尔玛对其客户的购物行为进行购物篮分析，想知道客户经常一起购买的商品有哪些。沃尔玛数据仓库里集中了各门店的详细原始交易数据。在这些原始交易数据的基础上，沃尔玛利用数据挖掘方法对这些数据进行分析和挖掘。一个意外的发现是：跟尿布一起购买最多的商品竟是啤酒！客户购买尿布的概率为 5%（即每 100 个人中有 5 个人会买尿布），但在购买尿布的人中又购买啤酒的概率高达 80%（即这 5 个买尿布的人中有 4 个人同时购买了啤酒）。在一片质疑和反对声中，沃尔玛还是决定尝试将尿布和啤酒摆放在一起，结果令人惊喜——两个产品都销量大增。经过大量实际调查和分析，沃尔玛揭示了一个隐藏在"尿布与啤酒"背后的美国人的一种行为模式：在美国，一些年轻的父亲下班后经常要到超市去买尿布，而他们中有 30%～40% 的人同时也会为自己买一些啤酒。产生这一现象的原因是：美国的太太们常叮嘱她们的丈夫下班后为小孩买尿布，而丈夫们在买尿布时又随手带回了他们喜欢的啤酒。

按常规思维，尿布与啤酒风马牛不相及，若不是借助数据挖掘技术对大量交易数据进行挖掘分析，"尿布与啤酒"的故事也就不会发生了。

思考： 在这则故事中，基于尿布与啤酒的关联，沃尔玛将尿布和啤酒摆放在一起使得两者的销量大增。但也有人提出了相反的思路，认为应该将尿布和啤酒隔得尽可能远，你认为理由是什么？你更认可哪种经营思路？为什么？

10.1　数据挖掘的概念

数据挖掘（Data Mining，DM）与传统的数据分析（如查询、制作报表、联机分析处理）的本质区别是数据挖掘是在没有明确假设的前提下去挖掘信息、发现知识。数据挖掘是要发现那些不能靠直觉发现的信息或知识，甚至是违背直觉的信息或知识，挖掘出来的信息越出乎意料，就可能越有价值。

数据挖掘又称数据库中的知识发现（Knowledge Discovery in Database，KDD），是指从大型数据库或数据仓库中大量的、不完全的、有噪声的、模糊的、随机的数据中提取隐含的、未知的、非平凡的及有潜在应用价值的信息或模式。这一技术很好地适应了现代企业特别是电子商务企业对资源的渴求，是实现公司知识管理以及成功实施客户关系管理的关键步骤。它是数据库研究中的一个很有应用价值的新领域，融合了数据库、人工智能、机器学习、统计学等多个领域的理论和技术。

数据挖掘工具能够对将来的趋势和行为进行预测，很好地支持人们的决策，比如，数据挖掘工具可以通过对公司整个数据库系统的分析，回答诸如"哪些客户对我们公司的邮件推销活动最有可能做出反应"等问题。有些数据挖掘工具还能够解决一些很消耗人工时间的传统问题，因为它们能够快速地浏览整个数据库，找出一些专家们不易察觉的但极有用的信息。

需要注意的是，并非所有的信息发现任务都被视为数据挖掘。例如，使用数据库管理系统查找个别的记录，或通过互联网的搜索引擎查找特定的网页等，属于信息检索（Information Retrieval）领域的任务。虽然这些任务很重要，也可能涉及复杂的算法和数据结构，但是它们主要依赖传统的计算机科学技术和数据的明显特征来创建索引结构，从而有效地组织和检索信息。当然，数据挖掘技术也可以用来优化信息检索系统。

10.2　数据挖掘的分类

根据信息存储格式，数据挖掘的对象有关系数据库、面向对象数据库、数据仓库、文本数据源、多媒体数据库、空间数据库、时态数据库、异质数据库以及互联网等。数据挖掘也就因此被分为数据仓库挖掘、文本数据挖掘、网页数据挖掘以及生物信息或基因数据挖掘等类型。

（1）数据仓库挖掘。数据仓库是一个用以更好地支持企业或组织的决策分析的数据集合。数据仓库的关键技术包括数据的抽取、清洗、加载和维护技术。基于数据仓库的数据挖掘可以很好地解决企业面向主题的各类分析需求。

(2) 文本数据挖掘。数据挖掘的另一个很有商业价值的分支是文本数据挖掘。举个例子，在客户中心，把同客户的谈话转化为文本数据，再对这些数据进行挖掘，进而了解客户的服务满意程度、客户的需求以及客户之间的相互关系等信息。从这个例子可以看出，无论是在数据结构还是在分析处理方法方面，文本数据挖掘和数据仓库挖掘相差很大。文本数据挖掘并不是一件容易的事情，尤其是在分析方面，还有很多需要研究的专题。目前市场上有一些类似的软件，但大部分只是把文本移来移去，或简单地计算一下某些词汇的出现频率，并没有真正的分析功能。

(3) 网页数据挖掘。网页数据最大的特点就是半结构化。所谓半结构化是相对于完全结构化的数据而言的。显然，面向网页的数据挖掘比面向单个数据仓库的数据挖掘要复杂得多。根据挖掘的对象不同，网页信息挖掘可以分为网页内容挖掘、网页结构挖掘、网页用法挖掘。

(4) 生物信息或基因数据挖掘。生物信息或基因数据挖掘完全属于另外一个领域，很难估量其商业价值。例如，基因的组合千变万化，得某种病的人的基因和正常人的基因到底差别多大？能否找出其中不同的基因，进而对其不同之处加以改变，使之成为正常基因？……这都需要数据挖掘技术的支持。同普通的数据挖掘相比，无论是在数据的复杂程度、数据量级还是在分析和建立模型的算法方面，生物信息或基因数据挖掘都要复杂得多。从分析算法上看，生物信息或基因数据挖掘更需要一些新的和好的算法。现在很多厂商正在开展这方面的研究。

10.3　数据挖掘的功能

数据挖掘主要有以下功能：

1. 关联分析

关联（Association）分析即利用关联规则（Association Rules）进行数据挖掘。关联分析的目的是挖掘隐藏在数据间的相互关系。超市通过终端系统收集存储了大量销售数据，记录了什么样的客户在什么时间购买了什么商品，通过关联分析可以发现数据库中"90%的客户在一次购买活动中购买商品 A 的同时购买商品 B"之类的知识。当发现不同商品符合关联规则时，可以推出这些商品的组合套装，如方便面与香肠经常被放在一起捆绑销售；也可以进行相关产品的推荐，如当我们在当当网上买书时，会出现"拍档组合""看过本商品的人还看了……""购买本商品的人还购买了……"等词条信息。

关联规则挖掘过程主要包含两个阶段：①从资料集合中找出所有的高频项目组（Frequent Item Sets），即找到那些相对于所有记录而言，出现的频率达到或超过所设定的最小支持度（Minimum Support）的项目组；②从这些高频项目组中产生关联规则，保证应用该规则所求得的结果可以达到最小置信度（Minimum Confidence）。

以沃尔玛的"啤酒和尿布"为例，该案例就是使用了关联规则挖掘技术对交易资料库中的记录进行挖掘。首先设定最小支持度与最小置信度两个门槛值，假设最小支持度＝5%且最小置信度＝70%。若经过挖掘过程所找到的关联规则（尿布，啤酒）满足：支持度（尿布，啤酒）≥5%且置信度（尿布，啤酒）≥70%，则可以接受（尿布，啤酒）的关联规则。其中，支持度（尿布，啤酒）≥5%的意义为：在所有的交易记录资料中，至少有5%的交易出现尿布与啤酒这两项商品被同时购买的交易行为。置信度（尿布，啤酒）≥70%的意义为：在所有购买了尿布的交易中，至少有70%的交易会同时购买啤酒。置信度的大小反映了两种商品间关联程度的高低。因此，今后若有某消费者出现购买尿布的行为，超市将可推荐该消费者同时购买啤酒。这个商品推荐的行为就是根据（尿布，啤酒）的关联规则产生的，因为该超市过去的交易记录支持了"大部分购买尿布的交易，会同时购买啤酒"的消费行为。

◎ 阅读材料

关联规则挖掘技术的应用

关联规则挖掘技术可以成功预测银行客户需求，这项技术已经被广泛应用于金融行业。对这些数据进行分析，发现数据模式及特征，然后就可能发现某个客户、消费群体或组织的金融和商业兴趣，并可观察金融市场的变化趋势。例如，各银行在自己的自动取款机上捆绑客户可能感兴趣的产品信息，供使用本行自动取款机的用户了解。如果数据库中显示，某个高信用的客户更换了地址，这个客户很有可能最近购买了一栋更大的住宅，可能需要更高信用、更高端的新信用卡，或者需要一个住房改善贷款，这些产品都可以通过信用卡账单邮寄给客户。当客户打电话咨询的时候，销售代表的电脑屏幕上可以显示出客户的基本信息、客户会对什么产品感兴趣，从而有力地帮助销售代表开展业务。

一些知名的电子商务站点也从强大的关联规则挖掘中受益。这些电子购物网站使用关联规则进行挖掘，然后设置用户有意一起购买的捆绑包。也有一些购物网站用它们设置相应的交叉销售，也就是购买某种商品的客户会看到相关的另外一种商品的广告。

资料来源：百度百科．关联规则［EB/OL］．[2022-05-18]．http://baike.baidu.com/view/1076817.htm

2. 聚类分析

聚类（Clustering）是把数据按照相似性归纳成若干类别，同一类别中的数据彼此相似，不同类别中的数据相异。聚类分析可以建立宏观的概念，发现数据的分布模式，以及可能的数据属性之间的相互关系。聚类分析输入的是一组未分类记录，并且事先不知道这些记录应分成几类，通过分析数据库中的数据记录，根据一定的分类规则，合理地划分记录集合，确定每个记录所在的类别。它所采用的分类规则是由聚类分析工具决定的。采用不同的聚类方法，对于相同的记录集合可能有不同的划分结果。例如在商务上，聚类可以通过客户数据将客户信息分组，并对客户的购买模式进行描述。

聚类通常作为数据挖掘的第一步来对数据进行预处理，然后再用其他算法对得到的组进行深入分析。例如，对于"哪种促销的客户响应最好？"这一类问题，首先对整个客户进行聚类，将客户进行分组，然后分析每个不同类别的客户对促销活动的响应情况，最后根据分析结果进行精准营销。

◎ 阅读材料

聚类分析在旅行服务业中的应用

旅行服务企业 Travel Wind（美国）一直以来主要的服务内容是提供基础性的旅行服务，如机票预订、旅馆预订等。公司现在考虑向部分国内外客户提供附加值更高的产品和服务项目，为了准确了解即将推出的一些高附加值产品和服务的真实潜在需求状况，公司对部分客户进行了一次客户问卷调查。通过对回收问卷的数据整理以及随后的数据挖掘工作，一些有价值的市场营销线索脱颖而出。

Travel Wind 的问卷调查一共有 8 个分析指标，共有 4 902 个客户完成了问卷填写，其中有效问卷 4 897 份。8 个分析指标分别是：年龄、家庭年收入、是否有小孩、受教育程度、互联网使用程度、手机使用程度、对美国国内旅游的兴趣、对国外旅游的兴趣。在所收集到的数据中，约 70% 的数据（共计 3 410 份客户问卷）用于聚类分析的建模，另外 30% 的数据用于模型的验证。最终这 3 410 份问卷数据被聚类成两个群体（A 和 B），其中有 5 份不属于这两个群体，被剔除，这样实际上两个群体共有客户（问卷）3 405 人。其中，A 群人数占 32%，B 群人数占 68%。A 群平均年龄为 68 岁，远高于 B 群平均年龄的 51 岁。B 群中有 44% 的人具有研究生以上学历，受教育程度明显高于 A 群（A 群只有 24% 的人具有研究生以上学历）；B 群中 71% 的人家庭年收入超过十万美元，收入情况也远好于 A 群（A 群只有 19% 的人家庭年收入超过十万美元）；另外 B 群中 44% 的人有孩子，而 A 群中只有 11% 的人有孩子。在旅游偏好方面，A 群中 63% 的人喜欢国外旅游，B 群中只有 52% 的人喜欢国外旅游；在互联网和手机的使用程度上，B 群的人明显是重度使用者。

公司需要通过 30% 的验证集的数据验证这个聚类模型的有效性，经过重新聚类发现，验证集（1 492 个客户）也被分成两个群体，只有 3 个不属于上述两个群体的范围。剩下的 1 489 个客户中，按照上述两个群体划分后，各自群体的典型特征几乎与训练集里聚类群体的特征完全一样，由此可以证明模型聚类的结果是非常稳定和有效的。

通过以上的描述性分析总结，我们可以发现 A 群属于大众消费群体，而 B 群属于高端群体。基于上述的群体典型特征，Travel Wind 得出以下营销线索：第一，公司现在有足够的机遇开发高端产品和服务，因为公司的客户中超过一半的人经常在美国国内或国外旅行。第二，可以考虑向两个不同的客户群体分别推出两种不同的营销创意广告宣传语（基于他们不同的收入和年龄特点）；高端客户似乎是处于职业顶点的专业人士或者富裕的家庭主妇，而大众消费客户似乎是在寻找独特的旅游经历的退休人士。第三，关于高端产品的定价策略，可以考虑对高端客户推出高价位产品，对大众消费客户则采取低价策略。第四，公司可以通过互联网和手机向高端客户开展营销行动。

资料来源：Chiu S, Tavella D, 2008. Data Mining and Market Intelligence for Optimal Marketing Returns [M]. London：Routledge.

3. 时间序列模式分析

时间序列模式（Time-series Pattern）是指通过时间序列搜索出的重复发生概率较高的模式。与回归一样，它也是用已知的数据预测未来的值，但这些数据的区别是变量所处的时间不同。它能发现数据库中形如"在某一段时间内，客户购买商品A，接着购买商品B，而后购买商品C，即序列A—B—C出现的频度较高"之类的知识。时间序列模式分析描述的问题是：在给定的交易序列数据库中，每个序列是按照交易时间排列的一组交易集，挖掘序列函数作用在这个交易序列数据库上，返回该数据库中出现的高频序列。

利用时间序列模式分析这些按时间排列的数据记录，零售商可以发现客户潜在的购物模式，如客户在购买房屋后，往往在一段时间后会购买家具或装修材料。这类发现可以提示那些销售家具或装修材料的公司有针对性地向某些客户寄发产品目录。如果将时间序列模式分析用于股市，则可能发现：在5个交易日中，如果X股涨幅在10%以内，Y股涨幅为10%～20%，那么Z股下周上涨的可能性大约为60%。

如果超市中客户在购买A的同时，经常会购买B，即应用了关联规则；如果客户在购买A后，隔一段时间，会购买B，则是做了时间序列模式分析。

4. 分类分析

假设有一个数据库和一组具有不同特征的类别，该数据库中的每一个记录都被赋予一个类别的标记，这样的数据库被称为示例数据库或训练数据集（Training Dataset）。分类（Classification）分析就是通过分析示例数据库中的数据，找出代表了一类数据的整体信息，为每个类别做出准确的描述，并用这种描述来构造模型或挖掘分类规则，然后用这个分类规则对其他数据库中的记录进行分类。分类可用于规则描述和预测，例如，公司按照产品售价的高低，将客户分为高层、中产、大众三个层次。

5. 估值分析

估值（Estimation）与分类类似，不同之处在于，分类描述的是离散型变量，而估值适用于连续型变量；分类的类别数量是确定的，估值的量是不确定的。例如：根据会员的消费记录，估计会员的家庭收入及家庭状态。一般来说，估值可以作为分类的前一步工作。给定一些输入数据，通过估值，得到未知的连续型变量的值，然后，根据预先设定的阈值，进行分类。例如：银行对家庭贷款业务，运用估值分析给各个客户计分，然后根据阈值，将贷款级别分类。

6. 预测分析

预测（Predication）是利用历史数据找出变化规律，建立模型，并由此模型对未来数据的种类及特征进行预测。预测关心的是精度和不确定性，通常用预测方差来度量。通常，预测是通过分类或估值起作用的，也就是说，通过分类或估值得出模型，该模型用于对未知变量的预测。这种预测是需要时间来验证的，即必须经过一定时间后，才知道预测准确性的高低。例如：数据挖掘使用过去有关某次促销活动的数据来寻找未来投资中回报率最高的用户；海南航空引入领先的数据挖掘工具马克威分析系统（Markway Analysis System），分析客流、燃油等变化趋势，以航线收益为主题进行数据挖掘，制定精细的销售策略，有效提高了企业收益。

7. 偏差分析

数据库中常有一些异常数据，从数据库中检测这些偏差（Deviation）是十分有必要的。偏差包括分类中的反常实例、不满足规则的特例、观测结果与模型预测值的偏差、量值随时间的变化等。偏差分析的基本方法是，寻找观测结果与参照值之间有意义的差别。

应用数据挖掘技术，较为理想的起点就是从一个数据仓库开始，这个数据仓库里面应保存着所有客户的各类信息，并且还有市场竞争对手的相关数据。数据挖掘可以直接跟踪数据并辅助用户快速做出商业决策，并且用户还可以在更新数据时不断发现更好的行为模式，并将其运用于未来的决策。

10.4　CRM 数据挖掘的主要算法

目前市场上的数据挖掘算法很多，要熟练地将数据挖掘算法应用于 CRM，就必须深入了解各种算法的原理、特点和适用范围。只有这样才能为数据挖掘准备适当的数据集，并在数据挖掘中配置合适的参数，最终得出有价值的结论。以下为 CRM 中常见的几种数据挖掘算法：

1. 神经网络方法

神经网络是建立在可以自学习的数学模型基础之上的，在结构上模仿生物神经网络，是一类非线性的、通过训练达到学习目的的预测模型。这些年来，神经网络受到越来越多人的关注，因为它为解决极为复杂的问题提供了一种相对有效、简单的方法。它可以很容易地解决具有上百个参数的问题。

神经网络系统由一系列类似于人脑神经元的处理单元组成，我们称之为节点（Node）。在结构上，可以把一个神经网络划分为输入层、输出层和隐含层。输入层的每个节点对应一个或多个预测变量。输出层的节点对应一个或多个目标变量，输出层输出数据分析的执行结果。输入层和输出层之间是隐含层，隐含层的层数和每层节点的个数决定了神经网络的复杂度。例如：我们可以指定输入层代表过去的销售情况、价格及季节等因素，输出层便会输出本季度的销售情况的预测数据。

除了输入层的节点,神经网络的每个节点都与它前面的很多节点连接在一起,每个连接对应一个权重。调整节点间连接的权重就是在建立神经网络时要做的工作。它的处理过程主要是:通过网络的学习功能找到一个适当的连接加权值来得到最佳结果。

与传统的回归分析相比,神经网络的优势在于具有对非线性数据的快速建模能力,在数据挖掘中可以用于分类、聚类、特征发掘等操作;其劣势在于分析过程无法以可读的模式展现,每阶段的加权与转换也不明确,使得其结果难以被信任。基于上述特点,神经网络在数据挖掘中的优势表现为对噪声数据的强承受能力、对数据分类的高准确性以及可用各种算法进行规则提取。在 CRM 中,神经网络主要用来对客户行为进行分类、特征采集和预测。例如,神经网络模型可以在客户行为属性统计分析的基础上,较为准确地预测和评估客户的信用水平、客户流失倾向;也可以利用神经网络建立客户价值的分类模型,对实际客户价值进行排序和分类。

目前应用最为广泛的是误差反向传播网络(Error Back Propagation Neural Network)算法,简称为 BP 神经网络算法。以一家网上书店为例,该书店试图预测营销活动的效果,并据此决定投入多少以及如何投入资源。客户对营销活动的反应有三种:无反应、正反应、负反应。无反应指客户没有回应,正反应指客户表现出对产品有兴趣,负反应指客户明确表达出对产品没有兴趣。这三种情形中,无反应对于企业来说是最没有价值的。从网上书店的数据仓库中获取客户信息,在一定范围内对目标客户进行测试,记录下每位客户的反馈,形成一组包含客户年龄、学历、收入等特征以及客户行为的客户数据训练集。将客户数据输入神经网络模型计算反应值,根据 BP 神经网络算法,将计算出的反应值与给定的样本反应值进行比较,如果不符合,就对输出结果进行反向传播计算,然后不断调整网络中的权值,最后得到反应行为模型。如果面对一位 28 岁、拥有大专以上学历、月收入 6 000 元的客户,书店管理者可以通过建立的反应行为模型得到该客户的反应值,然后决定是否需要对该客户投入营销资源。

2. 决策树法

决策树是一种常用于预测模型的算法,它通过将大量数据进行分类,从中找到一些有价值的潜在信息。决策树提供了一种展示类似"在什么条件下会得到什么值"这类规则的方法。它的主要优点是描述简单,分类速度快,特别适合大规模的数据处理。

在贷款申请中,要对申请的风险大小做出判断,图 10.1 是为了解决这个问题而建立的一个决策树,从中我们可以看到决策树的基本组成部分:决策节点、分支和叶子。决策树中最上面的节点称为根节点,是整个决策树的开始。本例中根节点是"年收入高于 8 万元",对此问题的不同回答产生了"是"和"否"两个分支。每个分支要么是一个新的决策节点,要么是树的结尾,即"叶子"。在沿着决策树从上到下的过程中,在每个节点都会遇到一个问题,对每个节点上问题的不同回答导致不同的分支,最后会到达一个叶子节点。这个过程就是利用决策树进行分类的过程,利用几个变量来判断所属的类别,每个变量对应一个问题,最后每个叶子节点会对应一个类别。

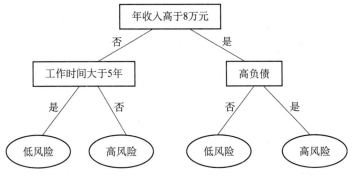

图 10.1　决策树法在贷款申请中的应用

假如负责审核贷款申请的银行工作人员利用决策树来决定批准还是拒绝贷款申请，那么他就可以用贷款申请表来运行这棵决策树，用决策树来判断风险的大小。"年收入高于 8 万元"且"高负债"的用户被认为是"高风险"，同时"年收入不高于 8 万元"且"工作时间大于 5 年"的用户则被认为是"低风险"而建议贷款给他。

从商业角度看，决策树是一种深层次的商业信息分析技术，它借助企业现有的数据仓库，对大量的客户信息进行分析，最后对客户进行分类，揭示客户本身特征与最终购买行为之间的对应关系，并进一步将其模型化，从而自动提取出用以辅助商业决策的模式。

例如，航空企业可以利用决策树对旅客的特征数据进行分析，对旅客进行分类，在此基础上通过对"过去乘坐不同舱位等级旅客"的分析，发现优质客户对应的一些习惯性行为方式，再回过头来对具有这些行为方式的旅客采取相应的营销策略，也可以对近期和远期旅客的购买行为做出预测。

◎ 阅读材料

航空公司如何应用决策树对旅客进行分类？

1986 年，罗斯·昆兰（Ross Quinlan）提出了 ID3（Iterative Dichotomiser 3）算法，这是国际上最早、最有影响力的决策树算法。在树的每个节点上使用信息增益度量选择测试属性，这种度量被称为属性选择度量或分裂的优良性度量。该属性使得对结果划分中的样本分类所需的信息量最少，并反映划分的最小随机性或"不纯性"。这种信息理论方法使得对一个对象分类所需的期望测试数目达到最少，并确保找到一棵简单（不一定最简单）的树。以下通过一家航空公司基于决策树 ID3 算法进行客户分类的案例，来直观地了解决策树的应用过程。

首先选取 30 份某航空公司旅客的原始数据作为训练集，并确定舱位等级、常旅客、团队旅客、交通方式、电子客票等属性，如表 10.1 所示。

表10.1 某航空公司旅客属性表

样本序号	舱位等级	常旅客	团队旅客	交通方式	电子客票
1	经济舱	N	N	B	Y
2	经济舱	N	Y	B	N
3	经济舱	Y	N	B	N
4	经济舱	Y	N	C	N
5	经济舱	N	Y	B	N
6	经济舱	Y	N	C	N
7	经济舱	Y	N	B	N
8	商务舱	N	N	B	N
9	商务舱	Y	Y	A	N
10	经济舱	N	N	A	N
11	经济舱	N	N	C	N
12	经济舱	Y	Y	A	N
13	商务舱	Y	N	C	N
14	经济舱	Y	N	B	N
15	经济舱	N	N	C	Y
16	经济舱	N	N	A	N
17	经济舱	N	Y	B	N
18	经济舱	N	N	A	Y
19	经济舱	N	Y	A	N
20	商务舱	Y	N	A	N
21	经济舱	N	Y	A	N
22	商务舱	Y	N	C	Y
23	经济舱	Y	N	B	N
24	经济舱	Y	N	B	Y
25	经济舱	Y	N	B	N
26	经济舱	Y	N	C	N
27	商务舱	Y	N	C	N
28	商务舱	Y	N	B	N
29	经济舱	Y	N	C	N
30	经济舱	Y	N	C	N

注：常旅客的值有两个，Y表示"是"，N表示"否"；
团队旅客的值有两个，Y表示"是"，N表示"否"；
交通方式的值有三个，A表示"大巴"，B表示"出租汽车"，C表示"自驾车"；
电子客票的值有两个，Y表示"是"，N表示"否"。

接下来运用ID3算法创建决策树。

第一步：因为最终需要分类的属性为舱位等级，因此要计算出常旅客、团队旅客、交通方式和电子客票三个属性的信息增益。计算得出常旅客信息增益最高（计算过程略），所以被首先选作测试属性，并以此创建一个节点，并对于它的两个属性（是，否）各引出一个分支，数据集被划分为两个子集（见图10.2）：子集T1（常旅客＝是）和子集T2（常旅客＝否）。

T1（常旅客=是）：

舱位等级	团队旅客	交通方式	电子客票
经济舱	N	B	N
经济舱	N	C	N
经济舱	N	C	N
经济舱	N	B	N
商务舱	Y	A	N
经济舱	Y	A	N
商务舱	N	C	N
经济舱	N	B	N
商务舱	N	A	N
商务舱	N	C	N
经济舱	N	B	N
经济舱	N	B	Y
经济舱	N	B	N
经济舱	N	C	N
商务舱	N	B	N
商务舱	N	B	N
经济舱	N	C	N
经济舱	N	C	N

T2（常旅客=否）：

舱位等级	团队旅客	交通方式	电子客票
经济舱	N	B	Y
经济舱	Y	B	N
经济舱	Y	B	N
商务舱	N	B	N
经济舱	N	A	N
经济舱	N	C	N
经济舱	N	C	Y
经济舱	N	A	N
经济舱	Y	B	N
经济舱	N	A	Y
经济舱	Y	A	N
经济舱	Y	A	N

图10.2　常旅客两属性分支

第二步：计算第一个子集T1各个属性——团队旅客、交通方式和电子客票相对于分类属性（舱位等级）的信息增益（计算过程略），发现交通方式增益最高，根据交通方式的取值，可以得到3个分支，同时数据集被划分为3个子集：子集A（常旅客＝是，且交通方式＝大巴），子集B（常旅客＝是，且交通方式＝出租汽车），子集C（常旅客＝是，且交通方式＝自驾车），见图10.3。

第三步：计算交通方式各分支所包含属性的信息增益（计算过程略），得到了它们的下一个子树（见图10.4）。

第四步：生成决策树。由图10.4可以很方便地在最后给出相对应舱位等级这个分类属性的决策树（见图10.5）。在这个决策树分类图中，由于最终只是想提炼出高端客户，即商务旅客的特征，所以主要针对最后类别是商务舱的旅客分支进行统计与分析。对于不是常旅客的分支T2，"不是常旅客而舱位等级是商务舱"的旅客占比非常小，所以不是后期营销的重点，继续对T2进行分类的价值不大。

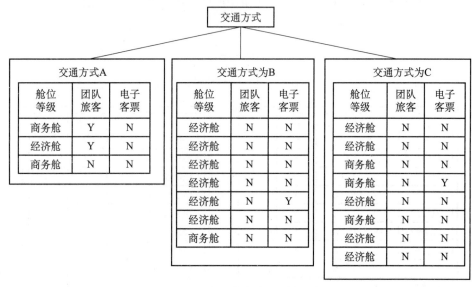

图10.3 交通方式的三属性分支

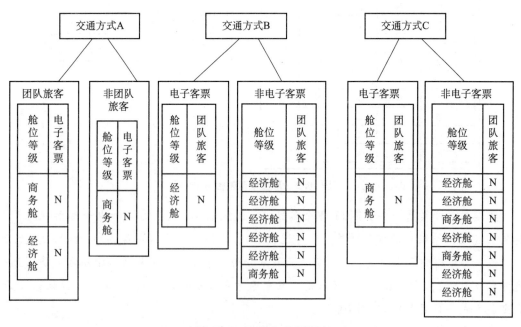

图10.4 交通方式决策树

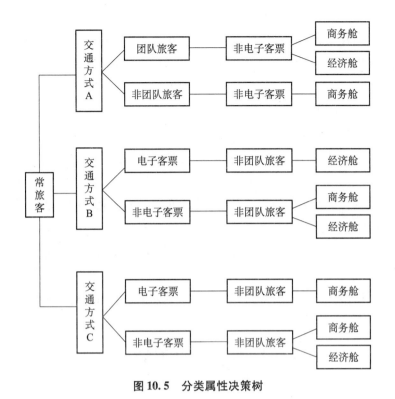

图 10.5　分类属性决策树

根据决策树分类法对机场旅客调研数据的分析，可以认为高端优质客户群体主要是交通方式为自驾的常旅客。

资料来源：演克武，张磊，孙强，2008. 决策树分类法中 ID3 算法在航空市场客户价值细分中的应用 [J]．商业研究，(03)：24-29.

10.5　CRM 中数据挖掘的主要流程

CRM 中数据挖掘的主要流程包括明确目的、数据准备、数据挖掘、结果分析和知识的运用。

（1）明确目的：清晰地定义业务问题，确定数据挖掘的目的。例如，确定对于数码产品销售贡献最大的客户群。

（2）数据准备：数据准备主要包括选择数据和数据预处理两个阶段。① 选择数据——在大型数据库和数据仓库中提取数据挖掘的目标数据集，主要涵盖了客户登录该电子商务网站时的背景信息以及过去的购买和点击流信息。例如：在数码产品这一具有较鲜明的性别特征的商品销售上，首先筛选男性客户的消费数据，此时可以利用登录的背景信息进行甄别，达到减小目标数据群的目的。② 数据预处理——进行数据再加工，包括检查数据的完整性及数据的一致性，去噪声，填补丢失的域，删除无效数据等。仍然以刚才那个命题为例：确定一个客户对于数码产品的消费贡献中有用的背景信息，主要包括：年龄（这关系到他的收入来源以及消费习惯），学历（这关系到他的收入水平以及对于数码产品这一高科技产品群的认知程度和使用习惯），所在地区（这关系到该地区内某种商品的消费种类与水平），婚姻状况（这决定了他的消费结构）。除上述背景信息外，消费者的点击流这一动态信息能够很明显地揭示他的购买趋向。既往的购买数据则能够分析他对该类产品的购买频率以及价位水平。在国民消费水平日益提高的今天，即使是对电子类消费品这种过去以"实用"为主要诉求的更新周期较长的商品，也出现了向"潮流时尚"靠拢的趋向。

（3）数据挖掘：根据数据功能的类型和数据的特点选择相应的算法，在净化和转换过的数据集上进行数据挖掘。

（4）结果分析：对数据挖掘的结果进行解释和评价，转换为能够最终被用户理解的知识。

（5）知识的运用：将分析所得到的知识集成到业务信息系统的组织结构中去。

10.6　数据挖掘在 CRM 中的应用

数据挖掘技术从一开始就是面向应用的。数据挖掘可以用于客户群体分类分析、交叉销售和向上销售分析、新客户获得分析、老客户保留分析、客户忠诚度分析、客户盈利能力分析和预测，以及客户欺诈风险分析。

1. 客户群体分类分析

客户作为企业宝贵的资源，每一次与客户接触既是企业了解客户的过程，也是客户体验企业服务的机会。因此，真正关心客户，为每位客户提供与客户需求一致的、个性化的服务，才能让客户体会到企业的价值。数据挖掘可以帮助企业进行客户分类，每一个类别中的客户具有相似的属性，而不同类别中的客户的属性不同，企业在此基础上针对不同类别的客户，提供个性化的服务来提高客户的满意度，提高现有客户的价值。例如，保险公司在长期的保险服务中，积累了很多的数据信息，包括对客户的服务历史、对客户的销售历史和收入，以及客户的人口统计学资料和生活方式等。保险公司必须将这些众多的信息资源综合起来，以便在数据库里建立起一个完整的客户背景信息框架。在客户背景信息中，大批客户可能在保险种类、保险年份和保险金额上具有极高的相似性，因而形成了具有共性的客户群体。经过数据挖掘的聚类分析，保险公司可以发现他们的共性，掌握他们的保险理念，提供有针对性的服务，提高保险公司的综合服务水平，并可以降低业务服务成本，取得更高的收益。

2. 交叉销售和向上销售分析

交叉销售是促使客户购买尚未使用的产品和服务的营销手段，目的是拓宽企业和客户间的关系。向上销售是促使客户将现有产品和服务升级的销售活动，目的在于加强企业和客户的关系。这两种销售都是建立在客户和企业双赢的基础之上的，客户因得到更多、更好符合其需求的服务而获益，企业也因销售额增长而获益。数据挖掘可以采用关联性模型或预测性模型来预测什么时间会发生什么事件，判断哪些客户对交叉销售和向上销售很有意向，以达到交叉销售和向上销售的目的。例如，保险公司向已经购买某险种的客户推荐其他保险产品和服务。这种策略成功的关键是确保推销的保险险种是用户所感兴趣的，否则会引起用户的反感。

3. 新客户获得分析

企业的增长和发展壮大需要不断获得新客户。不论企业希望得到的是哪类客户，数据挖掘都能识别出这些潜在的客户群，并提高市场活动的响应率，使企业做到心中有数、有的放矢。

采用数据挖掘进行客户分类，首先是在分析数据的基础上建立一个描述已知数据集类别或概念的模型，然后对每一个测试样本，将其已知的类别与预测类别作比较，如果一个模型的准确率经测试被认可，就可以用这个模型对未来对象进行分类。例如，图书发行公司利用客户邮件地址数据库，给潜在客户发送用于促销的新书宣传册。该数据库有客户情况的描述，包括年龄、收入、职业、阅读偏好、订购习惯、购书资金、订购计划等信息，可以通过以上信息来判断该客户是否会购买书籍。数据库根据输入的新客户信息对该客户的购买倾向进行分类，以决定是否给该客户发送相应书籍的宣传手册。

4. 老客户保留分析

客户识别是获取新客户的过程，而客户保留则是留住老客户、防止客户流失的过程。在保留客户的过程中，非常重要的一个工作就是要找出客户流失的原因。澳大利亚国民银行（National Australia Bank）是一家全球性的大银行，它每天都会将收集到的客户信息投入数据库，并且设定一些智能分析机制，对客户交易状态进行管理。例如，对一些非正常的交易金额，即大额的取款和大额的存款进行专门的处理，一旦出现异常状况，客户数据库就会自动做出相关统计，并将统计的结果提交给营销部门的人员，由营销人员及时与客户进行接触，找出客户状态异常的原因。有一次，银行发现一位77岁的老太太进行了大额取款，原来老太太取款是为女儿买房子，于是银行立即与老太太的女儿联系，表示愿意为其提供买房贷款。结果，老太太将从银行取的钱又全部存回银行，而且银行为老太太的女儿提供了一笔贷款，老太太的女儿也将自己在其他银行的存款转存到这家银行，银行和客户共同受益。

5. 客户忠诚度分析

客户对企业保持忠诚被认为是企业取得长期利润增长的途径。客户关系管理需要培养和选择忠诚客户，使之与企业保持长期关系，但不是所有客户都愿意与企业保持联系，一些客户的购买决策只受价格、方便性等因素的影响，不论企业如何以诚相对，或提供高的客户让渡价值，客户一旦发现其他企业有更低价格的商品，便马上离开转向其他企业。也有一些客户更关心商品的质量、价值、服务等方面,当他对所使用的本企业产品感到满意以后,就会成为企业的忠诚客户。数据挖掘在客户忠诚度分析中主要是对客户持久性、牢固性和稳定性进行分析,通过对数据库中的大量数据进行分析以确定消费者的购买习惯、购买数量和购买频率,分析客户对某个产品的忠诚程度、持久性、变动情况等,以确定忠诚客户,并为他们提供一对一的个性化服务,增强客户的忠诚度,最大限度地挖掘客户终生价值,从而为企业创造更大的利润。数据挖掘中的差异性分析可用于发现客户的欺诈行为,分析客户的诚信度,从而获得诚信较好的客户。比如大型超市通过会员的消费信息,如最近一次消费时间、消费频率、消费金额三个指标对数据进行分析,可以预测客户忠诚度的变化,据此对价格、商品的种类以及销售策略加以调整和更新,以便留住老客户、吸引新客户。

6. 客户盈利能力分析和预测

对于一家企业而言,如果不知道客户的价值,就很难制定合适的市场策略。不同的客户对于企业而言,其价值是不同的。为了弄清谁才是有价值的客户,就需要按照客户的盈利能力来划分客户,进而改进客户关系管理。数据挖掘技术可以用来分析和预测不同市场活动情况下客户盈利能力的变化,帮助企业制定合适的市场策略。商业银行一般会利用数据挖掘技术对客户的资料进行分析,找出对提高企业盈利能力最重要的客户,进而进行有针对性的服务和营销。

7. 客户欺诈风险分析

在客户关系管理中,客户的信用分析和诈骗识别是非常重要的,因为一旦发生信用风险和欺诈行为,企业将面临管理活动的失败和市场份额的丧失,导致企业失去市场、客户、竞争力和信誉。如何准确、及时、有效地预测企业潜在的欺诈风险是非常有意义的,数据挖掘技术能够很好地解决此问题。企业可以利用数据挖掘中意外规则的挖掘方法、神经网络方法和聚类方法,对客户数据仓库中的数据进行分析和处理,重点针对以下问题:欺诈为什么会发生?哪些因素容易导致欺诈?欺诈风险主要来自何处?如何预测可能发生的欺诈?采取何种措施可以减少欺诈的发生?以便分析和评价欺诈风险的严重性和发生的可能性,准确、及时地对各种欺诈风险进行监视、评价、预警和管理,进而采取有效的回避和监督措施,在欺诈风险发生之前对其进行预警和控制。

◎ 补充阅读

利用数据挖掘技术对电信企业客户流失进行分析

在电信企业面向市场及国内外众多的竞争者、努力创造更高价值的同时,客户的不断流失、客户平均生命周期的不断缩短也严重影响了电信企业的发展。那么,在激烈的市场竞争和不断变化的市场需求面前,如何最大限度地降低客户的流失率呢?常用的方法之一就是利用数据挖掘技术。

数据挖掘技术是目前数据仓库领域最强大的数据分析手段。它的分析方法是利用已知的数据通过建立数学模型的方法找出隐含的业务规则,这在很多企业中已经得到成功的应用。在电信企业的应用主要包括客户欺诈分析、客户流失分析、客户消费模式分析、市场推广分析等。

在客户流失分析系统中，主要是根据以前拥有的客户流失数据建立客户属性、服务属性和客户消费数据与客户流失概率关联的数学模型，找出客户属性、服务属性和客户消费数据与客户流失的最终状态的关系，并给出明确的数学公式。只要知道客户属性、服务属性和客户消费数据，就可以计算出客户流失的概率。市场/销售部门可以根据得到的数学模型随时监控客户流失的概率。如果客户流失的概率高于事先划定的一个限度，就可以通过多种促销手段提高客户的忠诚度，防止客户流失的发生，从而可以大大降低客户的流失率。基于严格数学计算的数据挖掘技术能够彻底改变以往电信企业在成功获得客户以后无法监控客户的流失、无法实现客户关怀的状况，把基于科学决策的客户关系管理全面嵌入电信企业的市场/销售工作中来。

通常一个完整的数据挖掘过程由业务问题的定义、数据的选择、数据的清洗和预处理、模型的选择与预建立、模型的建立与调整、模型的评估与检验、模型的解释与应用多个步骤组成。这里我们以个人客户流失为例说明各个步骤的功能。

1. 业务问题的定义

业务问题的定义要求非常明确。任何不明确的定义都会严重影响模型的准确性和应用时的效果。例如，在客户流失分析系统中，需要明确客户流失的定义。在客户流失分析中，主要有两个核心的变量：①财务原因/非财务原因；②主动流失/被动流失。客户的流失类别根据这两个核心变量可以分为四种。其中由于非财务原因的主动流失客户往往是高价值的、稳定的客户。他们会正常支付自己的服务费用，并对市场活动有所响应。所以这种客户才是企业真正想保留的客户。在分析客户流失的状况时，我们还必须区分企业客户与个人客户，不同类型的客户其服务的贡献率不同、消费水平不同，因而，客户流失标准也会不同。例如，对于用一种新服务替代原有服务的客户，是否将其认定为流失客户？又或者，原来平均月消费额为 2 000 元左右的客户，当连续几个月消费额降低到 500 元以下时，我们就可以认为该客户发生流失了，而这个流失标准显然不适用于原本平均月消费额就为 500 元左右的客户。实际上，在国外成熟的电信企业客户流失分析系统中，经常是根据相对指标判别客户流失。市场调查表明，通常大众的个人通信费用约占总收入的 1% ～ 3%，当客户的个人通信费用的占比远远低于这个区间比例时，就可以认为客户流失发生。所以，客户流失分析系统必须针对各种不同的种类分别定义业务问题，进而相应地进行处理。

2. 数据的选择

数据的选择包括目标变量的选择、输入变量的选择和建模数据的选择等多个方面。

（1）目标变量的选择。目标变量表示数据挖掘的目标。客户流失分析中应用的目标变量通常为客户流失状态。依据业务问题的定义，我们可以选择一个或多个已知量的明确组合作为目标变量。目标变量的值应该能够直接回答前面定义的业务问题。在客户流失分析系统中,企业实际面对的流失形式主要有两种:账户取消导致的流失和账户休眠导致的流失。对于不同的流失形式,企业需要选取不同的目标变量。对于账户取消导致的流失,目标变量就可以直接选取客户的状态:流失或正常。对于账户休眠导致的流失,情况就较为复杂。通常的定义是持续休眠超过给定时间长度的客户被认为是发生了流失。但是,这个给定时间长度定义为多长合适呢?另外,每月的通话费用低于多少就可以认为是客户处于休眠状态?还是要综合考虑通话费用、通话时长和通话次数来确定流失标准?实际上,目标变量的选择是和业务问题的定义紧密关联在一起的。选择目标变量所要面对的这些问题,都需要业务人员给予明确的回答。

(2) 输入变量的选择。在选择输入变量时,我们通常选择两类数据:静态数据和动态数据。静态数据指的是不会经常改变的数据,包括服务合同属性,如服务类型、服务时间、交费类型等;客户的基本状态,如性别、年龄、收入、婚姻状况、受教育年限/学历、职业、居住地区等。动态数据指的是经常或定期改变的数据,如每月消费金额、交费记录、消费特征等。输入变量的选择应该在业务人员帮助下进行,这样才能选择出真正与客户流失概率具有潜在关联的输入变量。业务人员经常在实际业务活动中深深感觉到输入变量与目标变量的内在联系,但是却无法量化表示出来。在这种情况下,数据挖掘工作的价值就体现出来了。在一时无法确定某种数据是否与客户流失概率有关联时,应该在后续步骤考察各变量分布情况和相关性时再做取舍。

(3) 建模数据的选择。通常电信行业客户流失的方向有两种:第一种是客户的自然消亡。例如,由于客户的身故、破产、迁徙、移民等原因,客户不再存在;或者是由于客户的升级,如全球移动通信系统(Global System for Mobile Communications, GSM)升级为码分多址(Code Division Multiple Access, CDMA),特定服务的目标客户消失。第二种是客户的转移流失。通常指客户转移到竞争对手那里享受服务。显然第二种流失的客户才是电信企业真正关心的、对企业具有挽留价值的客户。因此,我们在选择建模数据时必须选择第二种流失的客户数据参与建模,才能建立出较精确的模型。

3. 数据的清洗和预处理

数据的清洗和预处理是建模前的数据准备工作。数据的清洗和预处理的目的是一方面保证建模的数据是正确和有效的;另一方面,通过对数据格式和内容的调整,使建立的模型更加准确和有效。数据整理的主要工作包括对数据的转换和整合、抽样、随机化、缺失值处理等。数据转换和整合的工作目的就是保证数据的质量和可用性。例如,样本数据中客户最终流失的数据比例较低,只占全部数据的8%,用这样的数据建模不容易找出流失了的客户的特征,进而建立精确的模型;因而可以按比例抽取未流失客户和流失了的客户,把两者合并构成建模的数据源。还有,在建模之前,我们建议把样本数据分为两部分。一部分用来建模,其他数据用来对模型进行修正和检验。一个模型在建立以后,需要用大量的数据对它进行检验。只有经过实际数据检验并被证明正确的模型才能使人充分相信。如果一个未经检验的模型被贸然推广使用,有可能会由于模型的不精确带来损失。所以我们通常会把数据分为两部分：2/3 的数据用来建模，1/3 的数据用来检验。

4. 模型的选择与预建立

到底哪些变量与客户流失概率密切相关呢？解决这个问题，需要利用数据挖掘工具中的相关性比较功能找出每一个输入变量与客户流失概率的相关性。通过这样的比较选择，我们可以删除那些与客户流失概率相关性不大的变量，减少建模变量的数量。这样不仅可以缩短建立模型的时间，降低模型的复杂程度，而且有时还能够使建立的模型更精确。Oracle 的数据挖掘工具能够提供包括决策树、神经网络、近邻学习、回归、关联、聚类、贝叶斯判别等多种建模方法。但是哪种方法最适合用于电信企业客户流失分析呢？我们可以使用多种建模方法，预建立多个模型，再比较这些模型的优劣，从而选择出最适合客户流失分析的建模方法。Oracle 的数据挖掘工具提供了建模方法选择的功能，它能够预建立决策树、神经网络、近邻学习、回归等多种方法供使用者选择。它还能自动判别哪一个是最优的模型，供使用者参考。在预建模之前，使用者还能够改变模型的参数，从而根据实际情况生成更好的模型。

5. 模型的建立与调整

模型的建立与调整是数据挖掘过程中的核心部分。通常这部分工作会由专业的分析专家完成。需要指出的是，不同的商业问题和不同的数据分布与属性，经常会影响到模型建立与调整的策略。而且在建模过程中还会使用多种近似算法来简化模型的优化过程。所有这些处理方法，对模型的预测结果都会产生影响。所以在模型的建立与调整过程中，需要业务专家参与制定调整策略，避免不适当的优化导致业务信息的丢失。

6. 模型的评估与检验

模型的评估应该利用未参与建模的数据进行，这样才能得到准确的结果。如果我们使用建模的数据对模型进行检验，由于模型就是按照这些数据建立的，检验结果自然会很好。但是一旦运用到实际数据中，就会产生很大的偏差。所以必须使用未参与建模的数据对模型进行检验。检验的方法是对已知客户状态的数据利用模型进行预测，得到模型的预测值后，和实际的客户状态相比较。预测正确值最多的模型就是最优的模型。

7. 模型的解释与应用

得到最优的模型以后，业务人员需要针对得到的模型做出一些合理的业务解释。例如，我们可能发现开户时长与客户的流失概率相关度较高。那么，业务人员利用业务知识可以解释为：由于客户在使用一定年限后需要换领新电话卡，而换领新电话卡的手续比较烦琐或时间周期过长，客户宁愿去申请新号码，导致流失概率的上升。通过对模型做出合理的业务解释，就有可能找出一些以前没有发现、但实实在在存在的业务规律。找出这些规律后，就可以用以指导我们的业务活动。此外，如果真的能够根据业务知识解释得到的数学模型，就说明了该模型在业务上的合理性，也就能够更大胆地将模型应用于业务活动了。

资料来源：于爱民，2004. 利用数据挖掘实现电信行业客户流失分析[J]. 广东通信技术，(05)：4-7.

➡ **本章小结**

　　数据挖掘是指从大型数据库或数据仓库中大量的、不完全的、有噪声的、模糊的、随机的数据中提取隐含的、未知的、不平凡的及有潜在应用价值的信息或模式。数据挖掘主要有以下功能：关联分析、聚类分析、序列模式分析、分类分析、估值、预测和偏差分析，主要算法有神经网络方法、决策树方法、统计分析方法等。数据挖掘已广泛应用于客户关系管理，如客户群体分类分析、交叉销售和向上销售分析、新客户获得分析、老客户保留分析、客户忠诚度分析、客户盈利能力分析和预测、客户欺诈风险分析等。

➡ **思考题**

1. 什么是数据挖掘？
2. 数据挖掘的主要功能有哪些？
3. 数据挖掘的主要算法有哪些？
4. 简述企业进行数据挖掘的步骤。
5. 数据挖掘在 CRM 中的应用主要有哪些？
6. 调查某企业的销售数据，选择一种合适的数据挖掘方法，对客户的行为进行预测。

实训项目 业务问题转化为数据挖掘问题

实训目的
(1) 帮助学生理解数据挖掘与业务应用间的关系；
(2) 训练学生分析问题的能力。

背景材料

误解业务问题：一个警示故事

一家大型消费品制造商邀请数据挖掘专家对超市会员卡数据进行分析，以帮助超市提高分类管理能力。根据超市提供的数据，酸奶是一种利润率很高的产品，酸奶成为本次数据挖掘的示范种类。

此项目的业务目标是识别酸奶爱好者。为了创建一个目标变量，专家们根据一年中酸奶的总购买量把会员分为高、中、低三个酸奶亲近组，根据酸奶花费在购物总花费中的比例把会员分为高、中、低三个用户组。在两个分组中都处于"高"分组的客户被标记为酸奶爱好者——酸奶购买量大且金额占比高的会员。专家们还分析了会员们一天中各时间段的行程和花费，以及购物频率、客单价等，并将它们作为变量纳入分析模型，最终得到了一个能够评价每个客户的酸奶爱好程度模型——酸奶爱好者评价模型，该模型赋予每个客户一个酸奶爱好得分。该模型的应用场景如下：当酸奶爱好者在结账时，即使他们不购买任何类型的酸奶，都可以打印酸奶优惠券。这个模型可以识别出那些尚未意识到自己对酸奶有偏好的潜在客户，优惠券会帮助这些潜在客户触发对酸奶的爱好。

数据挖掘专家非常高兴地将模型推荐给委托方——消费品制造商，但委托方很失望。委托方问："谁是酸奶的爱好者？"专家回答："那些被模型赋予很高的酸奶爱好分数的客户。"但委托方认为这不是他们想要的答案。委托方希望知道：酸奶爱好者是一个女人，她的年龄在 X 和 Y 之间，住房的价位在 M 和 N 之间，且居住地的邮政编码为 Z……这个描述可以帮助企业决定在哪里发布广告，以及如何塑造有创意的广告内容。而专家创建的模型是基于购物行为而不是人口统计与特征，无法达到业务要求。

资料来源：Linlff S G, Berry J A M, 2013. 数据挖掘技术（第 3 版）——应用于市场营销、销售与客户关系管理 [M]. 巢文涵，张小明，王芳，译. 北京：清华大学出版社.

实训任务

(1) 本案例中，消费品制造商的业务问题是什么？他们希望通过数据挖掘得到哪些有价值的信息？如何使用这些信息？

（2）数据挖掘专家是如何定义问题的？专家创建的酸奶爱好者评价模型有哪些应用价值？谁会从这个模型中受益？

（3）消费品制造商为什么对数据挖掘专家的工作感到不满？

（4）经过这次失败后，数据挖掘专家们在接受委托时，应注意哪些问题？

实训步骤

（1）个人阅读。老师督促学生针对实训任务完成阅读，在课堂上由老师或学生对案例学习要点及相关背景进行简单陈述。

（2）分组。在老师的指导下，以5～8人为单位组成一个团队，要求学生扮演组长、记录人、报告人。

（3）小组讨论与报告。课堂上各小组围绕实训任务展开讨论。老师要鼓励学生提出有价值的问题，要求每个小组将讨论要点或关键词抄写在黑板指定位置并进行简要报告。

（4）师生互动。老师针对学生的报告与问题进行互动，带领学生对关键知识点进行回顾，并追问学生还有困惑，激发学生的学习兴趣，使学生自觉地在课后进一步查询相关资料并进行系统的回顾与总结。

实训提交材料

每组提交一份《小组讨论与报告记录》。

实训资料获取方式

关注微信公众号"CRM学习与研究"，回复"小组讨论模板"后自动获取链接。

第 3 篇

CRM 实施

到现在为止，我们已经对 CRM 的理念、策略和方法进行了全面的梳理和探讨，我们对 CRM 基本上已形成了一个完整的轮廓框架，对 CRM 整体上有了比较深入的理解和认识。但所谓"知易行难"，理解是一回事，做起来又是另一回事。CRM 项目的实施是一项非常复杂的行动，对整个企业的素质、能力和智慧在某种程度上都是一个大的挑战，对资源配置和持续实施的要求也极为苛刻，不可能一蹴而就。

第 11 章　CRM 项目实施

■ **学习目标**

（1）熟悉 CRM 实践的含义以及 CRM 项目实施的基本原则
（2）掌握 CRM 项目实施方法、实施模式和项目管理
（3）了解 CRM 项目实施过程中可能存在的主要问题及解决办法

■ **案例导入**

渣打银行借助 CRM 系统"圈地"

作为香港三大发钞银行之一的渣打银行，成立于 1853 年，它的多项业务在香港都名列前茅。但是面对全球竞争最激烈的银行市场，为了取得一席之地，渣打银行必须面对各种挑战，诸如金融市场开放、借合并与收购活动加强竞争力、紧跟市场步伐的服务收费，以及与日俱增的客户期望等。2001 年，渣打银行的高层经过多方考虑，决定选择一套 CRM 系统来提高核心竞争力。

在谈到 CRM 系统与企业业务流程两者之间的关系时，时任西贝尔（Siebel）亚太区执行主席的曾森荣表示，CRM 系统最重要的一个任务是规范和严格执行企业的流程。企业应该在理解了 CRM 理念并全面了解 CRM 产品后，再进行业务流程，这样的重组效果会更好。而渣打银行的数据则证明了它们的流程改进取得了成功。在业务流程重组后的三年里，渣打银行在零售业务上的交叉销售比率增长了 18%，同时有 8% 的交易转至成本较低的渠道，推广成功的比率上升了 56%。

（一）数据积累是 CRM 的基础

数据是企业信息化的核心，是保证企业运转的关键。同时，数据是企业的宝贵资源和财富，对数据的挖掘、分析和利用将能为企业创造更大的财富。渣打银行在发展过程中积累了不少客户数据，但是以前的信息化系统仅仅是将客户数据保存下来，并没有很好地利用这些数据。渣打银行在采用西贝尔的 CRM 系统后，用了近一年时间将不完整的数据补充完整。CRM 系统通过自动化的文件处理使表格填写时间缩短了 60%，增加了 6% 的销售机会，改善了合作伙伴、员工与企业间的关系，员工满意度提高了 39%。

（二）借助 CRM 系统"圈地"

面对利润收窄及竞争加剧的情况，渣打银行在 2000 年 9 月收购了美国大通在港的零售业务，需要面对大批以前没有业务往来的新客户。在试用 CRM 系统取得不错的效果后，渣打银行决定在中国香港和新加坡的个人银行客户网络推广这套系统。为了充分发挥这套系统的作用，渣打银行将它命名为 Customer One。Customer One 在原 CRM 系统的基础上加入了资料分析的功能，能为客户提供更全面的产品和服务。凭借 Customer One，渣打银行能够更加快速地响应客户查询，避免重复拨打不必要的促销电话，大大节约了成本。

思考：渣打银行在使用 CRM 系统后，在哪些方面取得了很好的效果？渣打银行成功实施 CRM 项目的原因有哪些？

11.1 CRM 项目实施概述

11.1.1 CRM 实践的含义

根据客户生命周期理论，CRM 的核心理念就是企业根据客户终生价值的大小合理配置可用资源，以有效地建立、维护和发展同客户的长期合作关系。显然，这是一个企业管理的指导性原则，它指导企业应该做什么、如何做。因此，我们可以将 CRM 实践定义为企业在理解了 CRM 的核心理念以后，应该采取哪些具体的措施来实行或强化符合 CRM 核心理念的经营行为，修正或放弃那些不符合 CRM 核心理念的行为，从而最大化地实现企业的经营目标。

一般而言，可以从以下三个方面来判断企业是否正在践行 CRM 的核心理念：

1. 是否以建立、维持和发展与客户的长期合作关系为基础

企业 CRM 实践旨在同客户建立一种长期的合作关系。如果一个活动或行为不具备与客户建立长期合作关系的意图，就不是 CRM 实践的行为。许多国内企业尽管一直标榜"以客户为中心"，但实际上却采用了很多短视的经营策略，这些行为本质上远离了 CRM 实践的要求。

2. 是否以提高关系价值的长期收益为目标

只注重与客户建立、维持和发展长期合作关系，而不在意这种关系能否给双方带来利益，也不是一种 CRM 实践行为。虽然 CRM 实践强调以客户为中心、为客户创造价值，但是企业也必须能够从客户关系中获得回报，这应该是一种客户和企业"共赢"的结果。因此，企业必须要准确地细分客户群体，明确哪些客户对企业更有价值，优先安排有限资源服务这些客户，并与这些客户建立长期和稳定的关系。

3. 是否以有效分配企业资源为手段

由于企业资源有限，CRM 实践必须强调合理有效地分配企业资源。那种不考虑 CRM 实践的成本与收益，不考虑资源回报的行为，终将导致 CRM 实践的失败。CRM 实践是一项复杂的工作，需要经历审视、评估、优化企业的可用资源，分析客户的利润贡献能力，针对不同客户群体制定出建立、维护和发展客户关系的策略，并分阶段、分级别地实施这些策略，分析评估 CRM 实践效果等过程。

CRM 实践是一个持续的过程。对于一个缺乏 CRM 文化环境的企业，必须通过一系列的活动，改善企业 CRM 实践的文化氛围，直至 CRM 实践逐渐成为企业自觉的、常规的行为。在实现阶段性目标之后，企业便可以在新的层次上进一步提升企业的 CRM 实践能力。

11.1.2 CRM 项目与 CRM 实践

我们所理解的 CRM 实践涵盖的范围很广泛，只要符合上述标准的企业行为都可以被认为是 CRM 实践的内容。常规的客户忠诚计划、俱乐部活动、免费上门服务活动、日常的微笑服务、客户服务质量评比活动等，都属于 CRM 实践活动。值得注意的是，信息技术并不是 CRM 实践的必备条件。不同企业的信息技术条件不一样，一家小企业即使只有一台电脑，它仍然可以和具有服务器、局域网的大企业一样有效地进行 CRM 实践。很多可以有效管理客户关系的企业，所用到的技术并没有超出 Office 套件的范围，有些小企业即使不使用信息技术，也能在客户关系管理上比大企业做得更好，而大企业由于业务量大、客户众多，必须借助各类信息技术手段才可以进行有效的客户关系管理，对信息技术的需求远高于小企业。因此，是否采用信息技术并不是企业是否进行 CRM 实践的判断标准，任何企业都可以在现有条件下找到最佳的 CRM 实践方案来提升客户关系的强度与深度。

企业的 CRM 项目包含在 CRM 实践之中，实施 CRM 项目是 CRM 实践中最重要的环节，也是企业启动系统性 CRM 实践的重要步骤，具有比较明显的时间性。

CRM 项目实施也不仅仅指 CRM 软件项目实施，CRM 软件只是 CRM 项目的一个重要组成部分。CRM 项目实施还包括企业业务流程优化、组织重构、知识培训等工作。CRM 实践、CRM 项目和 CRM 软件三者之间的关系如图 11.1 所示。

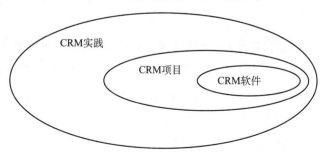

图 11.1　CRM 实践、CRM 项目和 CRM 软件的关系

11.1.3 CRM 项目的实施目标

CRM 项目实施必须有明确的远景规划和近期的实现目标。一般而言，CRM 项目实施的目标根据企业的内外部环境及各自商业策略的不同而有所不同，但以下的三个通用目标对大多数的企业而言还是比较适用的。

1. 识别潜在客户，提供个性化服务，开拓新市场

CRM 项目实施能够帮助企业完善目标客户的基本信息，通过数据挖掘对客户的数量、构成、消费偏好、消费动机等进行不同角度的透视和分析，使企业能够多方位地把握客户，全面了解客户情况；通过对客户历史资料的分析，CRM 项目实施可以帮助企业识别出潜在的客户群，提高客户对市场营销活动的响应率，使企业做到心中有数。CRM 项目实施还可以使企业通过新的业务模式（电话、网络）扩大经营活动范围，把握新的市场机会。例如，呼叫中心是进行交叉销售和向上销售的理想场所，客户呼叫"呼叫中心"后，销售人员可以在客户挂机之前推断出要销售的产品类型，知道客户以往的交易习惯，提高销售成效。

2. 提高组织效率，降低企业运营成本

提高企业服务客户的效率主要有两个途径：一是商业过程流程化，向员工提供合适的工具，提高员工效率；另外，尽可能多地收集客户资料也有助于提高员工的工作效率。二是借助技术应用，为客户提供自助服务的机会。通过 CRM 系统的信息技术，企业可以提高业务处理流程的自动化程度，实现企业范围内的信息共享，提升员工工作能力，并能有效地减少培训需求，使企业内部高效运转。降低运营成本是指企业能通过实施 CRM 项目减少企业为维持正常运行所消耗的办公资源、员工薪酬以及相关开支。CRM 项目所实现的销售、营销和服务自动化不仅提高了工作效率、改善了服务质量，还降低了企业的运营成本。

3. 提高客户满意度、忠诚度，留住有价值的客户

一个实施效果良好的 CRM 项目，可以通过为客户服务人员提供完整的客户数据及产品/服务知识库来提高客户服务的效率和质量，通过为客户提供多种沟通渠道与客户保持良好的互动关系，从而有效地提高客户的满意度。长期的客户满意将为企业带来客户忠诚，有助于保证企业长期战略利益的实现与提高。

明确 CRM 项目实施的目标对企业成功实施 CRM 项目是很重要的。如果企业对 CRM 项目实施目标理解模糊，内部没有达成共识，甚至只是为了实施 CRM 系统而实施，就会出现 CRM 实施目标偏差的情况，这必将大幅增加 CRM 项目实施失败的风险。另外，CRM 项目是一项复杂的系统工程，必须根据企业目前的实际需求和实施能力，确定分阶段的实施目标。如果没有阶段性的目标，可能导致 CRM 项目实施的过程漫长而曲折，进而导致项目失败。

11.1.4　CRM 项目的实施原则

CRM 项目实施是涉及企业经营管理变革的复杂工程。CRM 项目的实施应该从两个层面进行考虑：其一，从管理层面上看，企业需要运用 CRM 系统中所体现的思想，来推动管理机制、管理模式和业务流程的变革；其二，从技术层面上看，企业通过部署 CRM 系统，来实现新的管理模式和管理方法。管理的变革是 CRM 系统发挥作用的基础，而 CRM 系统则是支撑管理模式和管理方法变革的利器。一家企业如果真的想让 CRM 项目实践落到实处，必须要从这两个层面进行变革创新，缺一不可。

2003 年，时任中国客户关系管理研究中心（CRM Research Center of China，CRCC）首席顾问的王广宇在总结多个行业的应用经验后，归纳提出了 CRM 的实施原则：1 + 5 循环。

"1" 是指一个基本原则：从业务流程重组开始。企业实施 CRM 项目，首先要注重组织再造与业务流程重组。企业寻找 CRM 解决方案，必须先去研究现有的营销、销售、服务模式和策略，审视企业业务流程，发现不足，并对流程进行优化。在项目开展之初，不应该把大部分的注意力放在技术上，要根据业务中存在的问题来选择合适的技术，而不是通过调整流程去适应技术。只有通过改革和流程再造，才能整合内部资源，建立适应客户战略、职能完整、交流通畅、运行高效的组织机构，也才能建立以挖掘和满足客户需求为中心的新业务流程，从而加强客户互动，提高产品（服务）营销和销售的整体质量。

"5" 是指五种重要方法：战略重视、长期规划、开放运作、系统集成和全程推广。

1. 战略重视

CRM 项目实施是一项极为复杂的系统工程，涉及整体规划、创意、技术集成、内容管理等多方面工作。因此，实施 CRM 项目要获得企业高层管理者从发展战略上的支持。项目管理者应当有充分的决策权，从总体上把握建设进度，提供所需的财力、物力、人力资源，并推动项目实施。

2. 长期规划

在自身发展战略框架内进行 CRM 项目规划，制定一个较为长远并能分阶段实施的远景规划，这是非常重要的。企业应该从一些需求迫切的领域着手，稳步推进，不要期望毕其功于一役，否则可能给企业带来难以承受的巨大冲击。企业可以先开发实施局部的应用系统，在特定部门或区域内进行小规模试验和推广。通过阶段性的质量测试和效果评估，并加以改进，再逐步增加功能，向更多部门推广。

3. 开放运作

企业实施 CRM 项目应当遵循专业化、开放式的运作思路。即使一些拥有比较强大的研发能力和智囊机构的大企业，也难以独自进行 CRM 项目实施的分析、研究、规划和开发。企业应该以开放的心态，与有较成熟产品和实施经验的专业解决方案提供商进行深入合作，或聘请专业咨询公司从整体上提出 CRM 解决方案并协助实施。这将推动 CRM 项目的实施进度、提高成功概率。

4. 系统集成

企业不仅要投入资源推进 CRM 项目的实施，还要特别注重实现与现有业务信息系统的集成。对于信息化整体水平较高的企业而言，一是要实现对客户接触点的集成，确保与客户的互动是无缝、统一和高效的；二是要实现对工作流的集成，为跨部门的工作提供支持；三是要实现与 ERP、SCM、财务、人事、统计等应用系统的集成；四是要注重 CRM 自身功能的集成，加强支持网络应用的能力。

5. 全程推广

注重在实施全过程中推广 CRM 的理念和方法是确保 CRM 项目实施成功的重要措施。如果企业管理层对项目的看法不统一，各业务职能部门对 CRM 项目实施的意义和方法不了解，有较强的抵触心理，或最终用户缺乏必要的应用知识，那么 CRM 项目实施的最终效果可能会不理想。因此，为了保证 CRM 项目实施和改进效果，要加强员工培训和对最终用户的支持，使他们能成功地运用这一系统并以此来对待企业的客户。

CRM 项目的实施可能会给企业带来战略调整、流程优化和技术革新。在 CRM 项目实施过程中，必须把握与企业经营管理相适应的总体原则，特别是在流程优化方面。流程优化能否成功，将直接关系到 CRM 项目实施的成败。有两种比较常见的情况需要进行符合 CRM 战略目标的流程优化和再设计：一是企业内部的流程没有形成明确、规范的步骤及文档，企业运作主要通过惯例和领导直接指导的方式进行；二是企业内部已经具备规范的流程，但是整个流程是围绕产品和内部管理设计的，忽略了如何对客户更亲切、让客户更方便以及给客户更好的感受等。

11.2　CRM 项目实施方法

11.2.1　CRM 项目实施环节

CRM 项目可能是一个融营销、销售、服务等为一体的整体解决方案，也可能仅仅是单个流程的解决方案；可能是企业级解决方案，也可能是部门级解决方案。因此，CRM 项目的实施方式比较复杂。就具体的实施细节而言，并没有一种适合所有情况的实施方法。除了与实施规模有关，实施方法还会因为企业所认可的开发生命周期、员工技能、信息技术标准的不同而不同。不同行业、不同企业、不同解决方案提供商的实施方法和步骤都会有一些差异。美国的吉尔·戴奇（Jill Dyche）在《CRM 手册》（*CRM Handbook*）中提出企业成功的 CRM 实施流程，如图 11.2 所示，CRM 实施规划包括三个阶段、六个步骤。

第 11 章 CRM 项目实施

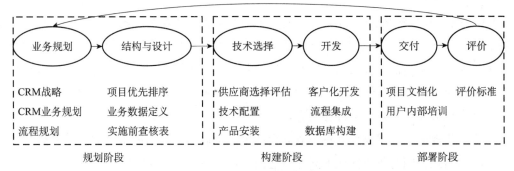

图 11.2　CRM 实施流程

1. 业务规划

CRM 业务规划是实施的核心步骤，也是开始步骤。在这个步骤中，最关键的活动是定义 CRM 项目的整体目标，并将其细化到相应的具体需求。这个步骤还包括评定那些与客户有交互作用的部门的角色。为使客户处于企业业务流程的中心，可能需要改变部门的角色与职责，形成新的工作流程。

在业务规划中，企业级 CRM 可能需要将企业的 CRM 战略具体化和文档化，确定战略框架下每一部分的项目与活动。部门级 CRM 的业务规划就是要界定部门 CRM 的功能及其与其他部门的接口。

无论是企业级 CRM 还是部门级 CRM，这个环节的阶段性成果应该包括一份以战略文件或业务规划形式细化的 CRM 目标的文档材料。这份文档材料对于能否获得企业高层对 CRM 项目的认可和支持是非常重要的，同时对需求驱动的 CRM 应用也非常有价值，并在 CRM 项目部署之后用于衡量项目的实施效果。

2. 结构与设计

CRM 的结构与设计是一个满足 CRM 项目需求的过程。这个步骤通常容易让企业高层和项目经理觉得很困难，这也打破了他们期望直接通过技术选择就能实现奇迹的幻想。尽管结构和设计很难，但很值得。

这个步骤将确认 CRM 产品所支持的企业流程。它列举了特定的"需要执行"和"怎样执行"的功能，为企业提供了一个有关 CRM 在组织和不同技术层面上发挥作用的新思路。在这个步骤的最后，应当可以回答以下两个问题：

（1）所拥有的技术和流程在何处受到 CRM 的影响？

（2）为了运行 CRM，需要补充哪些现在还不具备的功能？

这一步骤要求熟悉、了解企业目前信息系统的使用状况，尤其是那些与 CRM 紧密相关的部门，如呼叫中心，只有对呼叫中心系统现状有细致了解，才能实现呼叫中心与未来 CRM 系统的无缝集成，确保企业能实现完整的业务流程。在这个步骤中，需要画出 CRM 系统的结构图，能准确描述其与企业现有各系统的集成方式和过程。这是企业应用集成（EAI）的重要组成部分。EAI 意味着在不同的系统中，能自动转换数据格式，并可以顺畅地共享和传输数据。

EAI 对于 CRM 来说是重要的，因为无论一个营销活动多么的成功，或者大规模促销邮件的内容多么具有诱惑性，如果这些活动的背后没有信息共享，将可能导致一些灾难性的低级错误。当企业的库存信息不能及时反馈给营销和销售部门时，就有可能导致客户总是在已经下单之后才被告知缺货，被激起的购物欲望被无情扑灭。这样的互动必然导致客户满意度和忠诚度的下降，最终导致客户流失。

在这个步骤中，还需要考虑每个业务会产生一个或多个数据需求，需要定义好这些数据的来源与格式，同时还要保证不同部门之间的数据一致性和兼容性。

3. 技术选择

CRM 的技术选择工作可能像挑选开架商品一样简单，也可能很复杂，需要对不同的系统集成商和应用服务提供商进行综合评价。这个步骤的复杂程度与前面各步骤的效果有很大关系。如果各方在结构与设计期间已经取得一致意见，明确了 CRM 对现有系统以及新功能的需求，那么完全可以根据现有的信息技术环境对各种备选的 CRM 系统进行分类和排序。

软件系统提供商对其产品的宣传都会有夸大其词之处。最好的办法是分解企业的需求，然后要求系统提供商依据企业的需求清单，来展示他们如何满足企业需求。

4. 开发

开发工作包括根据特定的产品特征构建和 CRM 系统定制。但是，CRM 系统的开发工作并不仅指程序员编写代码，还包括用所选择的 CRM 系统来集成业务流程。

在进行到这一步时，企业已经确定了关键的 CRM 业务流程。此时，企业需要将选好的 CRM 技术集成到这些业务流程中，这就是集成业务流程的含义。实现流程集成要确保业务流程已经通过用户测试。企业不仅要实现业务流程的运作，而且要通过技术手段进一步"精练"业务流程，即充分利用技术来改善"以客户为中心"的企业业务流程。在这个步骤中，容易发生的问题是让业务流程适应 CRM 产品的特性，从而引起流程变动，这样会削弱流程的原有功能。

在开发期间，通常使用原型法"精练"业务流程。实施人员不断与最终用户沟通，使得用户在 CRM 项目实施期间一直伴随 CRM 的开发与部署。用户的要求可以在开发过程中实时体现，而不是到了最后才去测试 CRM 功能。

该步骤还包括一些技术工作，如数据库设计、数据清理和导入，以及同其他应用系统的集成。

5. 交付

交付这个环节经常被忽视。一般而言，交付使用意味着对企业信息技术基础设施进行调整，将所需求的 CRM 系统分派给企业用户。

在 CRM 系统交付时，必须对用户进行深入的培训，通过网络手段，或使用用户向导、工作助手和其他文档，激励用户最大限度地利用新的 CRM 功能。在销售人员开始使用新的 SFA 与客户接触时，或者客服在试图明白新的功能之前，应该接受培训，才能清楚如何使用新的功能，以及如何接受新的工作方式。只有经过培训，才能最大限度地利用系统带来的好处。通常，面向客户的员工在获得新的客户知识之后，会带来与客户交流方式的变化，创造更多互动。

6. 评价

评价是 CRM 项目实施的最后步骤，是根据 CRM 所要实现的功能来评价 CRM 的实施效果。许多公司忽视了持续评价 CRM，认为 CRM 系统交付之后，就意味着 CRM 项目实施结束。但是，如果没有评价这个步骤，企业将无法准确地知道 CRM 项目实施是否成功。一种测试方式就是检验 CRM 能够解决企业现有问题的程度。如果在创建 CRM 业务规划时就已经设立了成功的标准，就可以通过将实际结果与这些标准进行比较，确定项目成功的程度，并逐步补充和完善标准。

◎ 阅读材料

八百客 App 应用系统的定制开发流程

根据八百客 App 的技术特点和以往大量的实施成功经验，八百客公司总结提出了一整套完善的定制开发流程，如图 11.3 所示，这个流程可以帮助更好、更快地完成系统开发，避免许多不成熟系统实施的风险：

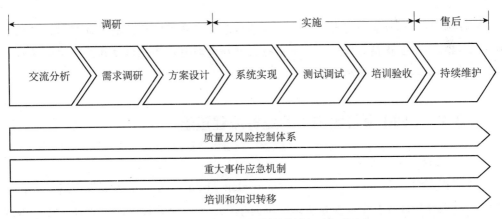

图 11.3　八百客 App 应用系统的定制开发流程

1. 交流分析

交流分析流程一般会在签订合同之前完成，主要工作是限定实施范围，参照《需求调研模板》来沟通主要需求，合同签订后，附加签署《800App 实施计划书》，所有实施内容以此为准。

2. 需求调研

当企业支付实施费后，八百客公司会将企业的服务信息从销售部门转交给实施部门，并确定一位实施工程师为项目组长，专门负责企业的项目实施工作，并且开始进行企业需求调研工作，希望企业能尽量安排系统的实际使用者及公司决策人参与调研。

3. 方案设计

八百客公司在完成需求调研后，会将《实施计划书》提交给企业，该《实施计划书》中包含八百客项目成员、企业项目成员、功能描述及实施计划、系统流程图及功能模块等内容，经双方签字确定后，实施项目组开始进行实施工作。

4. 系统实现

在系统实现阶段，八百客公司会按照《实施计划书》开展系统的实现工作，由于在实现过程中经常需要与企业人员进行沟通，因此八百客公司会希望企业能抽出大量时间进行配合，或转由有充裕时间的同事来配合。

5. 测试调试

在测试调试阶段，八百客公司对整个系统进行测试，希望企业各使用部门都能派员工来进行测试，这样可以有效地保障交付给企业的系统能够全面满足企业的使用需求。在该阶段，八百客公司希望企业按照自己的流程测试系统是否流畅。

6. 培训验收

在培训验收阶段，八百客公司的实施工程师会向企业提交《系统验收单》，等待企业验收通过，并签字确认。之后八百客公司的实施工程师开始撰写《使用帮助》，并对企业的所有使用员工进行远程的培训。

7. 持续维护

培训验收后，八百客公司会将企业的服务信息从实施部门转交给客服部门，并确定一位客服工程师为企业提供后续服务，邀请企业参加定期的产品使用培训、自定制培训，且为企业进行一对一的客户服务工作。

11.2.2 CRM 项目实施中的业务流程重组

1. 业务流程重组的定义

业务流程重组（Business Process Reengineering，BPR），也称业务流程再造、业务流程重构，它是国外管理界在全面质量管理、准时生产、工作流管理、团队管理、标杆管理等一系列管理理论与实践全面展开并获得成功的基础上产生的。它是西方发达国家在 20 世纪末对已运行了一百多年的专业分工细化及组织分层制的一次反思及大幅度改进，是对企业僵化、官僚主义的彻底改革。1990 年，美国哈佛大学迈克尔·哈默（Michael Hammer）教授提出 BPR 这一概念，随即掀起了席卷欧美国家的管理思想革命浪潮，BPR 被誉为是继专业分工理论之后具有划时代意义的企业管理理论。

1993 年，哈默在《企业再造：企业革命的宣言书》（*Reengineering the Corporation: A Manifesto for Business Revolution*）一书中对 BPR 做了如下定义："业务流程重组"是从根本上重新考虑和设计企业的流程，使其在成本、质量、服务和速度等关键指标上取得显著的改善，使得企业能最大限度地适应以"客户（Customer）、竞争（Competition）、变化（Change）"为特征的现代企业经营环境。其中，"根本性""彻底性""显著性"和"流程"是 BPR 所关注的四个核心领域。

（1）"根本性"表明业务流程重组要关注企业最核心的业务，企业要从根本上重新思考，打破原有思维定式，对长期以来企业在经营中所遵循的管理思想和体制等进行重新审视。

（2）"彻底性"表明业务流程重组应对事物进行追根溯源，对已经存在的事物不是进行肤浅的改变或调整性的修补完善，而是抛弃所有的陈规陋习，并且不考虑既定结构与过程，创新工作方法，重新构建企业业务流程，而不是表面的改良、增强或调整。

（3）"显著性"表明业务流程重组追求的不是一般意义上的业绩提升或略有改善、稍有好转等，而是要使企业业绩有显著的增长和极大的飞跃，这是业务流程重组工作的特点和取得成功的标志。

（4）"流程"表明业务流程重组关注的要点是企业的业务流程，并围绕业务流程展开重组工作，业务流程是指一组共同为客户创造价值而又相互关联的活动。哈佛大学商学院的迈克尔·波特将企业的业务流程描绘为一个价值链。竞争不是发生在企业与企业之间，而是发生在企业各自的价值链之间，只有对价值链的各个环节——业务流程进行有效管理的企业，才有可能真正获得市场上的竞争优势。

2. 业务流程重组是 CRM 项目实施的关键环节

在实施 CRM 项目的过程中，业务流程重组是一个非常关键的环节，脱离了对业务流程的不断改进，CRM 项目的实施效果就会大打折扣。整个企业的策略、流程、组织和技术结构都应该围绕客户与最终消费者进行重新设计和管理。实施 CRM 项目的企业，首要问题不是购买软件，而是在有丰富经验的咨询公司的帮助下对企业当前的业务流程进行评估，使企业清楚地知道自己的问题所在，知道哪些问题可以通过技术解决，哪些问题需要转换观念才能解决，哪些问题要通过战略调整方能解决。只有这些"软"问题解决了，在应用 CRM 系统时才能取得更好的效果。

业务流程重组的对象一般是企业的核心流程，或关键的"瓶颈"流程。核心流程是指那些对企业价值创造起着关键作用，并直接为客户传递价值的流程。判断流程是否为核心流程的思路为：首先，关注企业跨职能部门且其最终产品为核心产品的业务流程，如银行的贷款业务；其次，根据对市场的影响程度，选择对客户满意度最具影响力的业务流程，如售后服务；最后，确保所挑选出的业务流程具备重组的可行性。"瓶颈"流程可以定义为直接影响企业整体效能发挥的少数子流程，这些子流程由于设计问题导致该部分的运行效率远远低于其他流程，使得整个企业运行效率大幅度降低。

我们不可能对企业所有的业务流程进行分析，必须从企业众多业务流程中找出对企业性能提高具有显著影响的核心业务流程，然后围绕这个经过重组的核心流程，将企业的其他流程系统进行适应性调整。

11.2.3 选择 CRM 产品方案

企业在实施 CRM 项目时，需要对选择何种 CRM 产品方案做出决策。企业选择 CRM 产品方案的核心准则应该是"以客户为中心、以需求为驱动"。判断一个 CRM 产品方案是否符合企业需求应该从以下三个方面加以考虑，即产品功能需求、产品技术需求及产品提供商。

1. 产品功能需求

在选择 CRM 产品方案时，首先要考虑该产品方案能否满足企业的业务需求，特别是产品的功能是否能够满足具体流程的要求；其次要根据企业具体情况选择产品方案的规模，如是企业级 CRM 产品，还是部门级 CRM 产品；最后要确定产品功能实现的优先次序。这是一个比较复杂的过程，可以通过由营销、销售和客户服务部门的高级管理者参加的会议决定。此外，还需要适当地考虑未来对产品功能的需求。

2. 产品技术需求

功能需求是选择 CRM 产品方案首要考虑的因素。在确定好功能需求之后，企业需要明确相应的技术需求，以确保 CRM 产品方案能够在企业特定的环境下有效运行。产品的技术需求重点考虑以下四个方面：

（1）产品架构需求。即考虑 CRM 产品是基于什么样的基础技术架构，是浏览器/服务器（Browser/Server，B/S）结构还是客户/服务器（C/S）结构。B/S 结构的特点是便于软件维护、数据更新、软件升级，便于基于可扩展标记语言（Extensible Markup Language，XML）设计的多种系统间的数据交换，可以随时随地进行查询、浏览等业务处理；C/S 结构的特点是响应速度快、能实现人机交互、事务处理能力强、能适用于复杂的业务流程。应该说，B/S 结构和 C/S 结构各有千秋，它们都是当前非常重要的计算架构。在适用性、系统维护等方面，B/S 结构比 C/S 结构要强得多；但在运行速度、数据安全、人机交互等方面，B/S 远不如 C/S。综合起来可以发现，凡是 C/S 的强项，便是 B/S 的弱项，反之亦然。

（2）系统集成需求。CRM 系统需要与企业内外的现有系统集成，才能充分发挥其自身价值。对系统集成的需求需要多方面地考虑，例如，集成的难易程度如何，与 ERP、SCM 等系统的接口有哪些，如何与企业的合作伙伴共享信息，如何与呼叫中心相互衔接等。

（3）产品性能需求。产品性能需求主要针对 CRM 产品的数据处理方式以及系统的运行性能。在确定 CRM 产品性能时，需要多方面地了解，可以首先了解 CRM 产品的底层技术架构，例如，与数据库的交互方式、用户配置文件的存储位置和存储方法、系统缓存设计等；另外，还应该关注大批量数据查询时的系统运行效率，考察查询复杂报表的功能。

（4）产品安全需求。客户数据很重要，系统必须有相应的技术和策略以确保客户信息的准确和安全。重点考虑两个方面：一是数据的备份与恢复，包括是否支持自动备份、差异备份和异地备份,以及一旦服务器宕机,如何进行数据和软件的迅速移植等;二是抵御攻击,包括数据加密技术、服务器的安全设置、硬件防火墙、软件防火墙、虚拟专用网络技术等。

3. 产品提供商

在确定对 CRM 产品方案的功能和技术需求之后,接下来就要寻找能够满足这些需求的供应商,对供应商的选择需要综合考虑,既要考虑供应商所提供的产品能否满足企业对功能及技术的要求,也要考虑供应商的实力、品牌等。

4. 预置型还是托管型产品方案

上述选择 CRM 产品方案的考虑因素是假设企业购买并自己运行 CRM 系统的情形,很多企业在决定实施 CRM 项目时都会选择这种方式,这是一种预置型(On Premise)CRM 产品方案。这种方式有赖于一定的资源,包括足够的软硬件资源和信息技术人员等,但是,对于一些资源匮乏的中小企业而言,存在一定的困难。因此,托管型(Hosted)CRM 产品方案是他们可以重点考虑的一种选择,当然选择托管型 CRM 产品方案也需要考虑产品的功能和技术需求以及提供商的总体情况。

本质上,无论是托管型 CRM 产品方案还是预置型 CRM 产品方案,它们所提供的功能是一样的,只是定制化程度和实施细节不同。在决定是托管型 CRM 产品方案还是预置型 CRM 产品方案更适合企业时,除需要考虑上述三个方面外,还需要重点考虑以下因素:

(1)信息技术基础设施。如果企业还不能确定自己的发展计划并且不具备实质性的基础设施,短期内也难以创建或没有能力创建较为完善的信息技术基础设施,那么托管型 CRM 产品方案是一个合理的选择。如果企业规模足够大,并且有全功能的信息技术部门以及充足的基础设施,那么选择预置型 CRM 产品方案是很自然的事。

(2)总体拥有成本。就许可费的成本而言,运行一个托管型 CRM 的费用可能更高。但是考虑到预置型 CRM 产品方案部署和维护基础设施所需的时间,托管型 CRM 产品方案前期投资少,对于规模较小的企业来说是一个非常好的选择。另外,托管型 CRM 产品按照订购方案定期付费,支出相对固定,有利于改善企业的现金流。

由于在前期需要的投资比较少,托管型 CRM 产品方案短期内(如两年之内)的总体拥有成本比较低,但成本增加的速度要比预置型 CRM 产品方案快。如果考虑更长时间(如三年之后),托管型 CRM 产品方案的成本将变得更加高昂。

(3)流程的复杂性。预置型 CRM 产品方案能够进行充分定制化,在定制的基础上选择模块,然后根据自己独特的业务需求,将模块整合到整个业务结构中。托管型 CRM 产品方案更适合一些标准化的流程,基本上是不允许通过广泛定制来满足企业的一些非常特殊的要求。

总体而言,托管型 CRM 产品方案更适合那些想要通过 CRM 系统提升收益和客户满意度、不必对系统进行定期升级且希望前期投资较少的企业。预置型 CRM 产品方案更有可能适合那些需要借助 CRM 系统制定商业策略,以及那些定制化需求比较高的企业。那些希望以较低的中长期总体拥有成本运行 CRM 的企业也可能会选择预置型 CRM 产品方案。

11.3 影响 CRM 项目实施效果的因素

11.3.1 CRM 项目实施过程中的问题

《艾瑞咨询：2022 年中国 CRM 行业研究报告》

CRM 项目的价值主要体现在两个方面：一方面，CRM 项目通过赋能营销、销售和服务，有效提高客户转化率，缩短销售周期，增强用户黏性，延长客户生命周期；另一方面，CRM 项目能够帮助企业及时准确地捕捉市场信息，发现客户的潜在需求，以客户需求为导向，有效减小库存积压风险，降低销售和营销成本，同时通过信息共享，破除部门壁垒，降低内部的管理成本。但是，许多企业在实施 CRM 项目后并未达到预期的效果。贝恩公司（Bain & Commpany）2001 年对 451 位公司高级管理人员所做的调查表明，在接受评估的 25 种常用工具中，CRM 的客户满意度排名第三[1]。据巴特勒公司（Butler Group）的调查，2002 年全球 CRM 项目的失败率高达 70%；经济学人智库（Economist Intelligence Unit）调查结果显示，2007 年 CRM 项目的失败率为 56%；据弗雷斯特研究公司（Forrester Research）的调查，2009 年全球 CRM 项目的失败率是 47%[2]。艾瑞咨询发布的《2022 年中国 CRM 行业研究报告》表明，在已实施 SaaS 模式的 CRM 项目的企业中，仅 50% 左右的企业能够成功地应用 SaaS 模式的 CRM。从近 20 年来各机构披露的数据来看，尽管 CRM 项目颇具价值，但总体上实施效果不尽如人意，原因在于在 CRM 项目实施过程中会出现许多问题。

1. CRM 项目实施目标设置不合理

（1）期望过高。有些 CRM 产品方案的供应商为了达成交易，过度宣传 CRM 的价值，同时在沟通中故意回避或弱化实施过程中可能出现的问题，导致很多企业把 CRM 当成了一剂万能药，以为只要实施了 CRM 项目，销售、营销和服务部门的各种棘手问题就能迎刃而解。事实上，尽管 CRM 项目可以赋能企业，优化流程，但是无法在短期内使企业的管理文化、制度和水平发生根本改变，因此 CRM 融入企业日常运营需要较长的磨合过程，CRM 项目的实施效果也难以在短期内显现。

（2）缺乏规划。企业在实施 CRM 项目之前应该了解哪些业务需要改善，哪些流程需要优化，哪些管理模式需要改变等。企业要从自身的情况出发来确认 CRM 项目需求。然而，有的企业往往会盲目地追求太多的功能而忽略自己真实的客户管理需求。还有些企业

---

[1] 涂振涛，2004. CRM 项目失败原因研究 [J]. 企业经济，(03): 88-90.
[2] 谷再秋，潘福林，2013. 客户关系管理（第二版）[M]. 北京：科学出版社．

实行的是以销售为导向的管理模式，没有真正意识到客户满意度与企业销售业绩间的相关关系，由于管理人员对管理理念的理解层次较低，因此难以切实地提出项目目标，也不能合理地进行规划。无论是错误的需求还是模糊的需求都会对 CRM 项目的成功实施产生负面影响。

正是由于有些企业未合理设置 CRM 项目实施目标，因而，有些学者认为各个机构的报告也许未能对 CRM 项目的实施效果进行准确的评估，CRM 项目的失败率可能被夸大了。

2. 企业未厘清信息系统与管理机制的关系

CRM 项目实施的效果不仅与 CRM 产品方案的供应商有关，也与企业自身的管理机制也有很大的关系。人们有时候对管理机制改革和信息系统建设的次序存有疑问：是在改革管理机制后，再建设信息系统来提高企业效益，还是先进行建设系统，然后改革管理机制来适应信息系统？事实上，二者应当并行推进，互为补充，缺一不可。CRM 项目的实施离不开技术的支撑，企业信息技术部门与业务部门必须密切合作，共同确定满足企业业务发展战略所需的技术、系统与架构。同时，信息技术部门在部署相关技术架构时，需要明确业务部门的需求及业务处理的优先级。发挥 CRM 项目的功能需要企业将"以客户为中心"的业务流程作为铺垫，而真正实现和发挥"以客户为中心"的业务流程的功能则需要 CRM 项目的支撑。如果信息技术部门和业务部门缺乏必要的合作，势必导致 CRM 项目不能很好地满足企业整体业务的需求，从而影响 CRM 系统的应用效果。企业应该在实施 CRM 项目的初期，组建一个由信息技术部门与业务部门共同参与的项目小组，确保双方都能够参与 CRM 项目的规划与部署。

3. CRM 项目实施缺乏高层领导的支持

CRM 属于企业战略层面的决策。高层领导的作用不仅体现在可以为项目提供持续的资金支持，还体现在出现部门冲突时可以充当"协调人"的角色，化解部门间的利益矛盾，使项目不断向前推进。因此，项目的支持者中必须包括一个有足够权力、对 CRM 项目有一定认识的高层领导。这位高层领导应当了解企业是否有足够的资源投入到项目中去，经常关注项目各个阶段的进展，同时还要为很多问题做最后决策，例如在 CRM 项目中出现的数据定义、数据传送机制、数据质量标准等。如果高层领导对 CRM 项目重视程度不够，或者低估实施 CRM 项目的成本和可能遇到的阻力，就会在遇到困难或内部强烈反对时畏缩不前，导致项目失败。

4. CRM 项目团队缺乏技术和经验

实施 CRM 项目的团队应具备扎实的技术能力和丰富的实施经验。如果项目团队缺乏技能和经验，不能准确界定实施 CRM 项目所需数据的详细程度，就容易出现数据过多或过少的问题。如果传统的系统需求分析方法失效，有经验的项目团队会立即调整方案，采用依靠数据和流程模型的结构化方法来解决问题。最有效的解决方法就是由一位经验丰富的团队负责人自始至终监控整个项目。团队负责人既要有营销经验，熟悉 CRM 项目的实施背景和整体规划，又具有相关工具应用方面的技能，更重要的是要有成功实施 CRM 项目的经验。此外，项目团队内部还需要适时组织研讨和专业化培训。

5. CRM 项目实施缺乏员工的支持

企业在实施 CRM 项目的过程中常常会受到部分一线员工的抵制，这是因为 CRM 系统交付使用后，一线员工需要在 CRM 系统中共享客户信息，按要求将与客户沟通的内容及时录入系统。使用 CRM 系统会大大地提高工作的透明度，这有利于企业更好地管理客户资源，但同时也会对部分员工产生很大的心理冲击。与此同时，CRM 项目的实施会改变相关部门员工以往的工作习惯，要求他们投入大量的时间去熟悉 CRM 系统的使用方法，部分员工会因此将 CRM 系统当成一种负担。此外，在与 CRM 系统磨合的过程，部分员工中还可能会由于操作问题产生挫败感和焦虑感。实施 CRM 项目后，员工会对自己的投入产出比进行评估，一旦员工发现短期内没能从中获得足够的业务支持，未产生显著的效益，就会消极抵制甚至公开反对 CRM 项目。

6. 企业未重视数据的质量和安全性

（1）数据质量问题。CRM 系统要求有大量可靠的、及时的和完整的客户数据。客户数据的质量是 CRM 项目取得成功的关键因素。CRM 项目团队经常会低估不同来源数据集成的复杂性和数据质量问题，当项目团队设法对来自不同系统和数据库的客户数据进行集成时，问题会变得十分严重。解决数据质量的问题，需要从根本抓起，要在系统分析阶段就保障数据的质量。例如，CRM 项目必须统一不同数据来源的日期格式，如果企业以前没有在日期格式上进行标准化，那就必须在规划项目和设计流程时将此考虑进去。CRM 系统中的客户数据是通过描述客户的行为和特征来识别客户的，由于客户的情况会经常发生变化，所以必须不断地对客户数据进行动态维护。没有进行动态维护的客户数据库，往往在两三年内就会丧失有效性。

（2）数据安全问题。CRM 系统中的客户信息是企业最重要的资产，这些客户信息向许多员工开放共享，这就难免会产生信息安全问题。CRM 系统的安全防护问题非常复杂。例如，同一张表格中的某一列数据可能与另一列数据来源不同，安全需求也不一样。在CRM 规划和实施阶段，CRM 项目团队就应该在自动化和非自动化的系统中把安全问题考虑进去。具体的办法包括聘请安全专家、使用安全防护工具，如果是公众网络，还可以使用密钥加密。

7. 企业未能持续改进 CRM 系统

CRM 系统的功效主要体现在该系统能够持续地帮助企业提高客户服务质量。CRM 系统本身是需要不断改进的，如果 CRM 系统不能随着时代的变化不断升级，不能随着企业客户关系管理水平的提高而不断变革，这个曾经为企业发展带来优势的系统，很可能会成为阻碍企业高质量服务客户的瓶颈，进而导致客户不满和客户流失。为避免 CRM 系统失效，企业应持续对 CRM 系统进行改进与升级。为了持续改进 CRM 系统，企业可以考虑设立一个"内部公共关系"职位，该职位的负责人不仅要与可能影响 CRM 系统功能和数据的一线员工进行交流,还要与有投资决策权的高层领导们进行交流。

11.3.2 CRM 项目成功实施的关键因素

CRM 项目的成功实施会受到很多因素的影响,其中的关键因素有以下四个方面:CRM 战略、CRM 项目团队、CRM 项目规划和 CRM 系统用户。

1. CRM 战略

企业对 CRM 的态度决定了 CRM 系统发挥作用的程度。企业在决定实施 CRM 项目前,应该在企业内部各部门和所有员工中形成重视 CRM 的氛围。只有将 CRM 作为企业的长期发展战略,以客户为中心的理念才能深入人心,CRM 项目才能获得企业决策层的充分支持和充足的资金保障;企业各部门才会打破彼此间的壁垒,在 CRM 项目实施过程中相互配合;企业员工才能克服各种困难,努力调整心态,积极适应新系统;CRM 系统才能持续改进,CRM 项目才能最终获得令人满意的实施效果。可以说,确定和坚定执行 CRM 战略是 CRM 项目获得成功的重要基础。

2. CRM 项目团队

组建 CRM 项目团队时应充分考虑团队成员的项目经验、技术背景、从业经历等,确保团队成员结构合理,具备驾驭项目的能力。

首先,项目团队要具备业务流程重组的能力。如前所述,业务流程重组是 CRM 项目实施过程中的一个关键环节。项目团队成员应该熟悉企业的业务流程,能够正确判断哪些是核心流程,客观评估这些流程的现状,并围绕客户需求对核心业务流程进行重新设计。有经验的项目团队能够合理地确定业务流程重组的优先级,然后分步骤实施。例如,通过对业务流程的评估,CRM 识别了 42 个可以进行流线化的流程步骤,但项目团队只从中挑选了 3 个潜在回报率最高的步骤率先进行重组。

其次,项目团队要具备系统客户化的能力。客户化就是要以客户需求为导向,理解客户的需求以及这些需求背后的动力是什么,为 CRM 系统的用户提供易用、有用的产品和解决方案。项目团队成员应该熟悉 CRM 系统的设计环境,从客户化的角度优化业务流程,解决好系统集成问题。

最后,项目团队还要具备扎实的技术能力、良好的沟通能力等。在整个实施 CRM 项目的过程中,团队成员可以进行动态调整,例如,如果发现团队在某个方面比较薄弱,就应该寻找合适的人员加入进来以充实团队的力量。可以说,强有力的 CRM 项目团队是 CRM 项目获得成功的重要保障。

3. CRM 项目规划

企业在实施 CRM 项目的初期需要对项目的实施范围、实施目标、CRM 系统的选型、项目进度等问题进行规划。

(1) 明确实施范围,确定实施目标。CRM 项目的实施范围对于 CRM 的投资回报率非常关键。如果实施范围过广,实施过程就会变得非常复杂,耗费大量的人力和物力。如果实施范围过窄，又很难发挥 CRM 系统的功效、实现 CRM 系统的强大功能。企业在实施 CRM 项目之前应该了解哪些业务需要改善、哪些流程需要优化、哪些管理模式需要改变等以确认需求，待需求确认后，企业就可以结合自身的资源状况、发展战略等来决定 CRM 项目的实施范围，并设置 CRM 项目的总目标和阶段性目标。

（2）基于企业实际情况选择 CRM 系统。企业应在 CRM 项目的初期就决定"是购买预置型产品方案还是托管型产品方案"。一般而言，信息基础设施完善、信息技术部门完备、具有一定发展规模的企业可以考虑定制化程度高的预置型产品方案；上述条件不具备、项目预算低、发展规模小的企业则可以选择标准化程度高的托管型产品方案。

（3）合理规划 CRM 项目进度。企业在 CRM 项目的初期需要编制项目进度计划，合理确定各类活动的开始和结束时间，同时控制好项目实施的进度，确保项目能按期完成。例如，CRM 系统分析的时间控制在一个月之内，最后的系统现场测试花费一个月的时间。

CRM 项目规划为项目指明了方向，明确了各阶段的任务，是评估 CRM 项目实施效果的主要依据。可以说，CRM 项目规划是 CRM 项目获得成功的前提。

4. CRM 系统用户

CRM 系统用户的涵盖范围很广，营销、销售和客户服务的高层领导、中层管理者及一线员工的很多工作内容都需要通过 CRM 系统进行，因此，他们都是 CRM 系统的主要用户。高层领导对于 CRM 系统的需求主要是辅助决策、数据分析结果可视化等；中层管理者主要利用 CRM 系统分配任务、监控任务的执行情况、对活动的完成情况进行总结等。CRM 系统能否充分地发挥作用，高质量地服务于这些用户，很大程度上取决于数据的质量，如果客户信息不完备、不准确，销售人员就无法掌握客户的偏好、信用等情况，业绩会因此受到影响；营销人员就无法准确评估营销活动的效果；客户服务人员就无法清楚地了解客户的诉求和前期的处理情况。当这些用户发现 CRM 系统用处不大，操作难度大时，就会影响他们及时共享客户信息的积极性，从而形成恶性循环。在实施 CRM 项目的过程中，应该尽早让 CRM 系统用户参与进来，通过培训等形式使系统用户理解项目背景与意义，消除他们对新技术的恐惧心理和对新管理方式的抵触情绪。可以说，CRM 系统用户的支持是 CRM 项目获得成功的必要条件。

◎ 补充阅读

中欧国际工商学院的客户关系管理实践

无论是传统的高校还是专业的商学院都面临着日趋激烈的市场竞争压力，主要表现在如何吸引和招收优质的生源；如何制定正确的战略和计划来保持客户满意，并为包括学生、家长、老师、校友甚至邻居等的全体客户群提供良好的服务和一致的体验；如何与学员建立起整个生命周期的联系；如何应对日益增长的对于高质量和有针对性的服务的需求。对于目前高速发展的中国高等教育行业来说，为了成功地招收和维系优质学生并提升其满意度，各院校必须为每个学生提供更为个性化的服务来满足他们的需求，从而最大限度地与申请者、学生、家长、校友和企业赞助商之间建立起良好的关系。作为国内工商管理硕士（Master of Business Administration，MBA）教育的领先者，中欧国际工商学院（China Europe International Business School，CEIBS）的做法为国内其他高等教育机构树立了一个典范。

（一）项目背景

中欧国际工商学院（以下简称"中欧"）是一所由中国政府与欧盟共同创办、专门培养国际化高级管理人才的非营利性中外合作高等学府。中欧成立于1994年11月，作为中国工商管理教育的先驱，中欧最早在中国内地开设全英语教学的全日制工商管理硕士（MBA）课程、高层管理人员工商管理硕士（Executive Master of Business Administration，EMBA）课程和高层经理人发展课程（Executive Development Programs，EDP）。

中欧恪守"认真、创新、追求卓越"的校训，以国际化为特色，坚持高质量办学，经过十多年的辛勤耕耘，中欧的课程及学位已通过了国际工商教育权威认证系统EQUIS的认证，并获得国务院学位委员会的正式认可。自2001年起，中欧连年跻身英国《金融时报》全球商学院100强，亚洲前3位，成为中国内地唯一获得世界排名的商学院。2012年全球MBA百强排行榜中，中欧名列全球商学院第24位，亚洲第2位。

面对骄人的成绩，中欧并没有停下成长的脚步，无论是在管理架构的设计、发展目标的定位方面，还是在目标市场的选择和坚持方面，中欧都希望在激烈竞争的市场中表现得更卓越。然而目前国内外竞争日益加剧，高等教育业内也面临着诸多的挑战，主要表现为：

（1）招生的竞争日益加剧，其中在对优质客户和生源的竞争上表现得尤为突出。传统的招生手段已经不能适应新时代的要求。如何更加有效地保留现有客户并吸引新的客户成为成功的关键。

（2）服务需求的多样化。随着客户需求的不断增加，市场将需要更多不同于以往的、创新的和更有针对性的教育模式。

（3）原有的信息收集、管理模式不能适应竞争的需要。在实施CRM项目前，中欧的各部门中也运行着一些管理系统。但是这些系统是独立的，导致客户的历史资料不能被跟踪和管理；不同部门的信息资源不能共享，各业务部门之间无法开展有效的商务协作，特别是市场营销活动，很难共享资源和成果；数据库不仅使用效率低，而且数据安全也得不到保障，容易发生数据的遗失、破坏和泄漏；管理层缺乏有效的信息系统和机制来掌握与管理全院及各业务部门的业务情况。

（4）高效率和低成本的要求。如何提高运营效率，节约运营成本，从而使学校的资源能更有效地配置到一些更有价值的活动中，如教学、研究和资金筹集等。

面对以上种种挑战，中欧清晰地认识到需要投入更多的资源在老师、校友以及员工上，并让他们去开拓更广阔的管理教育市场。中欧希望通过建立和维护一个强大的"校友—学生—客户"关系网络，来提高教学和服务质量，进而获取高质量的学生和客户资源，最终不断提高核心竞争力。于是，中欧践行着"以客户关系为中心"的理念，在服务和招生的教育市场管理上进行大胆尝试。

（二）项目确立

中欧总共花了一年半左右的时间来对中国市场上的 CRM 套装软件进行评估和选型工作。在软件评估期间，信息技术部门做了大量的产品和业务研究，希望评估结果能适用现在和将来的商业需求。中欧最后选择了 Oracle CRM 整体解决方案，主要理由在于：Oracle CRM 系统的功能基本符合中欧业务的需求；相对于其他大型企业软件系统，Oracle CRM 系统的实施和维护成本较低；Oracle 是世界顶尖的企业软件公司，中欧认同其国际一流的品牌形象；Oracle 拥有庞大的客户群和丰富的企业应用经验，中欧能从其中获得非常宝贵的业务经验和知识；Oracle 提供了一个完整的企业系统解决方案，包括 CRM、ERP、SCM 等，CRM 作为其中的一个应用组成，可以同其他应用（如财务、订单、学生管理、iLearning 等）无缝集成，这大大降低了集成费用，有益于中欧全面整合当前和未来的业务。中欧在选择 CRM 产品的同时，也需要决定整个学校使用的数据库和应用平台。Oracle 具有一流的数据库和中间技术，除了提供企业应用套件，还能为企业的系统二次开发提供一流的应用平台和开发技术，这就为中欧的应用提供了非常好的扩充能力和灵活性。Oracle 的电子商务套件和应用服务平台及开发技术，均具有标准化、开放性和先进性特征。而采用 Oracle 和 J2EE 技术体系开发和维护企业应用，能大大地降低开发、集成和维护成本。

在 CRM 项目中，中欧除了选择由 Oracle 提供的应用软件，还选择了汉得（HAND）公司提供的咨询服务。汉得公司主要提供业务解决方案，并承担项目实施的工作，包括对业务状况的调研分析、总体方案的论证设计、系统的安装调试、用户培训、客户化开发及系统集成等。由于在该项目实施时，国内教育行业还没有全面实施 CRM 的先例，因此该项目还是存在较大风险的。汉得公司在 CRM 领域有丰富的经验及出色的技术能力，在项目实施过程中起了非常重要的作用。

（三）项目实施

1. 项目计划

整个 CRM 项目分为两个阶段实施。第一阶段的主要目标是分析全院的业务、统一各个部门的数据结构、制定标准的业务流程，并首先在高层经理培训部实施从市场营销到订单的 CRM 流程；第二阶段的主要工作是将在高层经理培训部实施的标准业务流程推广到全校各业务部门。实施从 2004 年 2 月开始，项目实施初始计划如下：

（1）第一阶段：2 月初到 3 月底，完成 Oracle 电子商务套件的系统安装和调试；4 月初至 5 月底，完成高层经理培训部流程的分析、设计和测试；6 月初，高层经理培训部上线。

（2）第二阶段：8 月初到 11 月底，在其他业务部门建立全校的关键客户数据的维护机制；12 月初到次年 1 月底，在其他业务部门推广标准的 CRM 业务流程，包括市场营销和销售管理。

2. 实际执行

整个 CRM 项目在实际执行过程中发生了三次比较大的延误：

(1) 高层经理培训部上线日期从 6 月初调整为 7 月初。其主要是因为实际的数据量大大增加和对数据的精确度要求大大提高，原先估计的处理历史数据的时间（五个工作日）远远不够，所以延长了一个月的数据准备时间。

(2) 因为上面的延误造成第二阶段顺延，12 月底才统一了全校的关键客户数据的维护和保存。

(3) 在其他部门推广标准 CRM 业务流程原定于 2005 年 1 月底完成，延迟到 2005 年 6 月。其原因是没有估计到年底各主要业务部门都忙于年度事务。并且由于学校高层领导层在年底发生重大人事调整，这段时间不宜实施这种大规模的业务系统，因此项目发生五个月的延误。

3. CRM 系统常用功能

总体看来，在众多软件功能中，CRM 系统最常使用的功能主要是：客户信息的维护及查询、销售/招生过程管理、协同市场营销、网上客户自助商务、信息门户管理。其具体使用情况如下：

(1) 客户信息的维护及查询。客户信息的维护及查询是整个 CRM 软件应用的基础。无论任何时间或任何地点，只要用户可以连接互联网，就可以进行客户信息的维护及查询，但是不同的用户会有不同的读写权限。

中欧 CRM 客户数据库中，除了基础信息（如姓名、工作、联系方式等），还记录了很多教育行业特有的信息，如个人兴趣特长、学历背景、人际关系等。其中，个人简历及报名表是最全面的客户资料，对于学院各项业务的开展都有很大的作用。此外，360 度全方位查看的功能，让不同的用户都可以全面地掌握客户与学院之间的所有相关往来记录，例如参加的课程历史记录、各项活动记录等。

(2) 销售/招生过程管理。中欧一些部门（如高层经理培训部、企业关系部和市场与公共关系部）的业务接近于标准的商业流程，因而采用了标准的销售过程管理。这些业务中，针对教育行业固有的特点，也可以通过对销售过程管理功能的相关处理、配置和少量的二次开发来满足相应需求。在具体实现的过程中首先对不同的业务进行分析归纳，将每类业务细分为不同的业务阶段，每个阶段有若干标准任务。不同的用户按照各自业务的阶段和任务，来推进并记录相关信息。管理层可以按照阶段和任务实时查看进展情况。

对于 MBA/EMBA 课程招生而言，它们具有不同的特点，因此采用了自行开发前端系统（在线报名服务系统）并同 CRM 系统集成和协同的做法。这不仅迎合了不同类型招生的需求，又同时融入全校的 CRM 业务流程，享受了 CRM 系统带来的便利。

(3) 协同市场营销。中欧各个业务部门借助/利用 CRM 系统开展了广泛的协同市场营销活动，其中包括协同组织和计划市场营销活动、共享市场营销目标客户、分享市场营销成果（获得的销售线索）等。

(4) 网上客户自助服务。网上客户自助服务包括 MBA/EMBA 网上报名服务中心和校友会在线服务平台。这些平台为学员提供了高效益、低成本的客户服务。网上客户自助商务通过提供自助式的客户数据维护、营销活动注册请求、服务请求、任务请求和订单请求等,让客户来启动 CRM 业务流程。这样大大提高了数据的准确度、业务的处理和响应速度、客户的满意度和业务部门对 CRM 系统的依赖程度。

(5) 信息门户管理。学院管理层、各业务部门管理人员和营销人员在管理信息门户上查看各类管理报表。报表主要有两种制作形式,一类是通过 Discover 工具定制的报表,另一类是通过客户化开发完成的报表。根据用途,管理报表可以分为两种类型,一类是日常运营型报表,另一类是统计分析型报表,它们分别满足了各部门基层用户、中层领导和高层领导的需求。大量灵活、实用的报表在系统中形成了一条重要的信息链,使各部门及各层级的用户之间自然产生了一种信息供求关系。此外,由于从管理信息门户中获得的对整个业务的可视化的、实时的和全面的管理数据的能力,各级管理人员和营销人员对业务数据的实时性和准确性要求更加严格,对 CRM 系统的依赖程度也大大提高,从而推动系统向良性循环的方向发展。

网上客户自助服务和信息门户管理成为 CRM 系统在中欧应用的两个非常重要的助推器。

(四) 项目实施中的难点

在实施过程中,遇到的最大的意料之外的挑战来自历史数据的处理。由于教育行业的特点,学院可以收集到大量精确而丰富的客户资料,这是和其他行业有显著区别的地方。并且由于多年的积累,这部分数据非常多,而且从全院范围来看,这些数据分散在不同部门的不同地方,仅仅高级经理培训部一个部门,原先的数据就存在于三套不同的系统之中。这些系统,有的是 FoxPro,有的是 Access,还有的是以前自行开发的系统。在这种情况下,产生了客户历史数据难以汇总、存在大量重复数据、高价值客户信息识别难、数据安全性较难保证、新旧历史记录存在冲突等问题。

中欧和汉得公司互相配合,通过对不同来源的数据之间逻辑联系的深入分析、确定相应的去除重复数据的规则等方式,解决了历史数据处理存在的问题。

(五) 实施效果

通过 CRM 项目的实施,中欧获得了以下主要效益:

(1) 分散的客户信息被集中到统一的中央数据库,并在安全性规则的控制下在各部门间实现了充分共享;实现了对客户信息的 360 度查看和对客户网络关系的仿真模拟,从而使客户信息实现了极大的价值增值,真正成为与学院品牌同等重要的无形资产之一。

(2) 打通了营销、销售、运作、服务、财务等各业务环节中的信息断层,实现了整个业务闭环的自动化、规范化。

(3) 从高层经理培训部上线(2004 年 7 月)后一年的情况来看,营销工作的效率提高了 33%,营销费用减少了 10%,销售收入同比增长了 25%。

(4) 开通网上自助报名服务后,90% 的 MBA 申请人和 80% 的 EMBA 申请人通过网上自助服务来咨询和报名。MBA 招生已经基本抛弃纸本报名表形式,全面实现在线报名。

(5) 根据 EMBA 部门提供的数据，EMBA 报名数量同比增加 25%，数据错误率降至 1% 以下，客户满意度提高 20%，工作效率提高 20%。

(6) 通过校友会和职业发展中心的抽样调查，客户满意度和忠诚度明显提高。

(7) 将员工跳槽的损失降到了最低限度。

总之，整个 CRM 项目实施的回报包括两个部分：第一部分是有形收益，包括工作效率的提升、错误的减少、业务处理速度的加快、市场营销费用的减少和销售收入的增加等。第二部分是无形收益，包括客户满意度和忠诚度的提升、人员流动带来的损失降低、管理能力的提升等。中欧的 CRM 系统实现了最主要的商业目标，并且成为整个中欧的企业信息系统的核心。

资料来源：周洁如，2011. 客户关系管理经典案例及精解 [M]. 上海：上海交通大学出版社.

➡ 本章小结

一家企业是否践行 CRM 理念，可以从该企业是否以建立、维持和发展与客户的长期关系并关注关系回报来判断。实施 CRM 项目是 CRM 实践的重要环节。通常企业实施 CRM 项目是希望达到以下几个目标：①识别潜在客户，实现个性化服务，开拓新市场；②提高组织效率，降低企业运营成本；③提高客户满意度、忠诚度，留住有价值的客户。CRM 项目的实施需要管理和技术两方面并行。其中，业务流程重组是实施 CRM 项目的起点和关键环节。CRM 项目实施包括规划、构建和部署三个阶段，并分为业务规划、结构与设计、技术选择、开发、交付和评价六个步骤。其成功的关键因素包括：高层领导和用户的支持，有实力的 CRM 项目实施团队，以及专注于业务流程等。此外，企业要深刻认识这一过程中可能出现的思想、管理和技术等方面的问题，并找到合适的方法予以解决。

➡ 思考题

1. 辨析 CRM 实践、CRM 项目和 CRM 软件三者之间的关系。
2. 企业实施 CRM 项目的目标是什么？
3. CRM 项目实施的"1+5 循环"指的是什么？
4. 企业实施 CRM 项目一般包括哪几个步骤？
5. 什么是业务流程重组？其核心是什么？
6. 企业应如何选择 CRM 解决方案？
7. 企业实施 CRM 项目失败的主要原因可能有哪些？

实训项目 1　CRM 项目实施

实训目的

（1）帮助学生深度理解影响 CRM 项目实施效果的因素；

（2）训练学生分析问题和解决问题的能力。

背景材料

巨兽网实施 CRM 项目的痛苦经历

巨兽网是美国最大的网络招聘网站。1998 年的感恩节假期，巨兽网冒着极大的风险大刀阔斧地推行了一项 IT 项目。该网站当时拥有近 300 名工作人员，为了让公司内部的电话销售业务员能够即时得到潜在客户的相关信息，他们决定安装 CRM 套装软件，期待它能发挥功能，从而加快公司扩张全球版图的计划。

然而，万万没有料到的是，新系统的执行速度慢得叫人发狂，不但不能提高作业效率，而且电话销售业务员根本没办法利用它为客户提供服务。由于更换了系统，出差的业务员使用笔记本电脑时居然连不上公司的客户数据库。巨兽网商业应用开发部门副总裁内德·利德尔（Ned Liddell）说道：“这种糟糕的情况持续了整整一年。整个团队和全公司上上下下所有的人，都快被它气死了。它让公司元气大伤，那时候，没人知道 CRM 系统居然这么复杂、这么难以搞定。”

利德尔把失败归咎于替公司安装初始版本的咨询顾问公司和项目实施过程的管理，正是由于当地咨询顾问公司的经验不足和企业项目实施过程的无效控制，才导致 CRM 系统实施的失败。为了挽救不利的局面，公司不仅加强了实施过程的组织管理，而且还请来了位于加利福尼亚州西贝尔公司总部的工程师，最后费了九牛二虎之力才把 CRM 系统实施到位。然而，对初始失败的挽救让巨兽网又掏了几百万美元。利德尔说道："CRM 系统不是随随便便说装就能装的，没有大把钞票和管理阶层的全力配合，休想搞定它。"

专家指出，许多致力于架设 CRM 系统的企业都曾有过类似于巨兽网的遭遇。实施 CRM 项目免不了要花上数百万美元，但许多公司的主管却渐渐发现，花这么多钱似乎并没有带来对等的商业利益；业务人员们则认为新系统一无是处，干脆拒绝使用。最后，这些公司的 CRM 系统就静悄悄地无疾而终了。

许多人都觉得 CRM 系统是个好东西，但 CRM 项目实施的失败率很高也是不争的事实。CRM 项目的实施为什么难以达到预期的效果，我们可以从巨兽网实施 CRM 项目的痛苦经历中看出一点端倪。

资料来源：李志宏，王学东，余宁，2004. 客户关系管理［M］. 广州：华南理工大学出版社.

实训任务

思考以下问题：

（1）巨兽网实施 CRM 项目的目标是什么？

（2）巨兽网 CRM 项目失败的原因有哪些？

（3）企业该如何保障 CRM 项目实施成功？

实训步骤

（1）个人阅读。老师督促学生针对实训任务完成阅读，在课堂上由老师或学生对案例学习要点及相关背景进行简单陈述。

（2）分组。在老师的指导下，以 3～5 人为单位组成一个团队，要求学生扮演组长、记录人、报告人。

（3）小组讨论与报告。课堂上各小组围绕实训任务展开讨论。老师要鼓励学生提出有价值的问题，要求每个小组将讨论要点或关键词抄写在黑板指定位置并进行简要报告。

（4）师生互动。老师针对学生的报告与问题进行互动，带领学生对关键知识点进行回顾，并追问学生还有哪些困惑，激发学生的学习兴趣，使学生自觉地在课后进一步查询相关资料并进行系统的回顾与总结。

实训提交材料

每组提交一份《小组讨论与报告记录》。

实训资料获取方式

关注微信公众号"CRM 学习与研究"，回复"小组讨论模板"后自动获取链接。

实训项目 2　CRM 选型

实训目的

使学生熟悉 CRM 软件的品牌、功能和市场表现。

实训要求

对市场上主流的 CRM 品牌的特点进行比较，分析这些 CRM 产品与企业需求的适配度，从中选择出若干个备选方案。

实训步骤

（1）自行设计企业行业背景，对企业需求（包括企业面临的管理难题、通过实施 CRM 项目希望实现的目标、CRM 系统应具备的功能等方面）进行简单的描述。

（2）在手机应用商店中查找 CRM 产品，熟悉它们的特点及用户评价情况。

（3）从网上查找这些 CRM 品牌的客户案例，对案例进行梳理和小结。注意：每个小组的每位同学都需要完成一个案例梳理和分析，在实训报告中要标注每个案例的责任人。

（4）根据企业需求和各品牌产品的实际情况选择三款备选产品，说明推荐顺序和推荐理由。

（5）对影响企业 CRM 选型的因素进行分析和总结。

实训记录

以文字、表格和截图等形式记录实训内容，完成实训报告。

实训提交材料

每个小组（2～4 人）提交一份《CRM 选型实训报告》。

实训资料获取方式

关注微信公众号"CRM 学习与研究"，回复"CRM 选型报告"后自动获取链接。

参考文献

[1] Buttle F, Maklan S, 2015. Customer Relationship Management: Concepts and Technologies (Third Edition) [M]. New York: Routledge.

[2] Chiu S, Tavella D, 2008. Data Mining and Market Intelligence for Optimal Marketing Returns [M]. New York: Routledge.

[3] Day G S, 1969. A Two - dimensional concept to brand loyalty [J], 132: 89.

[4] Dick A S, Basu K, 1994. Customer loyalty: toward an integrated conceptual framework [J]. Journal of the Academy of Marketing Science, 22: 99 - 113.

[5] Dwyer F R, Schurr P H, Oh S, 1987. Developing Buyer - Seller Relationships [J]. Journal of Marketing, 51 (2): 11 - 27.

[6] Kuehn A, 1962. Consumer brand choice as a learning process. Journal of Advertising Research, 2: 10 - 17.

[7] Linlff S G, Berry J A M, 2013. 数据挖掘技术（第 3 版）——应用于市场营销、销售与客户关系管理 [M]. 巢文涵, 张小明, 王芳, 译. 北京: 清华大学出版社.

[8] Tucker W T, 1964. The development of brand loyalty [J]. Journal of Marketing Research. 1964, 1 (3): 32 - 35.

[9] 〔德〕安妮·M·舒勒, 2016. 触点管理 [M]. 于嵩楠, 译. 北京: 中国纺织出版社.

[10] 〔法〕樊尚·迪克雷, 2020. 华为传 [M]. 张绚, 译. 北京: 民主与建设出版社.

[11] 〔美〕邓·皮泊斯, 马沙·容格斯, 2014. 客户关系管理: 战略框架（第二版）[M]. 郑志凌, 梁霞, 邓运盛, 译. 北京: 中国金融出版社.

[12] 〔美〕克里斯·安德森, 2006. 长尾理论 [M]. 乔江涛, 石晓燕, 译. 北京: 中信出版社.

[13] 〔美〕拉杰特·帕哈瑞亚, 2014. 忠诚度革命——用大数据、游戏化重构企业黏性 [M]. 张瀚文, 译. 北京: 中国人民大学出版社.

[14] 〔美〕罗纳德·S·史威福特, 2004. 客户关系管理: 加速利润和优势提升 [M]. 杨东龙, 译. 北京: 中国经济出版社.

[15] 〔英〕艾伦·塔普, 2011. 数据库营销 [M]. 黄静, 译. 北京: 机械工业出版社.

[16] 〔英〕格拉汉姆·罗伯茨·菲尔普斯, 2011. 客户服务培训游戏 [M]. 派力, 译. 北京: 企业管理出版社.

[17] 车慈慧, 2007. 市场营销策划实务 [M]. 大连: 大连理工大学出版社.

[18] 陈明亮, 2002. 基于全生命周期利润的客户细分方法 [J]. 经济管理, (20): 42 - 46.

[19] 陈文伟, 2010. 数据仓库与数据挖掘教程 [M]. 北京: 清华大学出版社.

[20] 陈晓川等, 2012. 基于互联网的全生命周期成本数据的设计与实现 [J]. 机械设计与研究, (2):

63-67.

[21] 陈燕,2011. 数据挖掘技术与应用[M]. 北京：清华大学出版社.

[22] 范小龙,2003. 游戏培训手册[M]. 北京：中国长安出版社.

[23] 高勇,2008. 啤酒与尿布：神奇的购物篮分析[M]. 北京：清华大学出版社.

[24] 龚立旦,孙艳香,2015. 关系营销在辉瑞公司的应用研究[J]. 中国市场,(44)：25-26.

[25] 谷再秋,潘福林,2013. 客户关系管理（第二版）[M]. 北京：科学出版社.

[26] 顾明,2014. 客户关系管理应用（第2版）[M]. 北京：机械工业出版社.

[27] 海天理财,2015. 一本书读懂大数据商业营销[M]. 北京：清华大学出版社.

[28] 侯旻,2008. 超市会员卡制度与客户忠诚度探析[J]. 消费导刊,(18)：9-10.

[29] 扈健丽,2010. 客户关系管理[M]. 北京：北京理工大学出版社.

[30] 江晓东,2014. 市场调研实验的SPSS操作教程[M]. 上海：上海财经大学出版社.

[31] 李季,赵占波,谢毅,2011. 客户关系管理[M]. 北京：化学工业出版社.

[32] 李军,2015. 实战大数据：客户定位与精准营销[M]. 北京：清华大学出版社.

[33] 李巧丽,王占京,2018. 关于储值卡/会员卡使用状况的思考和建议[J]. 纳税,(01)：247.

[34] 李文龙,2010. 客户关系管理实务[M]. 北京：清华大学出版社.

[35] 李志宏,王学东,2004. 客户关系管理[M]. 广州：华南理工大学出版社.

[36] 林建宗,2011. 客户关系管理[M]. 北京：清华大学出版社.

[37] 林昭文,李业明,2010. 客户关系管理与客户经营[M]. 北京：清华大学出版社.

[38] 刘丽英,李怀斌,2017. 客户关系管理（第二版）[M]. 大连：东北财经大学出版社.

[39] 刘鹰,李昕,2020. 大数据时代信用卡客户生命周期管理实践与思考[J]. 中国信用卡,(05)：30-39.

[40] 马刚,李洪心,杨兴凯,2012. 客户关系管理[M]. 大连：东北财经大学出版社.

[41] 邵兵家,2010. 客户关系管理（第2版）[M]. 北京：清华大学出版社.

[42] 沈沂,2007. "区别对待"挖掘客户价值[J]. 21世纪商业评论,(12)：70-73.

[43] 宋泽龙,周成国,周建梅,2005. 客户生命周期理论与营销"五要素"在电信企业中的运用[J]. 通信世界,(25)：21-22.

[44] 苏朝晖,2021. 客户关系管理：理念、技术与策略（第4版）[M]. 北京：机械工业出版社.

[45] 孙明贵,刘国伦,陈彩莲,2010. 客户管理原理与应用[M]. 北京：北京大学出版社.

[46] 汤兵勇,王素芬,2003. 客户关系管理[M]. 北京：高等教育出版社.

[47] 汤万金等,2009. 客户满意测评理论与应用[M]. 北京：中国计量出版社.

[48] 唐璎璋,孙黎,2002. 一对一营销：客户关系管理的核心战略[M]. 北京：中国经济出版社.

[49] 涂振涛,2004. CRM项目失败原因研究[J]. 企业经济,(03)：88-90.

[50] 万旺根,崔滨,Erik等,2008. 遗传进化理论及其在数据挖掘中的应用[J]. 自然杂志,30（1）：39-43.

[51] 王广宇.2013. 客户关系管理（第3版）[M]. 北京：清华大学出版社.

[52] 王晓梅,2011. 客户关系管理实务[M]. 北京：北京大学出版社.

[53] 王燕萍,1997. 马莎——世界最成功的百货零售集团[J]. 科技智囊,(10)：50-52.

[54] 王永贵,马双,2021. 客户关系管理（第2版）[M]. 北京：清华大学出版社.

［55］文丹枫，朱海，朱德清，2015. IT 到 DT 大数据与精准营销［M］. 沈阳：万卷出版公司.

［56］吴清，刘嘉. 2010. 客户关系管理［M］. 上海：复旦大学出版社.

［57］夏俊，2008. 直复营销理论与实践［M］. 北京：人民邮电出版社.

［58］演克武，张磊，孙强，2008. 决策树分类法中 ID3 算法在航空市场客户价值细分中的应用［J］. 商业研究，（03）：24－29.

［59］杨莉惠，李卫平，潘一萍，2006. 客户关系管理实训［M］. 北京：中国劳动社会保障出版社.

［60］姚飞，2021. 客户关系管理：销售的视角［M］. 北京：机械工业出版社.

［61］叶开，2005. 中国 CRM 最佳实务［M］. 北京：电子工业出版社.

［62］于惊涛，肖贵蓉，2016. 商业伦理理论与案例（第 2 版）［M］. 北京：清华大学出版社.

［63］中国客户管理专业水平证书考试教材编写委员会，2012. 客户关系管理［M］. 北京：中国经济出版社.

［64］钟啸灵，2010. 吉之岛：挖掘客户价值的金矿［J］. IT 经理世界，（1）：82－83.

［65］周洁如，2011. 客户关系管理经典案例及精解［M］. 上海：上海交通大学出版社.

［66］周洁如，2014. 现代客户关系管理（第 2 版）［M］. 上海：上海交通大学出版社.

教辅申请说明

北京大学出版社本着"教材优先、学术为本"的出版宗旨，竭诚为广大高等院校师生服务。为更有针对性地提供服务，请您按照以下步骤通过微信提交教辅申请，我们会在1~2个工作日内将配套教辅资料发送到您的邮箱。

◎扫描下方二维码，或直接微信搜索公众号"北京大学经管书苑"，进行关注；

◎点击菜单栏"在线申请"—"教辅申请"，出现如右下界面：

◎将表格上的信息填写准确、完整后，点击提交；

◎信息核对无误后，教辅资源会及时发送给您；如果填写有问题，工作人员会同您联系。

温馨提示：如果您不使用微信，则可以通过下方的联系方式（任选其一），将您的姓名、院校、邮箱及教材使用信息反馈给我们，工作人员会同您进一步联系。

联系方式：
北京大学出版社经济与管理图书事业部
通信地址：北京市海淀区成府路205号，100871
电子邮件：em@pup.cn
电　　话：010-62767312/62757146
微　　信：北京大学经管书苑（pupembook）
网　　址：www.pup.cn